教育部首批新文科研究与改革实践项目（2021130016）

2021年湖南省普通高等学校教学改革研究项目（重点项目）（HNJG-2021-0031）

湖南省"十四五"时期社科重大学术和文化研究专项（21ZDAZ09）

岳麓史学

——湖南大学岳麓书院本科生优秀论文集（第三辑）

肖永明 杨代春 陈仁仁 主编

余露 潘彬 于月 副主编

湖南大学出版社·长沙

内 容 简 介

　　岳麓书院在制定本科生教育培养模式过程中，努力探索学业导师、班导师、兴趣导师和生活导师的"四维本科生导师制"，注重实践，力求实效，积累了相关的经验。本书收录了部分本科生的科研成果，包括优秀毕业论文、项目论文、课程论文，每篇文章后都附有学业导师或论文指导教师的评语。本书作为岳麓书院创办历史学本科教育和从事本科生人才培养的文字成果，亦可以作为岳麓书院千年弦歌不绝的重要见证。

图书在版编目（CIP）数据

　　岳麓史学：湖南大学岳麓书院本科生优秀论文集. 第三辑/肖永明，杨代春，陈仁仁主编. —长沙：湖南大学出版社，2022.12
　　ISBN 978-7-5667-2587-5

　　Ⅰ.①岳⋯　Ⅱ.①肖⋯　②杨⋯　③陈⋯　Ⅲ.①史学—研究
Ⅳ.①K0

　　中国版本图书馆 CIP 数据核字（2022）第 139793 号

岳麓史学
——湖南大学岳麓书院本科生优秀论文集（第三辑）
YUELU SHIXUE
——HUNAN DAXUE YUELU SHUYUAN BENKESHENG YOUXIU
LUNWENJI（DI-SAN JI）

主　　编：肖永明　杨代春　陈仁仁
责任编辑：饶红霞
印　　装：湖南省众鑫印务有限公司
开　　本：787 mm×1092 mm　1/16　　印　　张：13.25　　字　　数：314 千字
版　　次：2022 年 12 月第 1 版　　　　印　　次：2022 年 12 月第 1 次印刷
书　　号：ISBN 978-7-5667-2587-5
定　　价：65.00 元

出 版 人：李文邦
出版发行：湖南大学出版社
社　　址：湖南·长沙·岳麓山　　　　邮　　编：410082
电　　话：0731-88822559(营销部),88821594(编辑室),88821006(出版部)
传　　真：0731-88822264(总编室)
网　　址：http://www.hnupress.com
电子邮箱：749901404@qq.com

编辑委员会

目　次

一、优秀毕业论文

《中州启札》研究

——金元之际华北士人社会网络及政治动态管窥

2017 级　姜煜颖

摘　要：《中州启札》为元人吴弘道辑录的一部 13 世纪华北士人往来书信总集，其保存书信反映了金元之际华北士人的政治处境与日常生活状况，同时也为研究当时士人交游、信息沟通、理学在北方的传播，以及金末元初社会政治与文化提供了极为珍贵的一手史料。本文选取元中统四年（1263）彰德路旱灾事件及《中州启札》中收有三十余通书信的游显为研究对象将"人物"与"事件"相结合，探寻不同地位的士人在金元之际如何应对政治冲击与文化冲击，进一步思考金元之际的政治动态对士人群体命运浮沉产生的深刻影响。

关键词：《中州启札》；华北士人；交游；政治动态

绪　论

《中州启札》是一部由元人吴弘道辑录的 13 世纪华北士人往来书信总集。元大德五年（1301），时任江西行省掾史的吴弘道将其收集到的"中州诸老往复书尺"汇集成编，并请上司许善胜作序，刻印出版即为《中州启札》。现存 13 世纪华北士人所撰书信散见于士人文集中，共约 270 通，其中 202 通为《中州启札》所收，占同时期书信总数的近五分之四。作者中时代最早的赵秉文和最晚的刘因，其生卒年时间差距约有一个半世纪。人物地位的差别也十分明显，上至元初朝廷重臣刘秉忠、耶律楚材，下至吕逊等中下级士人官员，这让书信集的选材具有立体性和持续性，同时对金元之际士人活动的记述也较为全面。这批往来交流的书信也记录了金元之际士人的政治处境与日常生活状况，为研究士人的人际交往、信息沟通、理学在中国北方的传播，以及金末元初社会政治与文化提供了极为珍贵的一手史料。

与本文相关的研究可分为以下四类。其一是关于《中州启札》的研究。刘晓最早指出《中州启札》存有一部清抄本，且书信集中大部分作者符合《全元文》的入选范围，但被整理者漏收。① 朱铭坚《金元之际的士人网络与讯息沟通——以〈中州启札〉内与吕逊的书信为中心》，从《中州启札》中三十余通写给吕逊的书信入手，围绕吕逊这个人物，讨论了他横跨华北地区的交游网络，并对《中州启札》各版本源流进行初步考订。② 花兴的《〈中州启札〉的编刻与价值》则详细论述了《中州启札》的编者、体例、版本、价值，对部分书信的署名进行考订；③ 毛海明《〈中州启札〉两种清抄本源流考——兼论部分信札的收发归属》则在前有版本源流考辨的基础上，指出南京图书馆（简称南图）藏影元抄本其实影抄了日本静嘉堂文库藏元刊本，此外还对部分信札的收发归属问题展开进一步考证。④ 现有丰富的研究成果已对《中州启札》的基本情况和部分信件归属问题进行了较为详细的考订。

其二是关于具体书信与人物的研究。吴弘道选录的标准乃是"体制简古，文词浑成"的"往复书尺"，其中部分书信在撰者文集中也有收录，一些重要书信已经得到学界深入细致的研究，如姚从吾、刘晓对元好问《上耶律中书》中涉及的事件、人物、意义进行考辨，⑤ 张帆对许衡《与窦先生》中所反映的许衡仕宦心态展开探讨。⑥ 学者对文集中的部分书信也有单篇的利用，如郭磊在研究杨奂的交游时，引用《中州启札》中署名为赵秉文致杨奂的两篇书信，讨论了金末文坛盟主赵秉文与后辈文士的交往，对后辈文士的提携。⑦ 大规模利用《中州启札》书信勾勒金元之际某一人物的生平经历，应首推朱铭坚。朱铭坚从吕逊收到的三十余通书信入手，指出吕逊虽然一生沉沦下僚，但其极有可能作为汉人世侯史天泽及其得力助手周惠的中介，因此得以沟通金末元初华北"文章派的华士"和"德行派的正士"间的网络。⑧

其三是关于金元之际华北地区的研究。这方面学界已有丰硕的成果，李治安等著的论文集《元代华北地区研究：兼论汉人的华夷观念》涉及元代华北地区行政区划、具体人物、思想观念、社会文化等方面的研究；⑨ 温海清《画境中州：金元之际华北行政建置考》围绕重要的节点（如丙申分封、十道画境、十路宣抚司设置），对这一时期华北地区行政区划的演进作出详细考辨。⑩ 王锦萍的新著《蒙古征服之后：1200 至 1600 年之间华北社会秩序的变迁》（*In the Wake of the Mongols：The Making of a New*

① 刘晓.《全元文》整理质疑 [J]. 文献，2002（2）：257.
② 朱铭坚. 金元之际的士人网络与讯息沟通——以《中州启札》内与吕逊的书信为中心 [J]. 北大史学，2016（20）：286-310.
③ 花兴.《中州启札》的编刻与价值 [M] //郭英德，主编. 中国古代散文研究文献论丛. 北京：商务印书馆，2016：192-207.
④ 毛海明.《中州启札》两种清抄本源流考——兼论部分信札的收发归属 [M] //刘迎胜，姚大力，主编. 清华元史. 北京：商务印书馆，2022：256-286.
⑤ 姚从吾. 元好问癸巳上耶律楚材书的历史意义与书中五十四人行事考 [M] //姚从吾先生遗著整理委员会，编. 姚从吾先生全集：六. 台北：正中书局，1982：155-217；刘晓. 元好问《寄中书耶律公书》人物补释——兼论士大夫家族在金元政治生活中的延续 [J]. 中国社会科学院历史研究所学刊，2004（2）：441-460.
⑥ 张帆.《退斋记》与许衡刘因的出处进退——元代儒士境遇心态之一斑 [J]. 历史研究，2005（3）：69-84.
⑦ 郭磊. 杨奂文集、仕宦与交游考论 [D]. 太原：山西大学，2014.
⑧ 朱铭坚. 金元之际的士人网络与讯息沟通——以《中州启札》内与吕逊的书信为中心 [J]. 北大史学，2016（20）：286-310。
⑨ 李治安，等. 元代华北地区研究：兼论汉人的华夷观念 [M]. 天津：南开大学出版社，2009.
⑩ 温海清. 画境中州：金元之际华北行政建置考 [M]. 上海：上海古籍出版社，2012.

Social Order in North China，1200-1600）提出了关于金元之际士人的政治动态与政治地位的观点，强调在中古时期的北方社会变化过程中，蒙古征服是重要的转折点，在蒙古统治下，宗教组织及其成员——而非南方模式下的士人——扮演了主导性的角色。①

最后是关于金元之际士人的整体研究。赵琦在《金元之际的儒士与汉文化》中，基本依照时间顺序，研究了金末元初儒士与汉文化的遭遇，包括儒士在金末遭受的摧残，前四汗时期艰难曲折的发展以及在忽必烈登基后受到重用，大力推行汉法的过程。② 毛海明的博士论文系统地梳理元代前期北方汉族士人官僚的事迹与政治地位升降。③ 求芝蓉的《元初"中州士大夫"与南北文化统合》具体研究"中州士大夫"的概念，对这一群体的形成、特点、所持政治与文学立场都有深入的讨论。④ 饭山知保在《另一种士人：金元时代的华北社会与科举制度》里点面结合，既选取具体的家族（如稷山段氏）和人物（如元好问、郭郁），又运用统计学手法研究金元时代的科举制度及其社会影响，以及精英家族的命运。⑤ 这些著作对本文的研究都具有极高的参考价值。

本文拟选取《中州启札》所收涉及中统四年（1263）彰德路旱灾事件的一组书信及三十余通与元初官员游显相关的信件，结合金元时期的正史、文集、笔记、方志等史料，梳理考辨书信所展现的地方官的施政与交游。并在个案基础上，扩展视野至这一时期所有书信，将"人物"与"事件"的研究相结合，系统讨论书信所折射出的士人群体在金元之际的政治动态与社会网络。

一、吴弘道与《中州启札》

关于《中州启札》的编纂、流传及现存各版本情况，朱铭坚、花兴、毛海明，已从不同视角出发进行了研究。因此，本节内容主要参考三位学者的论文，叙述《中州启札》的基本情况。

《中州启札》的编者吴弘道，字仁卿，号克斋，金台蒲阴（今河北安国）人，元成宗大德年间任江西省检校掾史。吴弘道的事迹不详，约在晚年寓居江南，与一些士人，如元曲家张可久、陆仲良互有唱和。⑥ 他编纂《中州启札》的直接原因，是希望通过收录流传中州士人间"体制简古，文词浑成，其上下议论率于政教彝伦有关"的书信，改正这一时期士人文章阿谀谄媚、繁文缛节的问题。⑦

---

① Jinping Wang，*In the Wake of the Mongols：The Making of a New Social Order in North China*，1200-1600，Cambridge，MA：Harvard University Asia Center，2018.（注：此书译名由王锦萍在《近二十年来中古社会史研究的回顾与展望》中译出，文章收入邓小南主编，方诚峰执行主编《宋史研究诸层面》一书，北京：北京大学出版社，2020年版，第106-138页。

② 赵琦. 金元之际的儒士与汉文化 [M]. 北京：人民出版社，2004.

③ 毛海明. 北方汉族士人官僚与元代前期政治 [D]. 北京：北京大学，2013.

④ 求芝蓉. 元初"中州士大夫"与南北文化统合 [M]. 北京：社会科学文献出版社，2020.

⑤ ［日］饭山知保. 另一种士人：金元时代的华北社会与科举制度 [M]. 邹笛，译. 杭州：浙江大学出版社，2021.

⑥ 钟嗣成. 校订《录鬼簿》三种 [M]. 王钢，校订. 郑州：中州古籍出版社，1991：74.

⑦ 许善胜. 中州启札序：册1 [M]. 济南：齐鲁书社，2001：338.

　　《中州启札》共有四卷，基本依照时间顺序排列，末尾附有"拾遗门"，收录部分撰者不详，记录为"无名氏"的书信。吴弘道编纂信件时命名较为随意，时常出现"纪前事而称后官"的现象，部分信件的署名、标题甚至有误。

　　现由许善胜为《中州启札》所作之序文可知，《中州启札》应于大德五年（1301）或之后始刊行，因现存元人文集、书目和其他史料鲜少提及此书，以致此书在元代社会流传的情况均难以稽考。入明后《中州启札》收入文渊阁藏书，《永乐大典》亦收录部分内容。成化三年（1467），莆田人翁世资出资刊刻，并在书后撰写跋语。

　　今存《中州启札》的主要版本有元刊本、影元抄本、明成化本、旧抄本和数种清抄本。元刊本为清末著名藏书家陆心源所藏，但此元刊本以及一部旧抄本都随陆心源皕宋楼其他藏书一并入藏日本静嘉堂文库，其著录可见于《静嘉堂文库汉籍分类目录》。① 另一清代著名藏书家张金吾藏有一部成化翁世资刊本和一部影元抄本，经过对比考辨，此影元抄本应该就是影抄静嘉堂文库藏元刊本，后为南京图书馆所藏，并在《四库全书存目丛书补编》中影印出版。② 张金吾手中的成化刊本疑似于20世纪初为海虞瞿氏收藏，再流入当代著名藏书家黄裳手中，其后不知所终。台湾"中央图书馆"留有两种抄本，一为刘承干嘉业堂旧藏，一为张蓉镜旧藏。③ 还有一部清抄本则藏于北京国家图书馆（简称国图），上有清初著名藏书家汪文柏的刻印，其影印本收入《北京图书馆古籍珍本丛刊》。④ 因种种条件所限，我们目前能够看到的版本，只有日本静嘉堂文库所藏元刊本、国图所藏清抄本及南图所藏影元抄本。⑤

　　《中州启札》对研究元代前期政治文化有重要价值，它既可以帮助辑佚金元士人的文章，又可以为部分金元士人文集提供校勘。同时，《中州启札》中许多收信人与寄信人在元代前期身居高位，因此信中所涉人物与事件值得展开探讨。在下节中，笔者将会对此作出较为深入的研究。

---

　　① 注：日本静嘉堂藏元刊本共两册，版式为左右双边，有界，每半叶一三行，每行二二字，注文双行二二字。版心黑口，双黑鱼尾。见吴弘道：《中州启札》，日本静嘉堂藏原陆心源皕宋楼藏元刊本；著录见［日］河田罴. 静嘉堂秘籍志：卷12·集部三·总集类［M］. 杜泽逊，等，点校. 上海：上海古籍出版社，2016：405.

　　② 注：南图藏影元抄本共四卷，十三行，二十四字，无格。（见吴弘道编：《中州启札》，《四库全书存目丛书补编》（影南京图书馆藏清爱日精庐钞本），第79册，济南：齐鲁书社，2001年，索书号GJ/KB1314；考证见毛海明：《〈中州启札〉两种清抄本源流考——兼论部分信札的收发归属》，第256-286页。）

　　③ 杜泽逊. 四库存目标注·集部：下［M］. 上海：上海古籍出版社，2007：3395-3396.

　　④ 注：国图藏清抄本共一册，十三行，行二十二字，无格。（见吴弘道编：《中州启札》，《北京图书馆古籍珍本丛刊》清抄本，第116册，北京：书目文献出版社，1990年，索书号A00756；著录见北京图书馆编《北京图书馆古籍善本目录·集部》，北京：书目文献出版社，1987年，第2844页。）

　　⑤ 注：日本静嘉堂文库所藏元刊本的来源，为北京大学图书馆数据库"宋元版古籍在线（静嘉堂文库典藏）试用"，检索网址http：//j-dac. jp/sogenpan。笔者在阅读和使用材料时得到了岳麓书院老师的帮助。本文所有涉及《中州启札》的引文，均以日本静嘉堂文库所藏元刊本为底本，参以北京图书馆所藏清抄本及南图所藏影元抄本进行引用。

二、元初华北士人对汉法的积极推动——中统四年（1263）彰德地区旱灾事件考

（一）略论元初的灾荒与救济

由于处在近一万年来的两个气候冷期中间的一个暖期，加之历经辽金西夏三朝大规模的农业开发，故在元代统治我国的一百年中，华北地区生态地质环境恶化，各种自然灾害频发。[①] 因而，灾荒与救济成为蒙元政府面临的重要问题。

前四汗统治时期，虽然汉地灾害频繁，但蒙古官方组织的蠲免、赈济次数很少。[②] 以元太宗朝波及范围较大的戊戌（1238）至己亥（1239）年的旱灾蝗灾为例，宋子贞《中书令耶律公神道碑》载：

> 戊戌（1238），天下大旱蝗，上问公以御之之术。公曰："今年租赋乞权行倚阁。"上曰："恐国用不足。"公曰："仓库见在，可支十年。"许之。[③]
>
> （太宗十年八月）陈时可、高庆民等言诸路旱、蝗，诏免今年田租，仍停旧未输纳者，俟丰岁议之。[④]

由此可见，此时朝廷的赈灾举措仅是临时议定，同时在灾免时还会遇到不小的阻力。

具体到地方上的灾情汇报及赈灾，则有达鲁花赤蒙古公"诉告于执政大臣呼图克，分军储粮五千石以起饿者"[⑤]；世侯董文炳"发私廪粟六千斛以济饥民"[⑥]。可见在未形成系统性的赈恤制度时，灾荒的上报和赈灾更多是依靠地方官员自身的灵活手段，甚至需要依仗世侯私家的救济。

系统性赈灾制度的建立，则要到了元世祖时期。忽必烈登基后，积极推行"汉法"，灾荒减免也趋于制度化，于是配套的灾情申报体系也逐渐确立，灾情如何上报、朝廷如何批准及具体的赈灾措施，也都有了明确的规定。王培华在《元代北方灾荒与救济》中较为系统地论述了元代面对灾荒实行的赈恤救济，她指出从世祖至元到仁宗延祐年间，元廷逐渐形成了一整套较为完备的灾伤申检、体覆及减免地税制度，包含地方官申报、上级官司检踏、肃政廉访司体覆、御史台监察这四个环节。[⑦] 除去官书中对赈济制度的规定与上下行公文外，《中州启札》收有一组涉及彰德地区旱灾的书信，其较为详细地

---

① 和付强. 中国灾害通史：元代卷 [M] // 袁祖亮，主编. 中国灾害通史. 郑州：郑州大学出版社，2009：93.

② 陈高华. 元朝赈恤制度研究 [J]. 中国史研究，2009（4）：106，113.

③ 宋子贞. 中书令耶律公神道碑 [M] // [元] 耶律楚材，著，谢方，点校. 湛然居士文集：附录一. 北京：中华书局，1986：331.

④ 宋濂，王祎. 元史：卷2·太宗本纪 [M]. 北京：中华书局，1976：36.

⑤ 胡祗遹. 胡祗遹集：卷15·大元故怀远大将军怀孟路达噜噶齐兼诸军鄂勒蒙古公神道碑 [M]. 魏崇武，周思成，点校. 长春：吉林文史出版社，2008：349.

⑥ 王磐. 赵国忠献公神道碑 [M] // 李正儒，纂修.（嘉靖）藁城县志：卷9·文集志. 民国二十三年（1934）铅字重印本：1b.

⑦ 王培华. 元代北方灾荒与救济 [M]. 北京：北京师范大学出版社，2010：179-181.

反映了"汉法"初立时，担任地方官员的华北士人积极推动朝廷赈灾的过程。

关于这组信件，花兴首先对它们的收发归属作出辨析，指出部分署名王恽及杨果的书信有误，其作者应为元初长期任彰德路总管的高鸣，并根据高鸣的仕宦经历，推断这组书信的写作时间应在中统二年（1261）后。① 毛海明于《〈中州启札〉两种清抄本源流考——兼辨部分信札的收发归属》一文中，在花兴辨析的基础上，结合《元史》的记载，进一步指出署名徐威卿太常（徐世隆）的《与张平章仲一》和匿名的《与刘尚书才卿》这两封信，作者应是高鸣，并将书信写作时间判定为中统四年（1263）夏。② 笔者将在下文中，对这部分书信所反映中统四年（1263）彰德地区旱灾从地方官员上报到朝廷下旨救济的完整过程展开研究。③

（二）金元之际彰德地区行政区划变迁与总管高鸣的任职

彰德地区在元人胡祗遹笔下，是"北趋京师，南达海外，又当天下东西之中，使者旁午，朝贡者腹背相望，驿传车马，人不胜其烦劳"④ 的要冲之地。其行政区划在金元之际更是经历了较为复杂的变动。自1220年东平严实挟彰德、大名等路归附蒙古后，彰德即由东平行台严实、真定世侯史天泽分别统辖。太宗四年（1232），蒙古设置了彰德总帅府，下辖相、卫、辉三州。"画境之制"实施以后，彰德从严实地盘中分出。宪宗二年（1252），卫、辉二州割出，彰德重归真定路。之后，彰德路划为拖雷家族的分地，成为拖雷之子旭烈兀的食邑。⑤

而这一组书信的作者高鸣，则担任彰德路军民总管。高鸣，字雄飞，《元史》有传。⑥ 高鸣少有文名，元好问在金亡后曾写信向耶律楚材推荐五十四位"南中大夫士归河朔者"，高鸣便是其中之一。⑦ 除此之外，高鸣还与金元之际诸多名士如郝经、王恽、胡祗遹等人都有交往。据元末中书左丞杜秉彝《重修高文忠公祠堂记》所载，高鸣在壬辰北渡后迁居镇阳，以讲学为生。此时赵复将理学北传，姚枢将部分程朱理学作品寄送

① 花兴.《中州启札》的编刻与价值 [M] //郭英德，主编. 中国古代散文研究文献论丛. 北京：商务印书馆，2016：198-200.

② 毛海明.《中州启札》两种清抄本源流考——兼论部分信札的收发归属 [M] //刘迎胜，姚大力，主编. 清华元史. 北京：商务印书馆，2022：256-286.

③ 注：综合花兴与毛海明的考证，《中州启札》中署名"杨西庵（杨果）"的《与姚左丞雪斋（姚枢）》《与史丞相（史天泽）》《与藏春国师（刘秉忠）》《与赵平章宝臣（赵璧）》《与张平章仲一（张易）》（四首）《与王左三部侍郎子敏（王博文）》，署名"王仲谟（王恽）"的《与杨正卿参政（杨果）》（其二），署名"徐威卿太常（徐世隆）"的《与张平章仲一（张易）》和无名氏的《与刘尚书才卿（刘肃）》，其作者均为高鸣。本文在后引用时不再作撰者考证。

④ 胡祗遹. 胡祗遹集：卷18·魏处士墓碣铭 [M]. 魏崇武，周思成，点校. 长春：吉林文史出版社，2008：391.

⑤ 宋濂，王祎. 元史. 卷58·地理志一 [M]. 北京：中华书局，1976：1360.

⑥ 宋濂，王祎. 元史. 卷160·高鸣传 [M]. 北京：中华书局，1976：3758.

⑦ 注：《元史·高鸣传》记载"河东元裕（之）上书荐之"，据姚从吾考证，即指的是《上耶律中书》这封书信。这封书信在《中州启札》与元好问《遗山集》中均有收录。书信见元遗山：《与耶律中书》//《中州启札》：卷1. 日本静嘉堂藏元刊本：叶6a-7b；元好问著，狄宝心校注：《元好问文编年校注》卷4《癸巳岁寄中书耶律公书》，北京：中华书局，2012年，第307-318页；考证文章参见姚从吾：《元好问癸巳上耶律楚材书的历史意义与书中五十四人行事考》，第186-187页。

高鸣，高鸣因此积极参与到理学的讨论中，之后出任漕运司从事。①

但在宪宗年间高鸣任彰德路总管的时间问题上，笔者与花兴、毛海明的观点不同。花兴在论文中引《元史·高鸣传》所载"诸王旭烈兀将征西域，闻其贤，遣使者三辈召之，鸣乃起，为王陈西征二十余策，王数称善，即荐为彰德路总管"。又因旭烈兀于宪宗二年（1252）西征，故判定高鸣任彰德路总管的时间在宪宗三年（1254）左右，毛海明的论文也沿袭了花兴的观点。② 但笔者翻检史料，发现《重修高文忠公祠堂记》的时间表述有所不同，文载"岁癸丑（1253），宪宗以处士特征，既至，圣情延问优渥，先生以二帝三王之道为治平天下之大经，遂条上便益二十事"③。文中称高鸣于癸丑（1253）年受宪宗召见，提出了二十事的建议，得到蒙哥称赞，后以养亲为由辞归。"丁巳（1257），国朝大封同姓，亲王各奏举贤良俾治汤沐之邑，天子之母弟奏先生为彰德路军民总管。"④ 将高鸣出任彰德路军民总管时间记为丁巳年，《中国行政区划通史·元代卷》在此基础上，指出文中"彰德路军民总管"的称谓可能为后加，⑤ 但可与《元史·食货志》"岁赐"条旭烈兀位下"五户丝，丁巳年，分拨彰德路二万五千五十六户"的记载相互印证。⑥

曾在彰德任职的韩澍的墓志铭同样可以为高鸣的任职时间作出参考，王恽《故将仕郎汲县尹韩府君墓表》称：

> 丙辰（1256）岁，朝廷以相之五县封太弟为采邑，继郡帅例肆觐，君毅然以民计从行。及敷对称旨，擢为本府户曹孔目官。明年（1257）春，降玺书，起聘君。太原高公鸣为彰德路总管，遂汰冗员，擢群能，新旧图，至设府史不数人，君首以才选。无几，转按牍提控官。⑦

若高鸣丁巳年担任总管，至中统四年（1263）已有七年，这个时间在书信中屡有提及，如《与张平章仲一》的第二封称"某待罪相下，几七年矣"，第三封称"七年之间"，《与杨正卿参议》的第二封亦称"待罪治郡七年"。⑧ 至于旭烈兀西征后能否任命投下的官员，答案是肯定的，彰德路达鲁花赤纳怜曲中（纳琳居准）的任职便是如此。

---

① 徐岱，熊远寄，修，万兆龙，纂. 林县志（康熙）：卷9·重修高文忠公祠堂记 [M]. 清康熙三十四年（1695）刻本，叶18a-20b.

② 参见花兴：《〈中州启札〉的编刻与价值》，第198-200页；毛海明：《〈中州启札〉两种清抄本源流考——兼论部分信札的收发归属》，第256-286页。

③ 徐岱，熊远寄，修，万兆龙，纂. 林县志（康熙）：卷9·重修高文忠公祠堂记 [M]. 清康熙三十四年（1695）刻本，叶18a-20b.

④ 徐岱，熊远寄，修，万兆龙，纂. 林县志（康熙）：卷9·重修高文忠公祠堂记 [M]. 清康熙三十四年（1695）刻本，叶18a-20b.

⑤ 注：此时彰德仅为散府，至元六年（1269）才被立为路。见《元史》卷58《地理志一》，第1360页。

⑥ 李治安，薛磊. 中国行政区划通史：元代卷 [M] //周振鹤，主编. 中国行政区划通史. 上海：复旦大学出版社，2017：8.

⑦ 王恽. 秋涧先生大全文集：卷60 [M] //元人文集珍本丛刊，影印元至元年刻本明代修补本，台北：台湾新文丰出版社公司，1985：13b.

⑧ 参见高鸣：《与张平章仲一》（其二）//《中州启札》：卷1·日本静嘉堂藏元刊本：叶16a-b；《与张平章仲一》（其三）//《中州启札》：卷1·日本静嘉堂藏元刊本：叶16b，《北京图书馆古籍珍本丛刊》影印国图藏清抄本，叶11a；《与杨正卿参政》（其二）//《中州启札》：卷3·日本静嘉堂藏元刊本：叶8b.

胡祗遹《大元故怀远大将军彰德路达噜噶齐扬珠台公神道碑铭》载：

> 太上皇四子，以公隶锡喇（旭烈兀）大王位下，西征留公领本位诸局，继受令旨，充本位下达噜噶齐。先帝龙飞，金符授彰德路达噜噶齐，以本位汤沐邑也。未几，佩虎符，职如故。诰词曰：以尔王室旧臣，常著勤勋，仍赐狐白裘，随拜王命，赐七宝大带曰：惟此可以佩金符。是后绣鞍珠服，织锦海青乌，恩光稠叠，照映外内。公以丁巳岁夏四月到郡，时适旱，解鞍而雨。①

按神道碑记载，纳怜曲中为旭烈兀怯薛，在其西征后留守，最初管理投下诸局，后在彰德成为旭烈兀食邑后，出任当地达鲁花赤。他于丁巳年（1257）四月正式到任，则其同僚高鸣亦应于丁巳年到任。② 因此，高鸣任彰德路总管的时间并非花兴、毛海明推论的宪宗三年（1253），而是旭烈兀分封于彰德的宪宗七年（1257）。

（三）庙堂与江湖之间——《中州启札》所载书信反映的灾情处理

华北地区在金元之际久经战乱，又多为投下分地，生态破坏较前朝更加严重，彰德路自不例外。终元一朝，不时能看到旱灾、洪水、蝗灾等的记载。而这场持续甚久的旱灾，不仅涉及彰德一地，附近的真定路，洺、磁等州亦受到影响。③

高鸣在书信中详细描述了旱灾发生的情形，在《与张平章仲一》中，他提到"自去岁九月至今不雨，二麦尽损，秋稼不能立苗"，在致王博文等人的信中，也描述了旱灾导致的"夏麦秋苗，荡如扫迹""夏麦尽槁，秋稼未苗"，情况极为严重。④ 元代地方赋税征收，由路总管府统一掌管一路税课，各路均有规定额数。其数能否按期完纳，路总管府负主要责任。⑤ 故当彰德"供出租赋，可谓至难"时，高鸣不得不首当其冲。

面对旱灾，高鸣首先做的即是"先以公解走报宣慰司，已移文到部"⑥。中统元年（1260），忽必烈分置十道宣抚司。相较金末元初的十道画境，彰德归属的大名彰德等路宣抚司属于新立。地方申报灾情和朝廷减免税粮，中统年间颁布的"宣抚司条款"中已有规定，即

> 为去岁桑蚕田禾间有灾伤去处，钦依诏书，已令各路宣抚司验灾伤分数从实减免差发外，不被灾地面亦令量减分数。⑦

此时宣抚司移文到部的流程，尚不明晰，但后来至元年间的案例规定可以用来参

---

① 胡祗遹. 胡祗遹集：卷 15·大元故怀远大将军彰德路达噜噶齐扬珠台公神道碑铭 [M]. 魏崇武，周思成，点校. 长春：吉林文史出版社，2008：347.

② 注：关于金末元初彰德地区长官任职的情况，可参看王颋. 嘉议安让：元初彰德路的总管和达鲁花赤 [M]//王颋. 内陆亚洲史地求索. 兰州：兰州大学出版社，2011：207-221.

③ 王培华. 元代北方灾荒与救济 [M]. 北京：北京师范大学出版社，2010：14.

④ 参见高鸣.《与张平章仲一》//《中州启札》：卷 1·日本静嘉堂文库藏元刊本册 1：叶 18b；《与王左三部侍郎子勉》//《中州启札》：卷 1·日本静嘉堂文库藏元刊本册 1：叶 17a；《与杨正卿参政》（其二）//《中州启札》：卷 3·日本静嘉堂文库藏元刊本册 2：叶 8b.

⑤ 赵阮. 蒙元时期达鲁花赤制度研究 [D]. 北京：北京大学，2012：110.

⑥ 高鸣. 中州启札：卷 3·与杨正卿参政（其二）[M]//日本静嘉堂文库藏元刊本册 2：叶 8b.

⑦ 元典章：卷 25·户部十一·差发·减差·被灾去处量减科差 [M]. 陈高华，张帆，刘晓，等. 点校. 天津：天津古籍出版社，2011：967.

考，首先要按察司审查核实，地方政府收到按察司体覆的文书后，和灾情文书一起上报户部，户部转呈中书省，才能减免。① 中统年间按察司尚未设立，可能经宣抚司审查灾情后，即将相关文书上报，但较为缓慢的行政效率，还是令高鸣在信中有所抱怨：

> 民间疾苦危急事，计省府闻知，论之熟矣。②

至于朝廷派来核验，又先行还省汇报的郑司直，具体名字事迹已不可考，胡祗遹曾作有一篇《性说呈郑司直》，其中称郑司直：

> 司直先生善人也，信人也。以法律进身，而无伤严寡恩之习，悉其聪明，致其忠爱，荡然有古良吏之风，乐出善言，行善事，暇日语及性命之说以话仆。③

胡祗遹曾在中统二年（1261）被举荐为中书详定官，④ 司直古称丞相僚属，既与胡祗遹为同僚，则郑司直可能亦是文史出身的中书省官员。

事实上，在忽必烈即位初期，朝廷围绕灾伤减免相关问题一直有所争议，中统元年（1260）担任大名彰德等路宣抚使的张文谦与宰相王文统即针锋相对：

> 文统素忌克，谋谟之际，屡相可否，积不能平，公遽求出，诏以本职行大名等路宣抚司事。且有后命，曰第往，行诏卿。比行，谓文统言天下生民罢瘵日久，岁属大旱，若不量蠲税赋，将无以慰来苏之望。文统以为世祖新即大位，国家经费为数不赀，且素无积储，何所供亿。公曰："百姓足，君孰与不足？俟时和岁丰，取之未晚也。"竟蠲常赋十之四，商酒税额十之二。⑤

虽然高鸣已请郑司直"附恳百姓嗷嗷之心""奉辞恳祷"，但似乎不太成功。⑥ 因此，在"郑司直还省"后，高鸣又派遣知事马某，直接前往朝廷申告。知事为地方佐贰官，其执掌为："凡征赋之出入，差徭之上下，刑狱之重轻，案牍之情伪，以至兴教育，恤寡弱，迎上官，饯过客，得以兴利除害者，莫不关听著心。"⑦ 但马某区区地方小吏，因此真正重要的乃是"谨遣知事马某从纳怜曲中前往告请"的这位纳怜曲中。毛海明在论文中已考证出他就是胡祗遹所作《大元故怀远大将军彰德路达噜噶齐扬珠台公神道碑铭》中的主人公纳琳居准，于月则对纳怜曲中的家族作出详细考证。⑧ 相比高鸣，纳怜曲中身为旭烈兀的怯薛，更深得重用，并在忽必烈与阿里不哥争位的过程中，赴开平拥立忽必烈即位，作为投下达鲁花赤代表旭烈兀参加了诸王议事。他虽然"在郡十有二

① 陈高华. 元朝赈恤制度研究 [J]. 中国史研究，2009（4）：109.
② 高鸣. 中州启札：卷3·与杨正卿参政（其二）[M]//日本静嘉堂文库藏元刊本册2：叶8b.
③ 胡祗遹. 胡祗遹集：卷13·性说呈郑司直 [M]. 魏崇武，周思成，点校. 长春：吉林文史出版社，2008：312.
④ 宋濂，王祎. 元史：卷170·胡祗遹传 [M]. 北京：中华书局，1976：3992.
⑤ 宋濂，王祎. 元史：卷157·张文谦传 [M]. 北京：中华书局，1976：3696.
⑥ 高鸣. 中州启札：卷1·与赵平章宝臣 [M]//日本静嘉堂文库藏元刊本册2：叶16a.
⑦ 唐元. 送知事张仲亨序 [M]//明正德十三年（1518）程敏政，辑，张芹，刊. 唐氏三先生集：卷9，叶8b.
⑧ 参见毛海明.《中州启札》两种清抄本源流考——兼论部分信札的收发归属 [M]//刘迎胜，姚大力，主编. 清华元史. 北京：商务印书馆，2022：256-286；于月. 蒙元时期燕只吉部帖速家族小考 [J]，北大史学，2014（19）：76-79.

年，不置田宅"，此时尚未长居彰德，但在忽必烈登基后：

> 我朝语言精密，典故极多，唯公能尽其说，晓其凡例。虽居外郡，以时备
> 顾问，故多在京师，凡大宴，莫不与焉。①

赵阮在《蒙元时期达鲁花赤制度研究》中，认为纳怜曲中虽在外任，但由于其精通蒙语，因此常在京师，兼任大汗的顾问。② 因此，代表旭烈兀利益，又受到忽必烈重信的纳怜曲中，前往京师申告，也更容易达成减免赋税的愿望。

当然，高鸣这一组书信的收信人，正如毛海明所言，"遍及朝廷要员"，有时任中书右丞的张易、左三部尚书刘肃、参知政事杨果、左三部侍郎王博文、同平章事赵璧、中书左丞姚枢、此时还未还俗并深受忽必烈信任的"藏春国师"刘秉忠及中书右丞相史天泽。这其中，姚枢与高鸣在二十余年前即有交游，张易为太原临州临泉县使君庄人，与高鸣乃是"乡旧"；③ 在致史天泽的书信中，高鸣更是明确提及二人关系是"幸在相公门下，承相公湔拂日久"④。史天泽在金元之际曾多方招揽士人，符海潮在《元代汉人世侯群体研究》中对真定幕府群体有过详细考证。⑤ 据前述《重修高文忠公祠堂记》，高鸣在北渡后，曾寓居镇阳讲学，镇阳即真定府，即使不曾任职史天泽幕府，恐怕也有托庇之举，故利用这层关系，乞求相公"今岁赋调之中，量加减免"⑥。

其余的收信者，刘肃负责经济事务，杨果曾跟随"万户史侯经略河南"⑦，为史天泽的参议，张易与刘秉忠曾为同学，收信的大部分汉族士人同为忽必烈潜邸旧侣。虽然这一组书信的回信我们尚未发现，但很显然，在朝廷重臣的襄助与高鸣多方努力之下，当地租税终于获得减免，也即《元史·世祖本纪》所记载的"免彰德今岁田租之半，洺、磁十之六"。⑧ 对照中统元年（1260）颁布的宣抚司条款，"被灾去处，以十分为率，最重者虽多量减不过四分。其余被灾去处，依度验视，从实递减三分、二分等，科降差发，视此为差"。⑨ 则彰德获得的蠲免已超出原有规定，是极大的优待。

当然，除了反复和朝廷交涉之外，地方官员还作出了其他努力。在胡祇遹的文集中，还提到了另一位彰德路达鲁花赤的事迹，即《大元故怀远大将军怀孟路达噜噶齐兼诸军鄂勒蒙古公神道碑》。由于遭到四库馆臣改易人名，我们很难再找出这位与史天泽

① 胡祇遹. 胡祇遹集：卷15·大元故怀远大将军彰德路达噜噶齐扬珠台公神道碑铭 [M]. 魏崇武，周思成，点校. 长春：吉林文史出版社，2008：347.

② 赵阮. 蒙元时期达鲁花赤制度研究 [D]，北京：北京大学，2012：137.

③ 注：对张易生平经历的最新考证，可参考毛海明，张帆. 元仲一即张易考——兼论元初名臣张易的幕府生涯 [J]. 文史 2015（1）：212-214.

④ 参见高鸣：《与史丞相》，《中州启札》卷1，日本静嘉堂文库藏元刊本册1，叶15b；《北京图书馆古籍珍本丛刊》影印国图藏清抄本，叶10a.

⑤ 符海潮. 元代汉人世侯群体研究 [M]. 保定：河北大学出版社，2007：51-52.

⑥ 参见高鸣：《与史丞相》，《中州启札》卷1，日本静嘉堂文库藏元刊本册1，叶15b；《北京图书馆古籍珍本丛刊》影印国图藏清抄本，叶10a.

⑦ 苏天爵，辑撰. 元朝名臣事略：卷十之三·参政杨文献公 [M]. 姚景安，点校. 北京：中华书局，1996：204.

⑧ 宋濂，王祎. 元史：卷5·世祖本纪二 [M]. 北京：中华书局，1976：94.

⑨ 元典章：卷25·户部十一·差发·减差·被灾去处量减科差 [M]. 陈高华，张帆，刘晓，等，点校. 天津：天津古籍出版社，2011：967.

结成亲家的蒙古公的其他事迹，也不知为何彰德一地会同时存在纳怜曲中和蒙古巴尔两位蒙古达鲁花赤，但按神道碑载，"治彰德近四十年"的蒙古公，在"（中统）四年（1263）旱"时曾"祷雨而雨"。[①] 在此后，彰德路发生旱灾，需要祷雨时，也会延请当地士人，如胡祗遹即有写作《彰德路祈雨文》，称：

> 阙润民之实惠，怨语升闻；忤造物之至和，亢阳示谴。贪污失德，黎庶何辜。黍稷吐穗而中干，麻豆成阴而半槁。工商忧谷价之增贵，田野惧岁凶之死饥。小大焦劳，贤愚愁叹。某等任守土之切责，先祈年之隐忧。悔罪怀慙，痛心疾首。仰干慈造，屈赐哀矜。敕名山而诏大川，起痴龙而诛旱魃。曷胜庆幸，无任恐惶。[②]

由此可见，在元初，赈恤制度经历了一个从无序向有序的变化过程，这其中既有出身贵族的投下达鲁花赤，依仗与蒙古统治者的私人关系，作为地方百姓与君主间的中介，为受灾地区请托；又有同乡、学友、姻亲、托庇等多重关系勾连起的华北士人网络，自下而上，积极推动官方赈恤，救济生民。作为元初地方治理体系确立完善的缩影，彰德地区旱灾的救济与赈恤制度的运行，离不开一系列关系网络的运作，也深刻体现了由蒙古达鲁花赤与统治者、华北地方士人与朝廷高官组成的社会网络对汉法推行的重大影响。

三、元代前期地方长官履职与交游——以游显为中心的考察

在上节中，笔者以中统四年（1263）彰德路旱灾这一事件为节点，结合《中州启札》中所载书信，探讨了在系统的赈灾体系未建立时，作为地方长官的高鸣，如何与朝廷官员交涉，达成赈灾减免赋税的过程。在书信中，高鸣曾称其汇报灾情时，"先以公解走报宣慰司，已移文到部"，恰巧，这一时期彰德地区上属大名彰德等路宣慰司的宣慰使游显，是元前期重要的汉人官僚，在《中州启札》中亦收有其三十余通书信。在本节里，笔者拟以游显作为研究对象，根据正史、文集、笔记、方志等材料，梳理其生平经历和社会交游，以及《中州启札》中反应的游显于华北迁转任职时的政治行迹。

（一）游显生平经历概述

游显，字子明，蒙古名塔剌弘。[③] 元太祖五年（1210）出生于代州崞县，在其五岁时，蒙古伐金，金宣宗为避蒙古兵锋，迁都汴京，即所谓"贞祐南渡"，游显也随之迁徙于许州临颖（今河南省漯河市临颖县）。太宗四年（1232）正月壬寅，蒙军"攻钧州，克之，获金将合达。遂下商、虢、嵩、汝、陕、洛、许、郑、陈、亳、颖、寿、睢、永

---

① 胡祗遹. 胡祗遹集：卷15·大元故怀远大将军彰德路达噜噶齐扬珠台公神道碑铭 [M]. 魏崇武，周思成，点校. 长春：吉林文史出版社，2008：349.

② 胡祗遹. 胡祗遹集：卷19·彰德路祈雨文 [M]. 魏崇武，周思成，点校. 长春：吉林文史出版社，2008：402.

③ 注：姚燧撰《神道碑》及其他资料仅记游显字子明，关于其蒙古名的记载出于王恽《中堂事记》之小字注明"（游宣抚子明）名显，以塔剌弘行，终杨（扬）州行省平章政事"，参见王恽：《秋涧先生大全文集》卷82《中堂事记下》，《元人文集珍本丛刊》影印元至治元年（1321）刻本明代修补本，台北：台湾新文丰出版社公司，1985年，叶19a。以蒙古名行也符合神道碑中记载游显"由是善国言"及忽必烈"游某非国人何"的评价。

等州"①。许州被攻下后，游显加入蒙古军。

太宗七年（1235），窝阔台遣皇子曲出、胡土虎征宋，游显跟随宗王口温不花南伐，并在蒙古军攻占襄阳后，游显领襄阳、樊城事，授副达鲁花赤。但太宗十年（1238），南宋孟珙率军继续反攻襄阳，在宋军合围的压力下，襄阳守军胁游显降宋。一年以后，游显自宋逃归至蒙军大将察罕处，遂前往大蒙古国首都哈刺和林朝见窝阔台，具陈南宋军事情况，受到窝阔台嘉奖，"封襄阳新民二百家，世为佃民。加锡银符锦衣二袭，亦授之玺书。"归襄邓一带前线后，率领民众灌溉稻田，发展生产。

关于游显在邓州一带的经营，姚燧所作《戍守邓州千户杨公神道碑》记载更为详细：

> 其后山西遗民由雕汝可去父母邦而南耶。与故遮止之，假种牛，曰："吾在此。"两堰以灌屯田，岁收粟为石。中书平章游公，筑楚铁狗无虑若干万，沾饥赢为口亦无虑若干万。②

此后的一段时间，游显依旧在与南宋相持的前线任职，并多次加入蒙古与南宋的战争中。如宪宗七年（1257）九月，为元帅卜邻吉带幕府长官，随军伐宋；八年（1258）四月，蒙哥亲征，率军自六盘山下川蜀，至散关时，时为宿卫的游显进谏，言伐宋不应自蜀而应直趋江汉，蒙哥则以"左方之帅，朕已付之，业已至此，其有时宜，即彼言之"回应，并未采纳他的建议。游显随即被派往荡阴觐见忽必烈，转而跟从其南征江汉。八月壬辰，忽必烈率军抵达黄陂，命粘合南合准备战船，游显认为粘合南合行事疏漏，果如其言。不久，蒙哥驾崩于钓鱼城下，蒙哥死讯传至忽必烈军中，忽必烈仍然坚持先渡江。游显则奉命选拔宋军俘虏为水手并准备战船，成功渡江，获封行宣抚使。

元世祖登基后，游显于中统年间任大名宣抚使。至元间，累迁益都、南京、大都等路总管兼府尹、河北河南道提刑按察使、总管水军万户、陕西四川道提刑按察使。虽然他的生平经历不像《遂昌山人杂录》中记载的曾"探谍江南凡八年"③那样传奇，但交战多年，熟知南宋相关事宜，故至元十一年（1274）忽必烈正式下诏征南后，特被召赴阙，授前军宣抚使之职，参与平宋战争。

南宋灭亡后，游显改官浙西道宣慰使，至元二十年（1283）卒于任上。任官多年的游显深得忽必烈信任，被视作"国人"一员，子孙多联姻高门，王恽为他写作的挽诗更

---

① 宋濂，王祎. 元史：卷2·太宗本纪 [M]. 北京：中华书局，1976：31.

② 姚燧. 牧庵集：卷18·戍守邓州千户杨公神道碑 [M] //四部丛刊初编. 影武英殿聚珍本，叶21a.

③ 参见周思成. 平宋战争中伯颜军前行省的参谋组织与人员——兼论伯颜幕僚在至元中后期政治中的浮沉 [J]. 暨南史学，2017年（1）：63-64；另，《遂昌山人杂录》所载为"伯颜丞相先锋兵至吴，是日大寒，天雨雪。老僧者，时为承天寺行童。兵森列寺前，住山老僧某令其觇兵势，且将自刎，无污他人手。行童震栗远望，有以银椅中坐者，以手招行童。行童莫敢前，且令军士趣召之。将至，戒以无恐。既至，召令前，问住山某和尚安否？西廊下某首座安否？行童大惊。且戒令先往首座房致意。首座僧大惊，而银椅中坐者已至房作礼，笑问曰：'首座如何忘却耶？某固昔时'知命子'，寺前卖卜者也。尝宿上房逾半年。'已而偕为方丈拜主僧。主僧错愕，谩不省，扣之，乃言曰：'我尤宣抚也，今日尚何言？'即命大锅煮粥啖兵人，令兵人持招安榜，而令行童以吴语诵榜文，晓谕百姓。云云"。参见郑元祐. 郑元祐集. 杭州：浙江大学出版社，2010：363.

是夸赞其"犹是中朝第一人"①。同时，游显交游广阔，在任职大名与浙西期间，与朝廷官员、地方士人、南宋遗民多有往来。

遗憾的是，《元史》不曾为游显立传，《故荣禄大夫江淮等处行中书省平章政事游公神道碑铭并序》是完整记载游显生平、家庭与任官的材料。其作者姚燧，乃是当世著名文学家，"当时孝子顺孙，欲发挥其先德，必得燧文，始可传信；其不得者，每为愧耻。故三十年间，国朝名臣世勋、显行盛德，皆燧所书。每来谒文，必其行业可嘉，然后许可，辞无溢美。"游显能得到姚燧撰写神道碑，据笔者看来原因有三，一是行状作者高凝与姚燧同出许衡门下；二是游显为官"行业可嘉"，符合姚燧写作行状的要求；三是姚燧与游显子孙友善，游显之孙游僎的名字即是姚燧所取。②该碑文收入姚燧的《牧庵集》，但受到四库馆臣多处窜改，所幸《永乐大典》"游字韵"中保有原文，可供参考。

作为蒙元前期的地方官员，游显有过传奇的被俘经历，他的一生虽然多在军旅中度过，但留下记录最多的则是两段地方官任职时期。他具有一定的文化素养，现存记载中虽无他的作品流传，但南宋遗民张伯淳曾赋诗《次韵游宪》两首与游显唱和，侧面证明游显亦能作诗。③《中州启札》收录无名氏写给游显的书信里，作者也曾夸赞游显"文词婉丽，皆自肺腑中流出，凛然如对芝眉谈笑"④。遗憾的是，目前学界有关游显的个人研究成果较少，仅有周思成在《平宋战争中伯颜军前行省的参谋组织与人员——兼论伯颜幕僚在至元中后期政治中的浮沉》一文里有所提及，探讨游显在伯颜军中的作用，并否定了《遂昌杂录》记载的一位曾在江南卖卜多年以探听情报的元朝高官"尤平章"为游显的可能性。⑤

（二）宦游华北

中统元年（1260）三月，忽必烈于开平正式即皇帝位，而从这一年到大举伐宋的至元十一年（1274）间，游显辗转多地担任地方官。中统元年（1260）五月乙未，世祖正式下诏设立十路宣抚司，以中书左丞张文谦为大名彰德等路宣抚使，游显为宣抚副使。⑥此后他辗转大名彰德等路、益都路、南京路、大都路、河南河北等处任职。在任

---

① 参见姚燧：《牧庵集》卷 22《故荣禄大夫江淮等处行中书省平章政事游公神道碑铭并序》（简称《神道碑》），叶 1a-10a。此本中蒙古人名多被四库馆臣窜改，故另据《永乐大典》卷 8843 游字韵所引《故荣禄大夫江淮等处行中书省平章政事游公神道碑铭并序》校正，参解缙，等. 永乐大典：第 4 册 [M]. 北京：中华书局，1986：4058-4060.《永乐大典》卷 8843 现藏哈佛燕京图书馆，参见解缙，等. 哈佛燕京图书馆藏《永乐大典》[M]. 北京：国家图书馆出版社，2013 年。游显子孙婚姻状况可参见《神道碑》，另有游显孙游僎娶资善大夫、云南行省中书左丞陈英之女的记载，可参见张养浩. 张养浩集 [M]. 长春：吉林文史出版社，2008：155-156；关于游显孙女与史天泽之孙史炽的婚姻，据萧启庆分析，史炽作为史氏家族在忽必烈创制后的第四代，其婚姻已不局限于"真定集团"，而是朝廷大臣联姻，参见萧启庆. 内北国而外中国：蒙元史研究 [M]. 北京：中华书局，2007：338；挽诗即王恽《闻平章由公薨于维扬以诗挽之》，收入王恽：《秋涧先生大全集》卷 19，叶 14b。

② 注：据游僎自述"先是翰林姚公名余曰僎矣"。参见马祖常. 石田先生文集：卷 9·游经历字序 [M]. 元至元五年（1268）扬州路儒学刻本：叶 31a-b。

③ 张伯淳. 养蒙先生文集：卷 9·次韵游宪（二首）[M] //元代珍本文集汇刊影印抄本，台北：台湾新文丰出版社公司，1970，叶 11a。

④ 参见无名氏：与游宣抚其一 // 《中州启札》卷 4"拾遗门"·日本静嘉堂文库藏元刊本册 2，叶 21b-22a。

⑤ 周思成. 平宋战争中伯颜军前行省的参谋组织与人员——兼论伯颜幕僚在至元中后期政治中的浮沉 [J]. 暨南史学，2017 年（1）：63-64。

⑥ 宋濂，王祎. 元史：卷 4·世祖本纪一 [M]. 北京：中华书局，1976：65。

上，他积极参与地方事务的管理，也曾觐见忽必烈，对朝廷事务发表意见，并与中央官员、地方士人交往频繁，因此现存有关游显的史料，也在此段时期较为集中。

游显担任的十路宣抚司官职，学界于此的研究已有较多，据温海清《画境中州》一书分析，游显所处的大名彰德等路宣抚司，下属大名、怀孟、卫辉、相（即彰德）邢、洺磁等地。① 至于本次罢宣抚司与后设宣慰司的记载，史卫民《元朝前期的宣抚司与宣慰司》一文及李治安《元代行省制度》第十七章《行省等属下的分治机构——宣慰使司》一节中均有较为详细的论述。二人指出，宣抚司的设置大体遵循了窝阔台时期设置的"十路"，基本涵盖了金朝的"二十路"辖境，各路宣抚司设宣抚使一至二人，又称为宣抚大使，置副使一人。宣抚司的大体作用，即强化了蒙古政权对地方的行政管理，加强了中央集权，并为忽必烈在与阿里不哥的汗位之争中获得胜利而奠定基础。宣抚使及副使的人选则大多为忽必烈潜邸幕僚及信任之人，且权责重大。到了中统二年（1261），最初任命的宣抚使已有半数以上被忽必烈调入中书省或燕京行省充任要职，如入京后成为中书右丞的张文谦即是明证。② 游显虽然没有进入中书省，但也是忽必烈认为是可以"他日求可眷倚者"的心腹之人，因此在张文谦入朝后，接替他任宣抚使。

游显在任时的宣抚司属官可考者不少，据《元史·胡祗遹传》"中统初，张文谦宣抚大名，辟员外郎"③ 和胡祗遹《送雷彦正序》"中统元年（1260）夏，左丞公来治魏，以礼辟为幕官。不肖忝与之同列"④ 的记载，可知此时宣抚司下属还有胡祗遹、雷膺等人。另有乌古伦贞卿所作《与游宣抚子明》"某顿首启某：别后，不胜驰向。夏暑，计惟文候清胜。近闻荣受圣恩，迁擢重任。伏惟懽庆，某等限以官守，不能前迋，谨遣奏差康定持书奉迎。相见伊迩，希为远大自重。不宣。"乌古伦贞的仕宦经历，王恽在《碑阴先友记》曾有提及，但只言"乌古伦贞，字正卿，辽东人。沉毅果敢，用荫任内侍官，得幸。北渡后历显仕，于去就不屑"⑤。据此可知乌古伦贞亦为宣抚司属官，李璮谋反后，乌古伦贞曾力排众议，向游显建议重刑处决犯人，以震慑众庶，被赞"临事知权变"。

具体到游显在这一时间段中的政绩及交游，《中州启札》中收录有窦默、王复、王仲谟（即王恽）、李澍、张子良、王仪、晋汝贤、乌古伦贞及无名氏等多人写给游显的三十余通书信，再结合史料，可以为我们勾勒出元前期地方官员在任履职的行迹。

胡鹏飞在《元代书信研究》中，简单地将元代的书信划分为家书、标榜自己、关注时局、讨论民生问题、讨论学术问题、描绘自然风光几种类型。⑥ 细查《中州启札》与游显有关的书信，我们发现这一批书信多带有较强的政治目的性，可分为以下几种：

一是往来问安。对新至宣慰司的长官，下属需要前来拜贺以表礼节。如王仲谟致游

---

① 温海清. 画境中州：金元之际华北行政建制考 [M]. 上海：上海古籍出版社，2012：64-65.

② 史卫民. 元前期的宣抚司与宣慰司 [M] // 元史论丛：第5辑，北京：中国社会科学出版社，1993：50-59；李治安. 元代行省制度 [M]. 北京：中华书局，2011：570-579.

③ 宋濂，王祎. 元史：卷170·胡祗遹传 [M]. 北京：中华书局，1976：3992.

④ 胡祗遹，撰，胡祗遹集：卷8·送雷彦正序 [M]. 魏崇武，周思成，点校. 长春：吉林文史出版社，244-245.

⑤ 王恽. 秋涧先生大全文集：卷60 [M] // 元人文集珍本丛刊，影印元至元年刻本明代修补本，台北：台湾新文丰出版社公司，1985：叶7a.

⑥ 胡鹏飞. 元代书信研究 [D]. 银川：宁夏大学，2011：18-24.

显的书信中便提到"奔走上贺""趋大名迎候"。① 若以公事或身体原因本人不能亲往的情况下，也会派遣奏差、家人等前往拜谒迎贺。这在信件中都是需要特别说明情况的，以李澍为例，游显曾前往李澍居住的襄国，但他因病不能前往驿馆拜见，于是请其子专门持书"以代面谢"②；前述宣抚司属官乌古伦贞也因职守不得擅离，故派人前去拜见。③

二是公事传达。下属安镇海在写给游显的信中，就问"今岁差发大例事"④ 省府如何区处；无名氏的信中则谈到"水站一事"会"另具公文呈覆"；⑤ 而无名氏致游显的另一封书信，更是谈到"日有卫州王用等，乃治下之氓也，奉省批状，为忽都鲁根提等事，仆非略知首尾，岂敢借言？据本人所告，似为理长，甚望明公详审，必无冤滥，实斯人之幸也"⑥。请求游显关注一桩案件，以避免冤狱发生。此外，还有多封书信上报了非常具体的事件，如"今者某人赍奉省札，管领民户勾当，据合用印信，今赴司成造，幸为意是望"⑦，"今为綦阳左治新旧炉冶公事，专人赍文凭敬诣使司"⑧。这些信件虽与公文分开，但仍不失为蒙古政权加强对地方的行政管理的体现。

三是私人请托。这也是游显收到的书信中占据最大比例的部分。前已揭，"宣抚使及副使的人选大多为忽必烈潜邸幕僚及信任之人，且权责重大"，身为地方大员的游显，自然有许多人在书信中试图请托他，为自己或他人谋取利益。其中尤以求官为多，比如燕京行省郎中晋汝贤致书游显，对一位未能留在"省下"任职的旧友之子，"万望相公寻思某之薄面，凡百抬举委用"，而他推荐的"旧契都事李仲华男正之"，可能与王仲谟在《与游子明》中推荐的"友旧李知事正之"为同一人；⑨ 王仪的信中谈到，在"孟州某人告袭""已给省札"的情况下，仍请游显多加关照；⑩ 翰林学士窦默也请求游显对一位"府中旧人""张安抚""高明眷顾"；⑪ 任归德总管的地方世侯张子良亦致信游显，向其推荐旧友。⑫ 这种情况的大量出现，缘于金朝灭亡后，科举考试随之被废，士人失去正常的上升通道，故多选择在幕府任职谋求进身之阶，这样也更加需要依赖"旧友""旧契"及亲属的力量引荐提携。托游显照顾其属下官员的亦有不少，如无名氏请游显

① 王仲谟. 与游子明（其二）[M] //中州启札：卷3·日本静嘉堂文库藏元刊本册2：叶9a. 注："王仲谟"即王恽，王恽字仲谋，"谋"与"谟"通假。

② 李澍. 与游宣抚子明（其二）[M] //中州启札：卷4·拾遗门·日本静嘉堂文库藏元刊本册2：叶19b-20a.

③ 乌古论正卿. 与游宣抚子明 [M] //中州启札：卷4·拾遗门·日本静嘉堂文库藏元刊本册2：叶21a.

④ 安镇海. 与游宣慰子明 [M] //中州启札：卷4·拾遗门·日本静嘉堂文库藏元刊本册2：叶21b.

⑤ 无名氏. 与游宣抚（其十）[M] //中州启札：卷4·拾遗门·日本静嘉堂文库藏元刊本册2：叶23b-24a.

⑥ 无名氏. 与游宣抚（其三）[M] //中州启札：卷4·拾遗门·日本静嘉堂文库藏元刊本册2：叶22a-b.

⑦ 无名氏. 与游宣抚（其十七）[M] //中州启札：卷4·拾遗门·日本静嘉堂文库藏元刊本册2：叶25a.

⑧ 无名氏. 与游宣抚（其十八）[M] //中州启札：卷4·拾遗门·日本静嘉堂文库藏元刊本册2：叶25a.

⑨ 晋汝贤. 与游宣抚子明 [M] //中州启札：卷4·拾遗门·日本静嘉堂文库藏元刊本册2：叶20b-21a；王仲谟. 与游子明（其一）[M] //中州启札：卷3·日本静嘉堂文库藏元刊本册2：叶9a.

⑩ 王仪. 与游宣抚子明 [M] //中州启札：卷4·拾遗门·日本静嘉堂文库藏元刊本册2：叶20b.

⑪ 注：窦太师. 与游宣抚子明（其二）[M] //中州启札：卷1·日本静嘉堂文库藏元刊本册1，叶12b-13a，《北京图书馆古籍珍本丛刊》影印国图藏清抄本，叶7a-b，"窦太师"即窦默。

⑫ 张子良. 与游宣抚（其二）[M] //中州启札：卷4·拾遗门·日本静嘉堂文库藏元刊本册2：叶20a.

对前往滑台任职的某人多加关照。^① 在被动接受请托外，游显也会积极帮助一些老家在大名等路宣抚司的朝廷官员照顾他们的家庭，如署名"窦太师"者在信中就致谢游显"前者多承眷顾，感感佩佩，弊家在彼，又不为无倚也"^②。此窦太师即元初名臣窦默，为广平肥乡人。金末，避蒙古军南迁。从蔡州名医李浩学针灸，又从孝感县令谢宪子学程朱理学。太宗七年（1235），北归，与姚枢、许衡研讨理学。后还肥乡，教授经学。后被世祖召入王府，询问治道，并命王子真金从其学。世祖即位后任翰林侍讲学士。^③《元史·世祖本纪》载世祖中统三年（1262）八月"己酉，命大名等路宣抚使岁给翰林侍讲学士窦默、太医副使王安仁衣粮，赐田以为永业"^④，窦默所谢可能就是因为此事。游显"眷顾"他的家庭，显然也能换取朝臣的襄助。

当然，除了这些目的性较强的交流，他人寄送游显的部分书信也会较有情调。比如无名氏致书游显的时候，附赠诗一首，以表旧情：

> 相逢莫怪便倾诚，二十年前契义情。今日愿为门下客，免教人道是书生。^⑤

有时游显也会举办宴会，如李澍的信中就回忆游显"反邀吾道辈就翠峰卓午宴饮"^⑥。筵席上往往会有文士赋诗，如鲜于枢《困学斋杂录》就记载了游显在大兴任职的一场宴会上，下属刘云震献词的故事，即：

> 游子明尹大兴，公为字掾。索诗，即席赋《浣溪沙》："粉署含香旧有名，庖刀试手便峥嵘。并州人物未飘零，父老共传新政好，儿童都道长官清。十分和气满春城。"^⑦

有时，游显也会主动托人去拜访一些士人，表达慰问，如师颜在《与游宣抚子明》中谈到"令亲完颜大来至，出示珍翰，过荷惠问"。据《神道碑》载游显有"三夫人：张氏、赵氏、完颜氏"，此完颜大可能就是游显第三任妻子的亲属，前来拜访，只是因为师颜卧病，又"业以边事"才"殊乏相待"。^⑧

而在《中州启札》的记载之外，游显显现出的行迹和交游也更加广泛。如王恽《中堂事记》载：

> 十九日己酉，辰刻，同雷彦正、游宣抚子明平章政事赴南平山，辞藏春上人。时入坛不克见，游于庵门外大呼曰："师父，显等谨来拜辞。"时丞相史公第四子杠侍上人于此，遂置酒相别。比回，朔风振野，吹砂砾射人，殆劲矢

① 无名氏. 与游宣抚（其四）[M] // 中州启札：卷4·拾遗门·日本静嘉堂文库藏元刊本册2：叶22b.
② 窦太师. 与游宣抚子明（其一）[M] // 中州启札：卷1·日本静嘉堂文库藏元刊本册1：叶13a.
③ 任乃宏.《窦默神道碑》辑录汇校 [J]. 文物春秋，2011（5）：76；陈高华. 论窦默 [J]. 中国史研究，1995（2）：116-125.
④ 宋濂，王祎. 元史：卷4·世祖本纪一 [M]. 北京：中华书局，1976：73.
⑤ 无名氏. 与游宣抚（其六）[M] // 中州启札：卷4·拾遗门·日本静嘉堂文库藏元刊本册2：叶22b-23a.
⑥ 李澍. 与游宣抚子明（其二）[M] // 中州启札：卷4·拾遗门·日本静嘉堂文库藏元刊本册2：叶19b-20a.
⑦ 鲜于枢. 困学斋杂录 [M]. 北京：中华书局，1985：1-2.
⑧ 师颜. 与游宣抚子明 [M] // 中州启札：卷4·拾遗门·日本静嘉堂文库藏元刊本册2：叶21a-b.

然，寒已不可胜矣。①

此次游显同王恽、雷膺前往南平山辞别刘秉忠，王恽作《上太保刘公诗》一首：

> 闲云出岫便从龙，羽翼高于四皓功。黄石有书开两汉，黑头无地避三公。
> 金轮散影连沙界，太一浮光动竹宫。瓶钵不妨聊尔耳，人间桃李满春风。②

可知游显最迟至中统二年（1261）与王恽已有交往，这或许就是王恽在游显死后为其所作的挽诗中对其高度评价的原因之一。

在大名任职时，游显曾为诸路总管求赐虎符宣麻。这在《元史·谭澄传》中留下了记载：

> 世祖尝与太保刘秉忠论一时牧守，秉忠曰："若邢之张耕，怀之谭澄，何忧不治哉！"游显宣抚大名，尝为诸路总管求虎符宣麻，澄至中书辞曰："皇上不识谭澄耶？乃为显所举！"中书特为去之。其介如此。③

《中州启札》的"拾遗门"中曾收有无名氏致游显的一封书信，其中谈到"伏审皇恩优渥，特赐虎符。伏惟欢庆明公，以忠断大义受知于上，故膺此宠命，深惬时望。某衰暗不才，承乏东平，常恐岁终考绩，必见汰逐，而圣德宽仁，弃瑕宥过，又改授大名。宣麻之际，不觉愧汗沾背也。此无他，盖明公提挈荐拔，故有今日之命耳"④。所言"虎符""宣麻"应该就指此事。

然而，游显的任职并不像诗文和书信记载里描绘的"十分和气"，《神道碑》就记录了他被诬告的一段经历：

> 又明年，璮反，盗据济南。张安抚讼公尝通书璮，帝谓近习："游某岂为是者，鸷禽为狐所憎然耳。"及籍璮家，而书无有，敕以讼者付公，听其甘心，其人亡命。踰年，公召至其妻子，晓之令出，保无他也。其人膝行于庭祈死，公曰："吾诚为是，汝言而可，吾所无有，而汝言然，汝为妄人。且敕听吾甘心，则生死惟吾，其忍汝杀？"如昔遇之。

诬陷游显之人事迹不详，但考虑到此人能诬告游显与李璮勾结，证明其对游显有一定了解，可能就是窦默向游显推荐的"府中旧人""张安抚"。但是忽必烈并未相信，游显后亦放过此诬告之人，体现其宽容大度的品格。

被诬告的经历并未改变游显大胆直言的行事作风。李璮之乱被平定后，他入朝庆贺，《神道碑》对此描述详细：

> 公以平贼入贺，进宴。故事，非宗臣、国人胡床不入宫门，殿坐皆席地，不设榻，侍宴不称觞。至是公请称觞，制可之。后赐黄金盈斤。他日帝燕坐虎帐，方止人入。公至，为卫士所诃，争呼于庭，帝曰："是非游某声耶？"召

---

① 王恽. 中堂事记 [M]. 顾宏义，李文，整理标校，上海：上海书店出版社，2013：143.
② 王恽. 秋涧先生大全文集：卷16·上太保刘公诗，叶 4b-5a.
③ 宋濂，王祎. 元史：卷191·良吏传 [M]. 北京：中华书局，1976：4357.
④ 无名氏. 与游宣抚（其八）[M] //中州启札：卷4·拾遗门·日本静嘉堂文库藏元刊本册2：叶 23a-b.

入，诘曰："何为而然？"公对："臣将有请，为卫士所遏，不知疾言上彻宸聪，罪当灭死。"帝默久而出之。裕宗时为中书令、枢密使，适至，复召之入，令尽所言，对以："臣闻将改宣抚司为宣慰司。且司者，官之名也，使而下，官之人也。由所官之人非才，事故弛而不治，何关乎官之名？今虽变名宣慰，不求惟贤惟能任之，仍夫宣抚之人，犹恶夫鼓不鸣，而新其枹，声岂加大哉！"因历短诸臣，无少借隐。帝顾裕宗曰："汝他日求可眷倚者，须此辈人。"

游显在宴会上谈到宣抚司改宣慰司的问题，并指出了朝中臣子的短处，受到忽必烈的嘉奖。

至元四年（1267），游显迁大都路总管兼府尹，据《神道碑》记载：

公以乘舆岁来居冬，其储峙谷食马菜秸诸物和市之民，直多不给，为所司盗。有豪宗巨室，田畴连阡，有恃不输，中下之家，率反户及。公则以物力多寡差赋之直，己无所渔牟，敢有为旧鸷猾者，悉论如律，民力纾息其半。赐楮币五千缗。

游显处置的和买一事，从中统初年即有，原出于忽必烈与阿里不哥之间战争的需要，战胜后蒙元仍多处用兵，因此仍有多处关于和买牛马、布匹、粮食等的记载，多为强买强卖，且有贪官污吏从中克扣，民众苦不堪言。王恽《中堂事记》中便指出过这种和买政策的弊端，即"窃恐在下官吏等中间作弊，指托军须为名，一面揭借。或有名为和买，不支价钱，虽支价钱，却行克减，上下蒙蔽，以致人苦难，深失朝廷优恤百姓之意"[1]。游显此举有利于体恤民力打击豪强，因此也被赞颂"父老共传新政好，儿童都道长官清"。

这样正直廉洁的品格贯穿游显一生，平宋后，游显历任淮西宣慰使、江浙行省平章政事等职，任上不屈于阿合马的攻击，强撑病体供给元军征伐的军粮、赈济灾民、开办学校、移风易俗，最终卒于任上，结束了七十四岁的生命。

综合游显的生平经历来看，他早岁从军，拥有被视同"国人"的荣耀，出任地方长官后，他与他所在的宣抚司随即成为华北士人社会网络中的区域中心。元初并未实行科举，汉人官员的选拔，很大程度上依赖现有官僚的推荐，因此游显在任上收到大量请托，帮助举荐人才，并维持着一个与朝廷官员、地方文士及世侯的交游网络。同时，作为地方官员，他关心民生，主政公平，也会利用与蒙古统治者的私人关系，推动着地方治理体系的确立。

四、书信内外——金末元初的政治动态与社会网络

在上两节中，笔者援引大量《中州启札》所载书信，探讨其反映出的具体政治事件与士人交游行迹。诚如朱铭坚所言，这一时期存世书信的数量较少，与现存宋代士人数万通私书形成强烈对比。[2] 但将目光扩展到《中州启札》及其以外的金元之际华北士人

---

① 王恽. 中堂事记 [M]. 顾宏义，李文，整理标校，上海：上海书店出版社，2013：102.
② 朱铭坚. 金元之际的士人网络与讯息沟通——以《中州启札》内与吕逊的书信为中心 [J]. 北大史学，2016（20）：303.

的书信后，我们仍能对它们的背景、内容及功用作出深入的分析讨论。

据平田茂树对南宋魏了翁等人往来信件的研究，书信本身是可以对众多信息进行相互交换的工具，很多书信经常附有文学作品、奏疏副本、书籍、赠品等。① 除去因金朝原来的急递铺制度被破坏，大蒙古国时期身处华北的士人大都只能委托他人带信，不及南宋士人可以使用官方驿传系统，前揭高鸣所写作书信可能伴随着地方向中央的公文寄送，大批书信也附有书籍、诗歌乃至画作赠送，可知在书信的功用上，敌对的南北双方并无太大差别。

然而，细考书信内容的话，虽然赵秉文、郝经、许衡等人文集中有讨论文学、诗词、书法、天文的书信，但这一类型信件在《中州启札》中所占比例仍然较小。这与吴弘道的选收标准有关，许善胜所作序言指出：

> 后俗日靡，士大夫从事书札，横疏茂好以为巧，裁称剪织以为工，高者自谓陈言之务，立卑者直欲尽平生之谄，以希分寸之进。昔止称拜上者辄再拜，昔止称再拜者辄百拜，繁文缛节，未易毛举。于是，书不复古矣。②

吴弘道选择尺牍的标准是"体制简古，文词浑成"，加之这一时期传信交往的困难，士人崇尚经世致用的"实学"，更使得珍贵的交流书信基本上都文辞简练，言之有物。

当然，不仅信件语言具有其时代特点，在本节中，笔者试图结合金元时期宏大的历史背景和具体的政治制度，探讨书信所呈现的金元之际华北士人的政治动态与社会网络。

（一）政治动态

本节中，笔者会结合金元时期一些具体的政治制度讨论书信反映的士人行迹及政治动态。

首先是转运司制度。转运司在金元之际一度为全国性的财政机构，从耶律楚材倡议建立十路课税所开始，便多有华北士人参与其中。据陈志英考证，元初的转运司官员中，汉人于数量与级别上都占据着明显的优势。③ 因此，不仅如吕逊等追随"诸道转运军储使"的士人，作为信息交流的中介，受到文士们的重视，炙手可热。其余如胡德珪、杨果、姚枢等人的书信中也频繁谈及转运米粟、征收课税的事宜。④

其次是承袭制度。从大蒙古国到元初，军民官均实行世代承袭制度。忽必烈即位后

---

① ［日］平田茂树. 从边缘社会看南宋士人的交往和信息沟通——以魏了翁、吴泳、洪咨夔的事例为线索[C] //余蔚.［日］平田茂树，温海清，主编. 十至十三世纪东亚史的新可能性：首届中日青年学者辽宋西夏金元史研讨会论文集. 上海：中西书局，2018：1-28.

② 参见许善胜. 中州启札序［M］//日本静嘉堂文库藏元刊本册1：叶4a；《四库全书存目丛书补编》影爱日精庐藏旧抄本，第338页。

③ 陈志英. 金元之际转运司制度的变迁［M］. 北京：新华出版社，2018：198.

④ 参见胡先生：《与吕子谦》//《中州启札》：卷3·日本静嘉堂文库藏元刊本册2：叶4b-5a；杨西庵：《与姚都运》（其一）//《中州启札》：卷1·日本静嘉堂文库藏元刊本册1：叶14a。注："胡先生"后有小字"名德珪"，"杨西庵"即杨果，号西庵；"姚都运"为姚枢，据毛海明考证，姚枢于宪宗蒙哥即位后，曾向忽必烈建言，"请置屯田经略司于汴以图宋；置都运于卫，转粟于河"，可能就在此时短暂担任过都运司的官职，见《元史》卷158《姚枢传》，第3713页；毛海明：《〈中州启札〉两种清抄本源流考——兼论部分信札的收发归属》。

即推行改革，在确立管民官的荫叙制度后，又对汉军军官的承袭多有限制。① 无论是蒙元初期或变革期，官员子弟承袭时常需要借助他人之力，书信也自然成为了请托关照的载体。除前述孟州某人托游显关照"告袭"的进展外，我们还能从王万庆写给夹谷行省的一封书信中，了解一个军功家族继承的情况：

> 即日槐夏清暑，伏惟天人扶掖，钧候起居褆福。近违颜范，不胜瞻咏之至。计轩从届朝，即蒙恩宠矣。今者天城张子玮，实与万户刘公同时旧人，从军岁久，积有劳矣。其子已能代其职，屯于关中。由是子玮获居乡，并初为天城酒使，今改充本处管军家口千户，是某侄女之婿。屡来燕京，本人有家道人力，愿隶麾下。相公亦曾知识，辄敢率易奉闻。伏望钧照。比遂参观，伏冀奉时，善保卫钧严，为国为民，以益珍重。区区奉状。不宣。②

据萧㪺《威宁张氏新阡表》所载，张子玮跟随万户刘黑马征战多年，颇受重用。③ 于月指出"军官子孙可本等承袭军职，包括父祖阵亡、因病去世，以及父祖年老不堪应役三种情况"④。张子玮因"叔祖父母、父母年在耋惧，精力疲于兵中"，故"请以子唐从军，而居闲养亲矣"，正是"父祖年老不堪应役"的情形。书信作者王万庆是张子玮第二任妻子王氏的叔父，也是金元之际一位名儒。他于元太宗时奉召直释九经，又曾主持燕京编修所、平阳经籍所。⑤ 信中所言张子玮"屡来燕京"，也印证了《威宁张氏新阡表》中"绳以礼律，克尽子婿礼，虽贵不衰"，对两家交好的描述。王万庆请托的夹谷行省，搜寻史料，可能是夹谷龙古带。⑥ 虽然王氏书信中仅笼统描述张子玮之子"已能代其职，屯于关中"，但据《新阡表》，此袭官的"凤翔鄂勒万户府所知事"张庸与张子玮某一任官"兴元盐茶使"的弟弟，都是定宗即位后领兴元行省的夹谷龙古带下属，故王万庆帮亲属请托关照，既为已居乡的侄女婿，亦为在军队任上的其他承袭亲属。

华北士人在金末战争中饱受摧残，即使侥幸活命的儒士，也多丧失往昔优越地位，流离失所，进身无门。饶是先期获得蒙古统治者信任的士人已尽力帮助他们"脱指使之辱，息奔走之役，聚养之，分处之"⑦，至忽必烈即位初期，新成长起来的一批士大夫已步入仕途，但这一时期士人写给子孙的书信中，仍能体现出他们极强的忧患意识。如许衡《代李和叔与兄子》：

> 吾衰且老，重以疾废，平时所期于汝者，自是愈切，不知汝之处心，亦果

① 于月. 元代枢密院研究 [D]. 北京：北京大学，2017：77-78.
② 王禧伯澹游. 中州启札：卷3·与夹谷行省 [M]. 日本静嘉堂文库藏元刊本册2，叶2b-3a，注："王禧伯澹游"即王万庆，字禧伯，号澹游。
③ 萧㪺. 勤斋集：卷3·威宁张氏新阡表 [M] //影印文渊阁四库全书：1206册. 台北：台湾商务印书馆，1986：413-416.
④ 于月. 元代枢密院研究 [D]. 北京：北京大学，2017：77.
⑤ 宋濂，王祎. 元史：卷2·太宗本纪 [M]. 北京：中华书局，1976：34.
⑥ 姚燧. 牧庵集：卷16·兴元行省瓜尔佳公神道碑 [M] //四部丛刊初编. 影武英殿聚珍本：叶23a-29b.
⑦ 元好问. 元好问文编年校注：卷4·癸巳岁寄中书耶律公书 [M]. 狄宝心，校注. 北京：中华书局，2012：310 页.

如吾之处心乎？①

他的另一篇《与子师可》亦言：

> 汝当继我长处，改我短处，汝果能笃实、果能自彊（强），我虽贵显云云，适足祸汝，万宜致思。②

这些都体现出家中长辈对子弟读书求学的殷切期许。

疾病和医疗也是这一时期书信中的重要话题。战乱中"疫疠数起，士人凋落"自是常态，许衡、赵秉文、王恽等人的书信都提及了家人因病去世的讯息，其余如元好问、杨果等人的信中也屡次提到自身所患疾病。出于现实境遇和谋生需要，很多儒士改习或兼习医学，窦默便是其中的佼佼者。③ 赵秉文《遗太医张子和书》、刘因《答医者罗谦父》以及许衡《与李才卿等论梁宽甫病症书》《论友人病症书》，都是长篇幅就医学问题交换意见的士人书信。④

"言为心声"，亲友之间的书信也能反映这一时期士人心态的变化。金末士人多有避世之意，郝经《请舅氏许道士出圜堵书》是较为典型的一篇。⑤ 郝经之舅许德怀因金末战乱，"逃山林、放沧海"，避身道门。而至太宗十年（1238）时，郝经在舅氏之子哀告下，撰写书信，请求舅父出山，振兴家族：

> 今舅氏诚能即不肖经之语，辨异端之害，求大禹之智，颜子之行，《诗》《易》之文，庶垂裕亲旧，缉熙宗祀，使天下知许氏之有人矣。

到忽必烈开府和即位后，许多潜邸旧侣出任高官，一大批汉人儒士被启用，士人心态也发生了较大转变，交流互动更趋主动。虽因政治风波，士人心态也有波折，如许衡、刘因等人书信中屡现辞官退世之意，但总体而言，《中州启札》里大规模请托求官、交流公事的书信，还是能体现士人积极仕进、投身国家治理的心态的。

（二）社会网络

求芝蓉已总结出，由于金末战乱，士人数量急剧下降，所以这一时期华北士人的圈子很小，互相联系也更加紧密。他们主要通过世交姻亲、同学、同僚这三种关系，缔结维护社会网络。⑥ 本段中，笔者想在此基础上谈一下这一社会网络中的一些特殊群体及社会网络的扩张发展问题。

---

① 许衡. 许衡集：卷9·代李和叔与兄子［M］. 许红霞，点校. 北京：中华书局，2019：341-343. 注：此篇《中州启札》亦有收录，在《中州启札》卷2，日本静嘉堂藏元刊本册1，叶31a-b中。

② 许衡. 许衡集：卷9·与子师可［M］. 许红霞，点校. 北京：中华书局，2019：321-322. 注：此篇《中州启札》亦有收录，在《中州启札》卷2，日本静嘉堂藏元刊本册1，叶22a-b中。

③ 赵琦. 金元之际的儒士与汉文化［M］. 北京：人民出版社，2004：241.

④ 许衡. 许衡集：卷9·与李才卿等论梁宽甫病症书［M］. 许红霞，点校. 北京：中华书局，2019：338-340. 注：同卷《论友人病症书》，第337-338页，其中《与李才卿等论梁宽甫病症书》在《中州启札》中名为《与李才卿、寇子益、杨元甫》，见《中州启札》卷2，日本静嘉堂藏元刊本册1，叶24b-25b中。《论友人病症书》在《中州启札》中名为《与廉宣抚》（其六），叶30b。

⑤ 郝经. 请舅氏许道士出圜堵书［M］//吴广隆，马甫平，主编. 陵川集：卷23. 太原：三晋出版社，2006：791-792.

⑥ 求芝蓉. 元初"中州士大夫"与南北文化统合［M］. 北京：社会科学文献出版社，2020：62-70.

元朝文武分途并不明确，士人出仕并不限于文职，因此世侯及部分武人也是网络中重要的一环。元好问托庇的东平严氏世侯，高鸣请托的史天泽，都是世侯中的佼佼者。前者在金亡后大力庇护保存士人，兴办的东平府学，汇聚政事、文学人才，在忽必烈即位后，成为朝廷官员的主要来源；① 后者在元初官高爵显，如高鸣等士人可以利用曾经的幕府托庇关系，乞求史天泽在公事上有所襄助。而武职军官出任地方大员后，同样也成为士人的社会网络中重要的节点。游显可以说是其中一个典型，他是窝阔台时期就加入蒙古军队的"老人"，以蒙古名行走在朝廷间，通晓蒙古语，拥有丰富的与南宋征战的经验，从军多年，劳苦功高，被忽必烈视同"国人"，深受信任，《神道碑》中极力描述的便是这一面。但通过《中州启札》里游显收到的书信，我们可以看到，他与金元遗士和新成长的一批士人都有交流，甚至有诗文往来，说明其也具有一定的文化素养。中小军官亦可以依靠姻亲、师生等关系，游走在士人网络关系中。前揭跟随刘黑马征战多年的千户张子玮，就有身为著名儒士的亲属帮助其请托上官，乞求关照。金末状元王鹗收到的一封书信也证明了这一点：

> 某顿首再拜上覆某状元老先生：迩者因公到燕然，因缘遭际，幸近清光。过辱周旋，俯接小人。某一介胄武夫，惟知效用于弓刀鞍马间，竭股肱之力耳。今幸预门下之下客，樽酒留连，恍然置我于春风和气中，别去终身尘俗之鄙。感德奚能云喻？善庆行，谨状申谢。未中，庚暑正炽，惟万万为斯文，自爱自厚，式副天下士大夫之望。余不能悉。②

《中州启札》记录这一封信作者为"杨飞卿"，翻检史料，这一时期确实有杨鹏字飞卿，但此杨鹏工于诗文，在金亡后，寓居东平多年，与元好问有知己之交，③ 恐怕与信中"一介胄武夫，惟知效用于弓刀鞍马间，竭股肱之力耳"的形象相去甚远。但"幸预门下之下客，樽酒留连，恍然置我于春风和气中，别去终身尘俗之鄙"一句，还是可以体现出这位武将对王鹗的尊敬和对文化的向往。

僧道在士人网络中同样起到了重要的作用。"三教合一"的思想在这一时期的华北流行，儒学复兴、理学北传，高鸣、郝经等人都曾致书往来讨论理学。④ 一批华北士人也常在著述中提倡儒、佛、道思想的合流。金末耶律楚材与赵秉文等人的信中便对一些"轻毁佛老二教"思想强烈批判，甚至一度有较为"非此即彼"的话语：

> 仆素知君为邪教所惑，亦未敢劝谕。君不以仆不才，转托诸士大夫万里相结为友，故敢以区区忠告。《易》曰："方以类聚，物以群分。"《经》云："士有争友，故身不离于令名。"若知而不争，安用友为！若所尚不同，安可为友？

① 求芝蓉. 元初"中州士大夫"与南北文化统合 [M]. 北京：社会科学文献出版社，2020：66-69.
② 杨飞卿. 中州启札：卷1·与王百一状元 [M] //日本静嘉堂藏元刊本册1：叶19b. 注："王百一状元"即王鹗，字百一，为金末状元.
③ 元好问. 元好问文编年校注：卷6·陶然集诗序 [M]. 狄宝心，校注. 北京：中华书局，2012：1147-1148.
④ 参见徐岱，熊远寄，修，万兆龙，纂. 林县志（康熙）：卷9·重修高文忠公祠堂记 [M]. 清康熙三十四年（1695）刻本：叶18a-20b；郝经. 与北平王子正先生论道学书 [M] //吴广隆，马甫平，主编. 陵川集：卷23. 太原：三晋出版社，2006：808-812.

或万一容纳鄙论，便请杜绝此辈，毁《头陀赋》板，以雪前非。如谓仆言未当，则请于兹绝交。①

同时，翻检这一时期史料，我们可以看到在金末避乱、曲折谋求仕进和大蒙古国对佛道的保护优待等几重作用下，士大夫出于现实需要也多出家入佛。元初名臣张易、刘秉忠等人便有出家为僧的经历，《中州启札》中同样收有释性英（木庵）、海云禅师、化度寺禅师以及尚未还俗的刘秉忠等人往来书信，② 可知此时"出入佛老之间，成为当时许多士人的一种习尚"③。

最后，笔者想延伸地谈一谈随着南北统一，华北士人网络向南方的扩张发展问题。求芝蓉指出，"元初中州士大夫第一次大规模参与的重要政治活动，应该是至元十二年至十三年（1275—1276）的平宋战争。"在这场战争中，除了游显这种依仗往昔军功与天子信任，担任前军宣抚使的高级军官外；更多的"中州士人"或是加入军前行省处理幕府政务，或出任宣慰官员稳定地方，如徐琰、王复、胡祗通分别担任江淮、河南、荆湖北道的宣慰副使等。④

伴随着南北统一，部分南方士人也通过姻亲、辟属等关系，加入这个网络中。毫无疑问，这多得益于华北士人的主动引荐，如湖南观察使卢挚，向时任福建宣慰司的白恪写信，替"占籍余杭"的妻舅谋求"一小小名色"。⑤ 又以游显为例，在受伯颜委派招降苏州后，他历官浙西宣慰使、江浙行省平章政事等职。作为较为熟知南宋情况的官员，在任上他征辟松江人任仁发为幕僚，⑥ 也为曾受贾似道陷害的朱大有平反，⑦ 推荐北宋宰相王旦后裔王泰来任官，⑧ 还曾与南宋遗民俞德邻、张伯淳等交游唱和。⑨

陈得芝曾对宋元之际的江南士人出仕状况进行研究，认为这一批南下任职的华北士

---

① 耶律楚材. 湛然居士文集：卷8·寄赵元帅书［M］. 谢方，点校. 北京：中华书局，1986：190.

② 参见木庵. 与海云长老//中州启札：卷1·日本静嘉堂藏元刊本册1：叶19a-b，"木庵"即僧性英，号木庵；许蒙泉公度. 与谢化度禅师//中州启札：卷4·日本静嘉堂文库藏元刊本册2：叶16a-b，"许蒙泉公度"即许楫，字公度；高鸣. 与藏春国师//中州启札：卷1·日本静嘉堂文库藏元刊本册1：叶15b-16a，《北京图书馆古籍珍本丛刊》影印国图藏清抄本，叶10a-b；元好问. 答聪上人//中州启札：卷1·日本静嘉堂文库藏元刊本册1：叶8b-9a，"藏春国师"与"聪上人"均为刘秉忠，其法名子聪，号藏春散人。

③ 刘晓. 耶律楚材评传［M］. 南京：南京大学出版社，2007：233.

④ 求芝蓉. 元初"中州士大夫"与南北文化统合［M］. 北京：社会科学文献出版社，2020：76-77.

⑤ 卢疏斋处道. 与白敬夫经历［M］//中州启札：卷4·日本静嘉堂藏元刊本册2：叶17a，"卢疏斋处道"即卢挚，字处道，号疏斋。

⑥ 注："既冠，宋革命，（任仁发）袖一刺见游平章（游显），奇之。辟宣慰掾，继省授青龙逻官，俘蟠龙寺作耗者，尽释胁从。"参见王逢. 谒浙东宣慰副使致仕任公及其子台州判官墓［M］//梧溪集. 北京：北京师范大学出版社，2016：510-512.

⑦ 注："至元十三年（1276），王师驻维扬，公（朱大有）即著青衫、乘白马，径诣军前。伯颜丞相以为宋探马，俾引至前。公具言似道误国失信，忮害忠良，故某得至此。时平章尤公（游显）亦在，因曰：朱某宋名士。遂坚欲爵之。公辞以，仕官非所愿，但得正名义，归田庐足矣。南服既定，丞相以尤平章至吴城，凡宋所籍朱某家产悉还之。"参见朱德润. 朱氏族谱传序［M］//存复斋文集，《四部丛刊续编》影印熟瞿氏铁琴铜剑楼藏明刊本，叶5a-b.

⑧ 注："公讳泰来，字复元，姓王氏。其先大名人，宋三槐文正公（王旦）之后。……至元十五年（1278）冬，世祖皇帝遣使中外，广延茂士，于是浙西宣慰使游公（游显）首荐公，公以疾辞。"参见赵孟頫. 有元故征士王公墓志铭［M］//松雪斋集. 杭州：西泠印社出版社，2010：217-221.

⑨ 俞德邻. 游宣慰载酒泛溪即席有作［M］//佩韦斋集，《四库珍本三集》本，叶14a-b；张伯淳.《次韵游宪》（二首）［M］//养蒙先生文集，叶11a.

人都具有一定的儒学素养，能复兴学校，优待儒生。① 如卢挚的长信《与姚江村》，便是致书南宋进士姚云，诚心礼聘其出掌潭州当地的学校。② 陈立武《中书右丞浙西道宣慰使游资德生祠记》也描述了游显在任上复兴南宋旧学的举措：

> 岁壬午春入觐，过吴，重临学宫，丁宁诸生："学不修且坏，吾佐若费。"因得以葺故益新，丹臒炳焕，为他学最。政事教化，可以并行而不悖矣。③

当然，这种社会网络更多还是体现在南方任职的华北士人交流诗文、守望相助的情形上。《中州启札》第四卷收录的胡祗遹、刘宣、徐琰、张斯立、许楫、魏初、张孔孙、宋渤等人往来唱和的书信，基本都是他们于世祖朝后期在南方任职时所作。徐琰致书在江浙行省任职的张斯立，请求其照顾兄长遗孤的信，更是情真意切：

> 某拜启：家兄挈二子，流寓维扬。不肖尝有诗，因便寄足下。骨肉之情，不外乎是，想已上达。今者家兄亡殁，两侄羁孤，愈无依矣。维扬故人之待我厚者，莫如足下，不以为托，尚谁敢归耶？敢告。④

据笔者见，《中州启札》所收最迟乃是大德四年（1300）卢挚写的《与姚江村》，在一年以后，吴弘道便编纂出版了这部书信总集。花兴曾提到，吴弘道自定居江南后，刻意搜集和保存当时一些北方著名文人的作品，既有"中州诸老"的书信集，也有这一时期北方元曲名家的材料。⑤ 而这也恰恰印证了华北士人网络的扩展与寓居江南的华北士人的紧密联系。

总体而言，自贞祐南渡至成宗之初近百年间，华北士人的命运可谓一波三折。由于残酷的战争，士人人数骤降，幸存的处在异族统治下的士人，出于现实生存需要，在短暂消沉后，还是积极参与到官僚机构当中，推动政治与社会变革。这一时期，士人间的联系更加紧密，原先处于边缘的武人、僧道也加入其中，有一些人成为社会网络中的重要节点，这种社会网络随着平宋战争逐渐扩展至南方，最终完成"南北文化统合"。⑥

结　语

本文对《中州启札》这部书信集进行了系统的研究，既选取书信集中反映的具体政

---

① 陈得芝. 论宋元之际江南士人的思想和政治动向 [J]. 南京大学学报（哲学·人文科学·社会科学版）1997（2）：155-156.

② 苏天爵，编. 国朝文类：卷37·与姚江村先生书 [M] //四部丛刊. 影元至正杭州路西湖书院刊本：叶14b-16b. 注：此信《中州启札》卷4亦有收录，名为《与姚江村》，见日本静嘉堂藏元刊本册2：叶17a-18b.

③ 陈立武. 中书右丞浙西道宣慰使游资德生祠记 [M] //钱谷，辑. 吴都文粹续集：卷3，四库珍本初集本：叶56a-58a.

④ 徐子方容斋. 与张可与郎中（其三）[M] //中州启札：卷4·日本静嘉堂藏元刊本册2：叶15b. 注："徐子方容斋"即徐琰，字子方，号容斋；"张可与郎中"即张斯立，字可与.

⑤ 花兴.《中州启札》的编刻与价值 [M] //郭英德，主编. 中国古代散文研究文献论丛. 北京：商务印书馆，2016：193.

⑥ 注：元代南北文化统合的论述已与本文无太大干系，具体论述可参见求芝蓉. 元初"中州士大夫"与南北文化统合 [M]. 北京：社会科学文献出版社，2020：186-252.

治事件、处于书信交流节点上的重要人物进行讨论，也对书信背后金末元初华北士人的政治动态和社会网络作出分析概括。终金元两朝，留传下的书信都不是太多，但《中州启札》中生动活泼的一手材料还是可为官书中有关政务运行的记载和存在溢美之词的碑志作出重要补充。

赈恤是我国古代临灾救济的主要措施，赈恤制度逐步确立也是元初汉化进程中的重要一环。① 近年来，邓小南提倡的"活的制度史"研究，须包含过程、行为、关系这三个层面。② 《元典章》《通制条格》等材料中收录的政令、公文，自然能反映元初赈灾制度的形成与调整，高鸣写作的十二封书信及当地达鲁花赤的碑志等材料，则从另一个层面反映了制度运行的动态过程。这其中，既有通过公文向上级宣慰司申报灾情的官方流程，也有地方官员利用与天子、宰执缔结的私人关系，在元初积极推行"汉法"、重视农业生产的外部背景下，促使政府最终下令赈灾减免赋税。③ 除此之外，金元之际特殊的政治生态环境，也使得官员承袭、转运司等制度在实际施行时，离不开关系网络的运作，《中州启札》所收相关书信，正体现了这一点。

由于修撰匆忙，《元史》中有大批重要人物不得立传，事迹散落于相关碑志、诗文、题记中，因此对具体人物的研究十分必要。姚燧所撰《神道碑》概括了游显的生平与家世，着重描绘游显的传奇经历及其受到蒙古统治者的信任。作为广义上的"士人"群体的一员，从军旅转入地方担任十路宣抚司之一的长官后，游显便成为"社会网络"中的重要节点。因此他收到的书信也更加复杂，包括公文附递、礼节拜访、私人请托等不同类型。信和碑一体两面，又在一些具体事件上相互印证，体现了地方官的日常统治与士人某一时段的生命史。

政治由各色人等争夺权力的行为构成，但人在政治动态中同样具有主体性。④ 学界对金元之际的士人，往往根据出身、地域、师承、政治理念等原则，划分为不同的类型、集团。⑤ 但"政治集团"概念的内涵与外延其实相当模糊，至少在通读《中州启札》所载书信时，似乎难以就信件内容本身，为其中的人物划出明显的阵营派别。仇鹿鸣已经指出，相较政治集团，社会网络并不具有排他性，在官僚体制中更是具有极强的延续性，甚至不会随着制度设计的变化而被削弱。⑥ 金元之际士人的社会网络也理当如是。

至此，笔者也想回应王锦萍提出的"士人群体在经过金朝的短暂辉煌后，在蒙元时期急速衰落，军阀和僧道成为新的地方精英，世袭性的官员家族和宗教组织成为华北社

---

① 陈高华. 元朝赈恤制度研究 [J]. 中国史研究，2009 (4)：105.

② 邓小南. 祖宗之法：北宋前期政治述略 [M]. 北京：生活·读书·新知三联书店，2006：5-8.

③ 注："关系"包含影响到制度运行状态的各种内外关系，参见邓小南. 走向"活"的政治史——以宋代官僚政治制度史研究为例的点滴思考 [J]. 浙江学刊，2003 (3)：100-102.

④ 仇鹿鸣. 事件、过程与政治文化——近年来中古政治史研究的评述与思考 [J]. 学术月刊，2019 (10)：165.

⑤ 毛海明. 北方汉族士人官僚与元代前期政治 [D]. 北京：北京大学，2013：54-58.

⑥ 仇鹿鸣. 事件、过程与政治文化——近年来中古政治史研究的评述与思考 [J]. 学术月刊，2019 (10)：163.

会新的主导性社会机制"① 这一论断。华北士人群体在金末的确遭到兵乱和异族统治的双重打击，但一旦汉法推行，官僚制度从确立趋向成熟，他们便可通过姻亲、地缘、同僚、同学、交游等各种手段加入、维系、扩展社会网络，处在节点上的士人亦可在多个不同层次、大小有别、疏密不一的社会网络中游走，② 书信便是交换信息和构造网络的重要工具。当然，连金元之际的士人自己都须承认，"金亡，名家右族走河南北，得脱性命草棘间，率一二为幸"③，士大夫在社会网络中的地位，本质仍然由在蒙古政权中的政治地位决定，改朝换代中一批"乔木故家"湮灭无闻，原本处在网络边缘的"军阀和僧道"一跃成为华北地区新秩序的主导者，自是必然。但幸存的旧士人与活跃的新群体进行了良好双向的互动，逐渐形成在政治上可称"北方汉族士人官僚"，在文学上可称"中州士大夫"的利益共同体。④ 从这个层面来说，大部分的"军阀和僧道"，最终仍然加入"士人群体"，成为元代士人的社会网络中不可缺少的一股力量。

当然，《中州启札》里的材料较为散落，如游显收到的书信，就有十八封作者不详，仅能记为"无名氏"，信件中提及的不少人物与事件也只能通过只言片语的记载作出推断，这也留待笔者结合该时期其他材料，在未来进行下一步的研究。

>> 老师点评

2017 年 9 月，我刚刚从北京大学博士毕业，进入湖南大学岳麓书院历史系工作，在第一次新生学业导师报名之际就收到了姜煜颖同学的微信，我与姜煜颖第一次见面是在胜利斋 110 办公室。我很惊讶的是姜煜颖同学在高中已经看完了我的导师张帆老师的《中国古代简史》，并选修了北京大学历史系"中国古代史"（阎步克、邓小南、张帆主讲）的网络课程，当时我就预感到我们之间有一种缘分。没想到四年后姜煜颖同学保研进入北京大学历史系，师从张帆老师，成为我的师妹。

姜煜颖同学通过自主招生进入湖南大学岳麓书院，她从中学时期就对历史学有浓厚的兴趣，在家庭的熏陶下，一家人经常会去各处旅行并在各地博物馆参观。刚刚进入大一时，姜煜颖同学就对魏晋南北朝史有着强烈的兴趣，我当时送给她一套中华书局最新出版的点校本《魏书》修订本，一年后她便全部读完。大二时，我送给她一套中华书局点校本《资治通鉴》，并嘱咐她尽量阅读全本，培养其基础的史料阅读能力。最开始她感觉阅读编年体史书比较吃力，后来慢慢克服了困难，将《资治通鉴》通读完。姜煜颖同学阅读史料的速度和能力，读书的毅力和耐力，这些素质在最开始就非常突出，也成

① 王锦萍. 近二十年来中古社会史研究的回顾与展望 [M] //邓小南，主编，方诚峰，执行主编. 宋史研究诸层面，2020；126.

② 仇鹿鸣. 事件、过程与政治文化——近年来中古政治史研究的评述与思考 [J]. 学术月刊，2019（10）：163.

③ 邓文原. 孙氏先茔碑 [M] //巴西邓先生文集，北京图书馆古籍珍本丛刊影清抄本. 北京：书目文献出版社，1991；757.

④ 毛海明. 北方汉族士人官僚与元代前期政治 [D]. 北京：北京大学，2013；1-3；求芝蓉. 元初"中州士大夫"与南北文化统合 [M]. 北京：社会科学文献出版社，2020；45.

为她日后学业进步的重要基础。

从 2019 年春季开始，姜煜颖同学在大二下学期开始申请大学生创新性实验和创新训练计划（SIT）项目和治学能力提升计划，准备撰写长篇学术论文，训练、提升科研能力，当时我正在申请《中州启札》点校整理项目，便让她围绕《中州启札》为中心，对金元之际华北士人社会网络与政治动态展开研究。最初从《中州启札》的文献学研究开始做起，我为她提供从全国各大图书馆以及日本收集的《中州启札》各种版本，让她尝试独立点校、校勘，训练古文献阅读、校勘能力，在此基础上对《中州启札》中涉及的书信往来人物加以考证，并研究人物之间的社会关系，同时加深研究深度，将书信内容与元初政治史相结合，深入探讨元初的政治动态。在论文写作过程中，姜煜颖同学积极搜集史料，并大量阅读元史相关研究著作。写作中每每遇到问题和疑惑，积极与我联系讨论。姜煜颖同学在论文写作过程中，也在不断深入思考研究问题，始终保持勤学好思的学习习惯。论文从初稿到二稿、三稿，再到最终稿，经过多次的修改，每次我指出需要修改之处，姜煜颖同学总是很认真地修改。经过多次的打磨，最终的 SIT 结项成果和毕业论文都呈现了相对令人满意的样貌，并获得了校级奖项。

姜煜颖同学最优秀的品质不仅在于勤奋、好思、自律，更重要的是她始终能保持谦虚的态度。2020 年 9 月，姜煜颖同学参加北京大学历史系线下面试。回到长沙后她对我说，通过这次北大的面试，她深感自己对元代史料和元史研究的熟悉程度仍有许多不足，自己还需要进一步加强学习。姜煜颖同学这种谦虚勤勉的学习态度，我认为将会推动她日后在学术之路上走得更久更远，我也期待她将来能取得更多的学术成果。

论文指导老师、学业导师：于　月

2

在华日本人眼中的民国肇建

——侧重宗方小太郎观念的考察

2017 级　李慧敏

摘　要：辛亥鼎革，建立民国，使中国成为亚洲第一个建立民主共和制的国家。当时的在华日本人因国家立场和对未来预判的差异对民国肇建有着不同认识。既有支持革命、主张共和的大陆浪人，也有支持清室、拥护立宪的政界人士。来华多年的宗方小太郎（简称宗方）深受日本"兴亚"思潮影响，试图分裂中国。在他的眼中，无论是清政府还是民国政府，都需要日本介入来改善中国局势。而随着中国局势的变化，宗方的"兴亚"主张也逐渐明晰，试图以"保全中国"之名行"侵略中国"之实。武昌起义发生后，宗方反对共和，主张立宪；清帝退位后，又谋求宗社党复辟帝制，反对袁世凯帝制自为。宗方的对华认识与在华行为是日本近代大亚洲主义的现实体现，而民国肇建前后清皇族与革命党对实现"保全领土""民族共存"的斟酌与努力，则是对这一观念的有效应对。

关键词：宗方小太郎；大陆浪人；辛亥革命；亚洲主义

绪　论

1912 年 1 月 1 日，孙中山在南京就任临时大总统，宣告中华民国成立。《申报》当天报道称："共和民国纪元之第一日，大总统履任之首日，亦我四万万同胞托命攸资、永享共和之元日也""属当阳历春回之际，适值民主开幕之辰""上追中天群治之休风，下开奕祀共和之幸福。"[①] 祝词中充满着对新政府、新政权的信心，认为"轶美驾欧、恢扬我国力"[②] 为时不远。

但并非人人都对中华民国的成立持积极态度。早在南京临时政府成立一个多月前，

---

① 共和民国大总统履任祝词 [N]. 申报，1912-01-01 (3).
② 共和民国大总统履任祝词 [N]. 申报，1912-01-01 (4).

来华多年的日本海军省间谍宗方小太郎（1864—1923）[①] 便断言，共和革命不过是一场"以纷扰而开始，以纷扰而告终"[②] 的闹剧。在他看来，辛亥革命并非世人眼中"民族之觉醒奋起"或建立"崭新之国家"，且革命党人所试图建立的共和制"无视五千年来之国情，摒弃一切风教伦理习惯，可谓狂妄至极"，认为革命党的行动也并非出自"真诚政治意义"上的考虑，而是"利己"之心在作祟。[③]

宗方的判断有其自身的语境与意指。世界语境下的民国肇建所反映的国际关系，各方认识错综复杂。[④] 现有材料表明，列强容许帝制政体被推翻，并且支持袁世凯为一个新的所谓共和国的元首。但因各方利益不同，在具体问题上存在差异。俞辛焞研究认为，辛亥革命之初日本想通过武力镇压革命，同时威压清政府，但在美英的牵制下想出兵而不敢出兵；英国考虑到即使出兵也无法挽救清朝，便拉拢袁世凯以维护其在华利益。另外，此时欧战临近，英国无暇顾及中国，且其势力范围主要在南方，不愿贸然得罪南方革命党人，因而制止日本出兵干涉；在远东兵力远不如英、日的美国也不同意日本出兵干涉，担心日本出兵会扩大其在华利益，从而对美国不利；俄国则与日本一样，认为其现有在华利益来源于清廷，试图出兵以抗衡渗透东北的美英势力，但因德国的牵制而无法出兵干涉。因此，在革命之初，列强基本持观望态度。[⑤]

就在华日本人而言，政界、军界以及大陆浪人等群体对民国肇建的看法参差有别。[⑥] 时受日本操控的中文报纸《顺天时报》对辛亥革命以来的报道多含蓄地传达日本当局的政治态度与判断，凭借其地理位置的特殊性化身日本对华政策宣传口，其"论说""时评"与"漫言"等栏目对时局的针砭带有较强的目的性与煽动性；[⑦] 日本驻华外交官伊集院彦吉、有吉明、松村贞雄等人即时记录中国政情，报告日本当局，试图影

---

① 注：宗方小太郎1864年生于熊本县一武士家庭，幼时师从藩儒学习汉籍，十七八岁时进入佐佐友房创立的济济黉学习中文。自1884年宗方以《紫溟新报》（《九州日日新闻》的前身）通信员的身份随其师佐佐友房来到上海，他历游中国北部九省进行实地考察，长期生活在上海、汉口等地。甲午战争爆发前期，受日本海军指令，奔赴烟台，刺探军情，为日本取胜立下功劳。1923年于上海逝世。

② 宗方1911年10月的报告（无编号，无题），转引自冯正宝. 论辛亥革命时期的宗方小太郎 [J]. 近代史研究，1986（2）：126.

③ 宗方1911年10月的报告（无编号，无题），转引自冯正宝. 论辛亥革命时期的宗方小太郎 [J]. 近代史研究，1986（2）：126.

④ 注：相关研究可见黄兴涛，朱浒，主编. 清帝逊位与民国肇建（上、下）[M]. 北京：社会科学文献出版社，2016；桑兵. 接收清朝与组建民国（上、下）[J]. 近代史研究，2014（1）：4-31，2014（2）：29-43；桑兵. 列强与南北议和的政争 [J]. 学术研究，2016（7）：112-126；[美] 李约翰. 清帝逊位与列强：第一次世界大战前的一段外交插曲（1908—1912）[M]. 孙瑞芹，等，译. 南京：江苏教育出版社，2006.

⑤ 俞辛焞，李㻠畛. 辛亥革命时期日本的对华政策 [C] //纪念辛亥革命七十周年学术讨论会论文集：中. 北京：中华书局，1983.

⑥ 注：相关研究可见 [日] 野村浩一. 近代日本的中国认识走向亚洲的航迹 [M]. 北京：中央编译出版社，1999；王柯. 民族主义与近代中日关系 [M]. 香港：香港中文大学出版社，2015；俞辛焞. 辛亥革命时期日本的对华政策 [C] //纪念辛亥革命七十周年学术讨论会论文集. 北京：中华书局，1983；郭宁. 寻求主导：日本与承认中华民国问题（1912—1913）[J]. 抗日战争研究，2016（3）：120-134；周彦. 日本与辛亥革命时期的南北议和 [J]. 北方论丛，1994（3）：90-94；[日] 马场公彦. 同时代日本人如何看待辛亥革命 [J]. 社会科学战线，2014（11）：246-256.

⑦ 注：相关研究有赵海峰.《顺天时报》视野中的民初政局（1911—1916）[D]. 武汉：华中师范大学，2016.

响中国政局；① 大陆浪人内田良平、北一辉、头山满等人在武昌起义爆发后积极投身于中国革命，为孙中山、宋教仁等革命党筹集经费，购买武器，但实际上另有所图；② 革命者宫崎滔天献身于辛亥革命的各项活动，为孙中山等革命者与日本政界搭建联系。③

在诸多在华日本人中，宗方小太郎的对华认知颇具代表性。一方面，宗方作为日本海军省间谍，搜集中国情报长达 30 年，对清末民初的中国社会有着系统、直接的认识；另一方面，宗方交游广泛，先后以上海日清贸易研究所学生监督、汉口《汉报》社长、东亚同文会汉口支部部长、上海同文书院代理院长、东方通讯社社长等身份活跃于清末民初的中国社会，与新闻媒体、维新人士、清室皇族、革命党等群体广为结交。庞大的交游网络影响了宗方对民初社会的认识与判断。已公开的宗方报告显示，宗方对于民国肇建的认识是消极的。不同于宫崎滔天等日本人对中国革命持有信心的态度，他认为倡导辛亥革命的书生之辈只是"输入一知半解之名词"，用以"炫耀新知识和博取利名"。④ 在他眼中，清政府凋敝不堪，民初"共和"徒有其表，认为日本应把握时机，对中国分而治之。但另一方面，中国政界见招拆招，在政权更迭的同时保持了领土统一与民族共存。因此，探究宗方小太郎等在华日本人眼中的民国肇建问题，有利于进一步认识清末民初的中国社会，从而认识民国建立的丰富内涵。

学界对宗方小太郎的研究多聚焦于甲午战争与辛亥革命两个时期。宗方在甲午战争时期搜集北洋舰队情报，试图影响日本对华政策；⑤ 就辛亥革命时期而言，冯正宝在《论辛亥革命时期的宗方小太郎》中论述了宗方对民国肇建的轻视态度及支持复辟的行动，认为他"充当日本大陆政策急先锋""极力反对中国革命运动"。⑥ 其他学者的研究主要涉及辛亥前后宗方与唐才常、汪康年、文廷式等维新人士间的联系，与孙中山以及

---

① 注：相关研究与资料有邹念之，编译. 日本外交文书选译——关于辛亥革命. 北京：中国社会科学出版社，1980；黄自进. 辛亥革命时期的日本对华政策 [C] //辛亥革命与 20 世纪的中国——纪念辛亥革命九十周年国际学术讨论会论文集：下. 2001.

② 注：相关研究有俞辛焞、李琤畛. 辛亥革命时期日本的对华政策 [C] //纪念辛亥革命七十周年学术讨论会论文集：中. 北京：中华书局，1983. 赵金钰. 日本浪人与辛亥革命 [M]. 成都：四川人民出版社，1988；赵军. 辛亥革命前后的内田良平 [J]. 近代史研究，1988 (3)：82-99；"亚洲梦"与日本右翼——头山满、内田良平的中国观及对中国革命的参与 [J]. 广东社会科学，2017 (5)：82-96；辛亥革命时期日本的对华民间外交 [C] //辛亥革命与 20 世纪的中国——纪念辛亥革命九十周年国际学术讨论会论文集：下，2001；杨栋梁，王美平. 辛亥革命时期日本大陆浪人的对华认知与行动 [J]. 历史教学，2012 (6)：3-9；李彩华. 头山满的亚洲主义观 [J]. 日本研究，2018 (1)：79-88；宣博文. 内田良平的对华认知与在华行动 [D]. 长春：吉林大学，2018.

③ 注：卫藤沈吉从宫崎滔天的成长经历与人生追求两个角度分析他献身中国革命的原因，见 [日] 卫藤沈吉. 宫崎滔天为何献身于中国革命 [C] //纪念辛亥革命七十周年学术讨论会论文集：下. 北京：中华书局，1983.

④ 宗方 1911 年 10 月的报告（无编号，无题），转引自冯正宝. 论辛亥革命时期的宗方小太郎 [J]，近代史研究，1986 (2)：126.

⑤ 注：相关研究有戚其章. 甲午日谍秘史 [M]. 天津：天津古籍出版社，2004；[日] 大里浩秋. 辛亥革命与上海的日本人——以宗方小太郎为中心的研究 [J]. 近代中国：第 21 辑，2011：209-225；吴绳海，冯正宝，编译：宗方小太郎与中日甲午战争 [M] //夏良才，主编. 近代中国对外关系，成都：四川人民出版社，1985.

⑥ 冯正宝. 论辛亥革命时期的宗方小太郎 [J]. 近代史研究，1986 (2)：123-132.

宗社党人的交游始末等内容。① 作为日本间谍，宗方一直保持写日记的习惯，且长期不间断地向日本寄送报告，他的日记与文书报告是认识清末民初的中国社会及中日关系的重要材料，目前国内已翻译出 1887 年至 1923 年的宗方日记及部分文书。② 现有研究主要依靠其已翻译的部分日记与报告，展开对相关问题的研究。事实上，已翻译的材料只是冰山一角，神谷正男整理的《宗方小太郎文书》及《宗方小太郎文书续编》③ 涵盖了宗方 1894 年至 1923 年 600 余篇报告及专题文书，仅武昌起义后的报告就有 300 余篇。因此，进一步扩大对宗方文书报告的分析、探究他对民国肇建的认识与行为仍有必要。

民国肇建并非简单的政权更替，也是近代中国国家观念发展的重要时期。④ 从武昌起义到南京临时政府成立，再到南北和谈、清帝退位、袁世凯就任大总统，这一系列事件，在不同群体与个人眼中代表着不同意义。除宫崎滔天外，不论是支持中国革命的大陆浪人还是反对共和的日本政界，"侵占满蒙""分割中国"是他们的共同目的，而革命党由"驱除鞑虏"到"五族共和"的转变以及国家由清朝到民国的相对平稳过渡，则是直接避免了领土分裂、民族相争的发生。⑤ 在外方的视角与行为中，民国肇建的深层意义更加凸显。

本文以日文资料《宗方小太郎文书》及已翻译的《宗方小太郎日记（未刊稿）》⑥ 为主要依托，展现宗方眼中的清末民初社会，同时兼及当时在华的其他日本群体，探究宗方小太郎等在华日本人有关民国肇建认识背后的理念和利益考量，以及由此展开的实际行动，以此超越"中国"的时空意识，考察民国成立的世界史意义。

---

① 注：相关研究与整理，如李吉奎主要以宗方小太郎与孙中山在 1871 年至 1917 年的往来为主线，探讨宗方对革命党人的态度与应对。见李吉奎. 龙田学思琐言 [M]. 广州：中山大学出版社，2011：171-186；日本学者大里浩秋主要介绍了 1899 年之前的宗方小太郎生平。其中，着重介绍了宗方与汉口乐善堂、日清贸易所、东亚同文会之间的关系。见 [日] 大里浩秋. 辛亥革命与上海的日本人——以宗方小太郎为中心的研究 [J]. 近代中国：第 21 辑，2011：209-225.

② 注：甲午战争时期部分宗方小太郎文书及日记，见戚其章，主编. 中国近代史资料丛刊续编. 中日战争：第 6 册 [M]. 北京：中华书局，1993；冯正宝整理翻译了宗方 1911—1912 年期间的部分日记。见 [日] 宗方小太郎. 辛壬日记：1912 年中国之政党结社 [M]. 冯正宝，译. 北京：中华书局，2007；汤志钧翻译了宗方与孙中山、唐才常、汪康年、文廷式等人间的部分关系文书。见汤志钧. 乘桴新获：从戊戌到辛亥 [M]. 北京：北京师范大学出版社，2018；章伯锋翻译了有关宗方小太郎与宗社党之间交往的文书报告，见中国社会科学院近代史研究所，近代史资料编辑，组编. 近代史资料总 48 号 [M]. 北京：中国社会科学出版社，1982：89-102；甘慧杰整理出 1887 年 1 月 3 日至 1923 年 1 月 15 日的日记。见 [日] 宗方小太郎. 宗方小太郎日记（未刊稿）[M]. 甘慧杰，译. 上海：上海人民出版社，2016.

③ [日] 神谷正男，编. 宗方小太郎文书；宗方小太郎文书续编 [M]. 东京：原书房，1975，1977.

④ 注：相关研究成果颇丰，如：黄兴涛. 重塑中华：近代中国"中华民族"观念研究 [M]. 北京：北京师范大学出版社，2017；王柯. 民族与国家：中国多民族统一国家思想的系谱 [M]. 冯谊光，译. 北京：中国社会科学出版社，2001.

⑤ 注：例如，桑兵在论及清帝退位时的南北相争以及清皇室的归属选择时，曾指出辛亥革命以最小代价换取最大成果，实现帝制向共和的转变、国家统一与民族共存这一重要意义。见桑兵. 旭日残阳：清帝退位与接收清朝 [M]. 桂林：广西师范大学出版社，2018；章永乐. 多民族国家传统的接续与共和宪政的困境——重审清帝逊位系列诏书及 1911—1912 年"大妥协" [M] // 黄兴涛，主编. 清帝退位与民国肇建. 北京：社会科学文献出版社，2016.

⑥ [日] 宗方小太郎. 宗方小太郎日记（未刊稿）[M]. 甘慧杰，译. 上海：上海人民出版社，2016.

一、认识追溯："兴亚"观念下的中国认识

宗方在来华之前，深受日本国内"大陆政策"与"兴亚思潮"的影响。在宗方成长的 19 世纪中后期，正是日本应对西方军事侵略与文化扩张、兴起亚洲主义思潮的时期。"亚洲主义"本义为以日本为主导，主张亚洲联盟以反抗外来侵略，但在实际推行中逐渐滋生出"侵略亚洲"的思想。① 明治维新后，自由民权运动陷入低潮，日本积极谋求对外扩张，推行大陆政策，大亚细亚主义开始抬头，为"企图摄取满蒙利益的日本政策服务"②。加上日本报纸对亚洲主义造势，③ 由此衍生出中日"连带"与"提携"的观念。1880 年 11 月 11 日，兴亚会成立，④ 吸纳何如璋、黎庶昌等中国官员为会员，倡导"日中提携"，一时间，"兴亚"思潮愈演愈烈，日本逐渐加大对朝鲜和中国的势力渗透。

除了社会舆论的熏陶，其师佐佐友房（1854—1906）对青少年时期的宗方产生直接影响。佐佐友房极力维护天皇权威、支持"大陆政策"。在他的影响下，宗方认为"时事倥偬，东洋之局面将呈一变相，有志之士心窃忧之"⑤，故在中法战争爆发后随佐佐友房赴中国侦察实情，而后进入日本亚洲主义团体创办的"东洋学馆"⑥ 学习。1887 年，宗方深感"此际不可局处一室"⑦，便一人徒步游历了中国北部九省，撰写长篇报告《北支那漫游记》。这一经历塑造了宗方对中国的直接认识，也为他日后成为间谍打下了基础。

---

① 注：例如，1873 年西乡隆盛、板垣退助等人为了转移国内矛盾决定派兵征韩，意在效法列强，将失落于西方的利益补得于邻国。

② 注：狭间直树对此作出概括，"为对抗欧洲，主张亚洲团结提携的兴亚论及所谓亚细亚主义登场，其所倡导的团结提携论，从理论与实践的意义上说，乃以亚细亚内部对等关系为前提。处于出发点上的亚细亚主义，就是这样的一种理论"，随着"快速达成维新，成为'脱亚'的先驱""亚细亚主义将诸国对等团结的思想抛弃，成为以日本优越论为基本轴心的支持侵略理论"。参见〔日〕狭间直树. 初期亚细亚主义史的考察〔J〕. 东亚，2001（9）. 转引自盛邦和. 亚洲认识：中国与日本近现代思想史学研究〔M〕. 上海：上海人民出版社，2009，204.

③ 注：如《朝野新闻》刊发《东洋的气运》（1874 年 4 月 13 日），论述"日本与亚洲唇亡齿寒的关联"、《东京日日新闻》刊发《中国决不可轻》（1875 年 11 月 28 日），批判"日本舆论界轻视中国"；《邮电报知新闻》：《不可轻视清国论》（1878 年）、《东洋连衡论》（1879 年）；杉田定一（1851—1929）：《东洋恢复论》（1880 年）、《兴亚策》（1883 年）等。参见盛邦和. 亚洲认识：中国与日本近现代思想史学研究〔M〕. 上海：上海人民出版社，2009：193-197.

④ 注：创立者为长冈护美、渡边洪基。人员有荒尾精、岸田吟香、草间时福、副岛种臣、榎本武扬、宫岛诚一郎、广部精等人。其中，长冈护美、荒尾精、岸田吟香与宗方小太郎关系密切。1883 年兴亚会改名"亚细亚协会"。正副会长依然为长冈护美、渡边洪基。设议员重野安绎、宫岛诚一郎、谷干城、岸田吟香、末广重恭、广部精、成岛柳北等二十四名。1900 年东亚同文会"吸收"合并亚细亚协会。

⑤ 〔日〕宗方小太郎. 宗方小太郎日记（未刊稿）：北支那漫游记·绪言〔M〕. 甘慧杰，译. 上海：上海人民出版社，2016：2.

⑥ 注：东洋学馆，1884 年 7 月由日本亚洲主义团体创办，主要教授日本青年子弟中文和介绍中国国情。倡导者有平冈浩太郎、中江兆民、樽井藤吉等人。岸田吟香（1883—1905）是东洋学馆的后盾。参见王屏. 近代日本的亚细亚主义〔M〕. 北京：商务印书馆，2004：60.

⑦ 注：宗方小太郎于 1887 年出发游历，但护照上签发时间显示为 1888 年（光绪十四年），原稿如此，见《北支那漫游记·绪言》，〔日〕宗方小太郎. 宗方小太郎日记（未刊稿）〔M〕. 甘慧杰，译. 上海：上海人民出版社，2016：2.

同时期，日本陆军将校荒尾精（1859—1896）① 在岸田吟香（1833—1905）② 的支持下开设"乐善堂"汉口分店，旨在扩大日本在华中地区的势力与提高情报搜集能力。③ 据大里浩秋判断，"宗方最迟在1888年初就参与其中"④。而后荒尾精又在上海开设日清贸易所，旨在教授在沪的日本青年中文及贸易知识，实则培养情报人员。⑤ 宗方也受邀参与其中，逐渐成为日本搜集中国情报的一员。

在主张"兴亚"的师友影响下，宗方逐渐形成自己的"兴亚"主张。在自题《狂夫之言》的信中，宗方认为"惟有视亚洲如一家……欲兴亚洲，非先兴中国不可"⑥，而"兴中国"的方法在于"推倒"中国，"以取而代之"⑦。1894年6月26日，宗方的"兴亚"之策得到具体实践的机会。这一天，宗方接到日本海军军令部来电，命其迅即从汉口赴烟台，搜集北洋舰队情报。⑧

日本开战在即让宗方对其"兴亚"之志即将实施颇感振奋。他情绪高昂，写下"拟为军国输寸诚""一片之心不可烹"⑨ 等句。戚其章指出，宗方所谓的"诚"与"心"，所针对的只是日本军国主义，他只是为自己能够为日本侵略扩张服务而自豪。⑩ 随后的《中国大势之倾向》⑪ 报告披露了宗方眼中的中国形象。他认为"中国为四千年来之古国，文物制度粲然具备"，然各地贿赂成风，民生疾苦。⑫ 与时人对中国洋务改革充满信心的态度相反，在宗方看来，中国的进步实为"老屋新修"，一旦"遇大风地震之灾，

---

① 注：荒尾精生于名古屋藩士之家，中学毕业后进入日本陆军士官学校步兵科，接触中国机密。曾撰写《宇内统一论》《兴亚策》，主张"略取中国，然后施仁政，以图复兴亚细亚"。1886年晋升陆军中尉，奉命潜入中国从事间谍活动。

② 注：岸田吟香1878年第三次来上海时开设"乐善堂"上海分店，在上海侨居30年。通过"乐善堂"对中国各地进行秘密调查，被日本情报部门称为开辟对华情报的"先驱"。

③ 注：关于汉口乐善堂的活动，除"吾辈同志的目的是，为了人类世界要最先改造支那"的"根本方针"，以及"一般心得""内部成员须知""外部成员探察心得"等荒尾精制定的"乐善堂规则"外，并没有留下其他相关的详细记录。一般情况下，乐善堂被认为是在上海乐善堂主人岸田吟香的支持和荒尾精的领导下的民间士人团体。该活动得到日本陆军和外务省的资助。详见〔日〕大里浩秋. 辛亥革命与宗方小太郎［M］//李廷江，大里浩秋，主编. 辛亥革命与亚洲. 北京：社会科学文献出版社，2015：116.

④ 〔日〕大里浩秋. 辛亥革命与宗方小太郎［M］//李廷江，大里浩秋，主编. 辛亥革命与亚洲. 北京：社会科学文献出版社，2015：114.

⑤ 注：在荒尾精向陆军提交的《复命书》中，曾表明：政府表面上是为友好关系而努力，背地里则是"召集有为的志士深入内地……从事各种商业及其他事业，平时则尽力精密调查关于政治及战略战术等方面必要的实力及地理等"，"在各地设立干（本）部和分布，在上海本部设置日清贸易商会"，并且由上海本部汇总各地活动并上报给总部。这样的实践如果能够持续，就能振兴东洋亦能制约染指清国已久的欧洲列强。参见《东亚同文会史》，财团法人霞山会，1988年；〔日〕大里浩秋. 辛亥革命与宗方小太郎［M］//李廷江，大里浩秋，主编. 辛亥革命与亚洲. 北京：社会科学文献出版社，2015：117.

⑥ 〔日〕宗方小太郎. 狂夫之言［M］//戚其章. 甲午日谍秘史. 天津：天津古籍出版社，2004：72.

⑦ 〔日〕宗方小太郎. 狂夫之言［M］//戚其章. 甲午日谍秘史. 天津：天津古籍出版社，2004：73.

⑧ 〔日〕宗方小太郎. 宗方小太郎日记（未刊稿）［M］. 甘慧杰，译. 上海：上海人民出版社，2016：326.

⑨ 戚其章，主编. 中国近代史资料丛刊续编·中日战争：第6册［M］. 北京：中华书局，1993：111.

⑩ 戚其章. 日本谋略谍报的重中之重——严密监视北洋舰队行踪［M］//甲午日谍秘史. 天津：天津古籍出版社，2004：156.

⑪ 注：本篇初写于1893年，1894年10月再写。

⑫ 〔日〕宗方小太郎. 中国大势之倾向［M］//戚其章，主编. 中国近代史资料丛刊续编·中日战争：第6册. 北京：中华书局，1993：126-127.

则柱折栋挫，指顾之间即将倾覆"①。这一判断可谓一针见血。无独有偶，荒尾精在回国复命时发表的《复命书》表达了类似的观点。与宗方"老屋新修"的比喻不同，荒尾精将洋务运动比喻成"积疾的姑息疗法"②。认为中日命运相关，主张日中提携，介入中国事务。③

此时的日本因平壤、黄海战役陷入财政困难，军界对是否继续进攻中国颇为犹豫。宗方这时撰写《中国大势之倾向》便是劝说日本当局继续侵华。他预言：中国必将会在十至三十年内"支离破碎"。直言"有志于大亚细亚大局者岂能于此间无所作为乎哉?"④ 在宗方看来，中国纷乱四起，对日本而言正是难得的机会。

如宗方所愿，日本在甲午战争中取得胜利。1895年1月，清政府派张荫桓、邵友濂前往日本议和，正在广岛的宗方小太郎上报《对华迩言》，旨在乘胜追击，压制中国。其文字十分直接，更暴露其"兴亚"主张的转向，认为日本不应真心赞成"日中联合"，而是应该"以中日联合为主盟，救济亚洲之弱邦及已亡之国家，形成与欧洲对峙之势力，以制驭白人之跳梁，此乃当前之急务"⑤，"使敌国陷于至困至穷，万无办法之地"，欲置中国于真正失败之地，"而后达到我之目的"⑥。但在同样主张"兴亚"的荒尾精看来，并不建议让中国割地赔款。一来，割地会使中国记恨，二来，清国若被列强瓜分，则"东洋之大事，遂成烟云"⑦。

如果说荒尾精的看法还带有朴素的"兴亚"思想，那这时的宗方则汲汲于从中国战事中分一杯羹。怀揣着清朝覆亡后对东亚形势的担忧，他一边指责英国、缅甸、俄罗斯、法国对中国西藏、四川及蒙古、云南等地的觊觎，另一边将日本觊觎中国的野心美其名曰"是不特中国之幸，亦日本之所以自守，保持亚洲体面之要务"⑧。于是在报告

---

① ［日］宗方小太郎. 中国大势之倾向［M］//戚其章，主编. 中国近代史资料丛刊续编·中日战争：第6册. 北京：中华书局，1993：126-127.

② ［日］荒尾精. 复命书［M］//对支功劳者传记编纂会，编. 对支回顾录. 下. 东京：原书房，1968：476. 转引自徐静波. 明治时期日本的对华认识和政策的一个倾向——以亚洲主义者荒尾精的言行为中心［J］. 复旦大学学报，2012（1）：130.

③ 荒尾精的原话是："若清国一旦为他国所制，则我国形势亦岌岌可危，进而不得，退而不能，即我国亦将消亡也。"［日］荒尾精. 复命书［M］//对支功劳者传记编纂会，编. 对支回顾录. 下. 东京：原书房，1968：490-491. 转引自徐静波. 明治时期日本的对华认识和政策的一个倾向——以亚洲主义者荒尾精的言行为中心［J］. 复旦大学学报，2012（1）：131.

④ ［日］宗方小太郎. 中国大势之倾向［M］//戚其章，主编. 中国近代史资料丛刊续编·中日战争：第6册. 北京：中华书局，1993：130.

⑤ ［日］宗方小太郎. 中国大势之倾向［M］//戚其章，主编. 中国近代史资料丛刊续编·中日战争：第6册. 北京：中华书局，1993：139-140.

⑥ ［日］宗方小太郎. 中国大势之倾向［M］//戚其章，主编. 中国近代史资料丛刊续编·中日战争：第6册. 北京：中华书局，1993：140-141.

⑦ ［日］荒尾精. 对清意见［M］，东京：东京博文馆，1894：36；靖亚神社先觉志士资料出版会1989年复刻本"东方斋荒尾精先生遗作复刻出版"，转引自徐静波. 明治时期日本的对华认识和政策的一个倾向——以亚洲主义者荒尾精的言行为中心［J］. 复旦大学学报，2012（1）：132.

⑧ ［日］宗方小太郎. 对华迩言［M］//戚其章，主编. 中国近代史资料丛刊续编·中日战争：第6册. 北京：中华书局，1993：141.

中罗列条款，旨在掠取更多利益。而宗方的建议，在《马关条约》中多有体现。①

日本政府对《对华迩言》的采纳让宗方倍感鼓舞，更加积极推行其"经略中国"的主张。他与毕永年、唐才常等人频繁会面、通信，②旨在鼓吹维新运动，扩大日本在华中地区的影响力。在他看来，"中国十八省之中，富于团结力，挚实勇敢，真可用者，以湖南为第一"，所以应及时"经营湖南"，收揽豪杰，怀柔民心，以便日后所用。③1898 年 4 月 11 日，宗方赴时务报馆会见汪康年，交付"清国时事"话片十二则，劝说维新派"窥时机举义兵，占据湖南、湖北、江西、四川、贵州及广东之一部，使其连成一片，以建立一国"④。而在四天后交与日本的海军报告中，宗方表达了同样的观点，并强调"我政府必须速与清国达成口头约定，要求其不可将浙江、福建二省让与外国"⑤。同时明里暗里建言日本采取行动将中国纳为日本的附属国或保护国，以期加强日本对中国的渗透力。同年 11 月，东亚会与同文会合并为东亚同文会，宗方任汉口支部会长，更是方便了宗方对中国事务的运作。该会官方的宣言是"一、保全支那。二、助成支那及朝鲜之改善。三、探讨支那及朝鲜时事，以期实行。四、唤起国论"⑥，意在以保全中国之名行侵略中国之实。

事实上，宗方"保全中国"的言说对象仅限于西方列强，对中国分而治之才是他建言的核心。义和团事件爆发后，宗方建言日本拥清帝迁都于武昌，幽闭皇太后，排除有碍新政的满汉大臣，由日本及英美等国监督政治以扶植保全之果。⑦同时强调，"我帝国决不可徒然拘泥于保全扶植的名义，而必须于其间占据同列国同等以上的权利，决不可落于人后。此乃我国应当采取之权道也"⑧。无庸赘言，宗方在这里所说的"权道"，其实就是放弃"同文同种""居齿相依""保全扶植（中国）"的空头宣言，在列强各国公开瓜分中国之际，毫不犹豫地参加进去分一杯羹，获得"同列国同等以上的权利"才是宗方的真正所指。

随着时势的变化，成长于"兴亚"思潮下的荒尾精与宗方小太郎等大陆浪人"兴亚"的思想逐步具体化。从起初朦胧的"日中提携"到与列强争夺在华利益，他们将日本和中国的命运与亚洲兴衰绑定一起。对外称保全中国、帮助中国与朝鲜改善局势；对内称保全中国就是保全亚洲，等价于保全日本，需要日本在列强前抢占先机，扩大利益。当维新运动兴起，宗方又试图利用中国党派间的矛盾来建立不同政权以削弱中国整

---

① 吴绳海，冯正宝，编译. 宗方小太郎与中日甲午战争［M］//夏良才，主编. 近代中国对外关系，成都：四川人民出版社，1985：134.

② 注：据日记显示，戊戌政变前后，宗方与维新人士频繁通信、见面。［日］宗方小太郎. 宗方小太郎日记（未刊稿）［M］. 甘慧杰，译. 上海：上海人民出版社，2016：447-453.

③ ［日］宗方小太郎. 对华迩言［M］//戚其章，主编. 中国近代史资料丛刊续编·中日战争：第 6 册. 北京：中华书局，1993：144-145.

④ ［日］宗方小太郎. 宗方小太郎日记（未刊稿）［M］. 甘慧杰，译. 上海：上海人民出版社，2016：417.

⑤ ［日］宗方小太郎. 宗方小太郎日记（未刊稿）［M］. 甘慧杰，译. 上海：上海人民出版社，2016：417.

⑥ ［日］六角恒广. 日本中国语教育史研究［M］. 王洪顺，译. 北京：北京语言出版社，1992：220.

⑦ ［日］宗方小太郎. 宗方小太郎日记（未刊稿）：1900 年 6 月 12 日日记［M］. 甘慧杰，译. 上海：上海人民出版社，2016：495.

⑧ ［日］宗方小太郎. 报告第七十号：关于团匪事件之鄙见［M］//［日］神谷正男，编. 宗方小太郎文书. 东京：原书房，1975：87.

体实力；当清廷宣布与列国开战后，宗方则督促日本"在列国之前抢占先机，作经营南清之准备，将中国分成七个联邦，置联邦政府于中原之湖北"①，让日本操纵新政府，进一步扩大在华势力。对于此时的宗方来说，不遗余力"分割中国"已成为其"兴亚"政策的重要观念，而这一观念的具体推行在武昌起义爆发后愈加明显。

二、拥护清廷与支持革命：在华日本人的双轨取径

武昌起义发生后，在华日本人围绕"分裂中国"这一共同目的展开两种不同形式的取径。当时日本驻汉口领事多用"暴动""暴徒"形容武昌起义，透露出对这一事件的敌对态度。② 日本当局对中国出现的共和势力感到担忧，试图支持清帝，维护君主立宪，以稳定日本国内情绪、维持在华利益，这一立场直接影响了宗方等人——例如，宗方在日记中常以"叛军"指称革命军。与之相对，以犬养毅、头山满、内田良平、北一辉、宫崎滔天等为代表的日本民间人士在武昌起义爆发后即前往中国，支持革命军，主张"解放亚细亚"。看似相冲突的两股势力在实际演变中呈现出共同趋向：反对共和的群体试图对中国进行"南北分治"；而支持共和的大陆浪人则寄希望于革命党人在建立政权后将满蒙割让给日本。二者对共和的态度虽不相同，但实际行动均指向"分裂中国"这一共同目的。两股势力对中国政情产生不同"认识"的同时也对民初政局产生了不可忽视的影响。

武昌起义次日，宗方接到相关电报，③ 第二天便乘"南阳丸"号赴汉口视察战况。这一时期，宗方与日本驻汉口领事伊集院彦吉交往频繁，也获悉日本政界对此事的态度与立场，因而对武昌起义态度谨慎，对共和制颇有敌意。

此时的日本国内正值政治敏感期，日本当局十分警惕邻国的政治变革，担心在中国愈演愈烈的共和制度会影响日本。因顾及日本在华利益，日本当局甚至一度考虑是否出兵干涉。④ 与孙中山等中国革命者早有结交的大陆浪人内田良平辗转向陆军核心人物山县有朋建议，试图说服日本不要出兵。内田良平建议"这次武昌起义将清政府置于死地，当此之际日本要采取的政策是'援助'南方，使革命成功，并且防止革命波及'满蒙'，使'满蒙'在日本领导下获得'独立'"⑤。内田良平等人此番建议并不是不维护天皇制，而恰恰是自信日本的天皇制不会被轻易动摇。这点在头山满的回忆中或可说

---

① ［日］宗方小太郎. 宗方小太郎日记（未刊稿）：1900 年 6 月 18 日日记 ［M］. 甘慧杰，译. 上海：上海人民出版社，2016：497.

② 邹念之，编译. 日本外交文书选译——关于辛亥革命 ［M］. 北京：中国社会科学出版社，1980.

③ ［日］宗方小太郎. 宗方小太郎日记（未刊稿）：1911 年 10 月 11 日日记 ［M］. 甘慧杰，译. 上海：上海人民出版社，2016：881.

④ 俞辛焞，李采畛. 辛亥革命时期日本的对华政策 ［C］. 纪念辛亥革命七十周年学术讨论会论文集：中，北京：中华书局，1983.

⑤ ［日］黑龙俱乐部，编. 国士内田良平 ［M］. 东京：原书房，1967：506. 转引自俞辛焞，李采畛. 辛亥革命时期日本的对华政策 ［C］. 纪念辛亥革命七十周年学术讨论会论文集：中，北京：中华书局，1983.

明："担心邻国支那实行共和会影响我国体，实乃侮视我国体"①。

内田良平此番言论建立在孙中山曾许下承诺的基础上。1898 年宫崎滔天陪同孙中山拜访内田良平，内田良田担心中国如果发生革命，俄国会趁乱南侵，便询问孙中山能否在日本战胜俄国后再发动中国革命。② 孙认为，纵使俄国占领黄河以北，中国也能实现革命。如若日本与革命政府合作共同对付俄国，便能夺回西伯利亚。并称："本来，吾人之目的在于灭满兴汉，故革命成功之秋，举满蒙、西伯利亚给予日本可也。"③ 孙的承诺让内田良平颇感振奋，故而在辛亥革命爆发时对革命党人持与宗方完全相反的态度，认为支持革命党人、支持共和，才能使日本获得满蒙。

在此预期下，武昌起义爆发一周后，内田良平接到宋教仁关于"希望策动日本承认革命军"的电报，随即组织北一辉前往上海和武汉进行联系，并召集浪人说服日本政府"严守中立"。不久，内田良平又派清藤幸七郎、葛西纯久到中国收集情报，支援革命军。与此同时，黑龙会与有邻会也决定派人前往中国，支持革命党活动。11 月，宋教仁从武昌总部出发，巡视沿途各军政府谋求统一，并策动南京、镇江军队制定南京沦陷后善后对策。18 日抵达上海，会见各省都督府的 20 余名代表，协商组建中央政府。宗方了解情况后，于 20 日会见宋教仁，劝其实行联邦制度。宋答复称"联邦纷扰较多，会为统一带来诸多不便，还是决定在中央政府的控制下进行统一事业"。在有关对北京政府妥协的问题上，宋教仁则称："以今日的情况完全没有妥协的余地。"④ 宗方认为，如果以上宋的意见代表革命党全体意见的话，那中央政府的组建事宜必须在一个月之内实行，之后他们会向各国寻求对交战团体的认可。从而建议日本海军省"届时，我国必须在与英俄协商的基础上，毫不犹豫地予以其认可，并且之后必须以仲裁者的姿态努力收拾乱局"⑤，同时考虑到，如果"叛徒"的主张是排斥君主制虚名的话，那么之前他在政府报告中"长江以北或黄河以北为现朝管辖，以南割让给革命军的君主共和并存"的策略将不会实现。不过，可以将"山东、河南、山西、陕西、甘肃、直隶北方六省，以及蒙古、满洲、伊犁、西藏"⑥ 化为清朝领地，其余的皆需要割让给革命军，以实现分而治之。

虽然事情并未像宗方预设的那样发展，但宗方试图通过对中国分而治之以削弱未来新生共和国之力量，这与内田良平的想法殊途同归。武昌起义发生后，清廷委任袁世凯为内阁总理大臣，指挥北洋军攻陷汉口、汉阳，攻打武昌。至 11 月 27 日，汉阳陷落，

---

① ［日］黑龙俱乐部，编. 国士内田良平［M］. 东京：原书房，1967：298. 转引自［日］竹内实. 日本人的中国观［M］//［日］尾藤正英，等. 日中文化比较论. 王家骅，译. 杭州：浙江人民出版社，1992：301.

② ［日］内田良平. 日本之亚细亚［M］. 黑龙会，1932-12：321. 转引自［日］竹内实. 日本人的中国观［M］//［日］尾藤正英，等. 日中文化比较论. 王家骅，译. 杭州：浙江人民出版社，1992：299.

③ ［日］内田良平. 日本之亚细亚［M］. 黑龙会，1932-12：321. 转引自［日］竹内实. 日本人的中国观［M］//［日］尾藤正英，等. 日中文化比较论. 王家骅，译. 杭州：浙江人民出版社，1992：299.

④ ［日］宗方小太郎. 报告第 362 号革命党领袖宋教仁的意见（1911 年 11 月 21 日）［M］//［日］神谷正男，编. 宗方小太郎文书. 东京：原书房，1975：259.

⑤ ［日］宗方小太郎. 报告第 362 号革命党领袖宋教仁的意见（1911 年 11 月 21 日）［M］//［日］神谷正男，编. 宗方小太郎文书. 东京：原书房，1975：260.

⑥ ［日］宗方小太郎. 报告第 362 号革命党领袖宋教仁的意见（1911 年 11 月 21 日）［M］//［日］神谷正男，编. 宗方小太郎文书. 东京：原书房，1975：260.

湖南士兵多已散去，湖北新军士气不足，多被解散。宗方获悉，武昌士兵以黎元洪旧部为主力，但士兵并不确定黎是否有死守武昌的决心。这一情形也让宗方产生怀疑，他认为："如果他们真的有为了革命而战斗的决心，即使丢了汉阳也能保住武昌"①。

武昌相持的形势，让袁世凯的态度显得至关重要，日方对此十分关注。早在 11 月 18 日，日本驻华公使伊集院彦吉便与袁世凯会谈，试图了解其对清廷及立宪的态度。伊集院彦吉判断"在君主立宪与联邦共和的政体问题上，袁世凯目前尚在进行选择并无所适从之间，主张君主立宪，则仅为向世间表白其主张而已。袁世凯对前途悲观，内心颇为苦闷，为时局煞费苦心"②。为最大限度地保护日本在长江流域尤其是武汉三镇的利益，宗方与伊集院彦吉不约而同地向日本政府建议采取积极的手段应对中国时局。

宗方建议"以我国为主实施的干涉仲裁，以今日为契机召开最为适宜"③。他了解到，此时革命党虽然攻取了南京，但是党内忽然间内讧四起，"统一全局变得极为不可能"。且"革命党中严重缺乏人才，更没有可以作为首脑之人""各省中有绅士思想的人都隐匿起来不出现，暗中观望局势"。他还预测，在南京的革命军如果失败的话，长江南北皆会沦为无政府状态，进而使整个社会陷入秩序混乱、土匪横行的局面。两军之间如果能达成和解，袁世凯的势力便会随之增强。但是可能不出两年，他又会被政界驱逐。④

袁世凯在打击革命军的同时，致书黎元洪，试图与革命军进行议和谈判。12 月 5 日，伍廷芳被推举为民军议和总代表，"与北使会商和平解决"⑤。北京政府则派出唐绍仪来进行谈判。

12 月 6 日，载沣辞去监国摄政王的职位。在宗方看来，这是袁世凯的策略，为的是来巩固自身统治。宗方认为从日本的立场出发，"区区一个袁世凯不足以放在眼里"。他自信地判定，清廷统治摇摇欲坠。《宪法重大信条十九条》的颁布至今反响平平表明"此时的时局靠清廷的力量是无法收拾的""此时时局的解决只有等待各国的干涉性仲裁，别无他策"⑥，鼓动日本政府采取措施以"保留君主国体制和解决现在的时局"。并称若从维护"东洋的和平"和日本的帝国地位两方面论述，"排除厌恶的共和政体，维持君主制才是最终目的"⑦。

宗方的判断与日本官方的判断不谋而合。在日本看来，支持清廷才能最大限度保障自身权益。南北和谈前夕，伊集院彦吉向袁世凯转达日本政府赞同其"反对共和体制，

---

① ［日］宗方小太郎. 报告第 362 号（番号重复）汉阳陷落与革命党（1911 年 12 月 1 日）［M］// ［日］神谷正男，编. 宗方小太郎文书. 东京：原书房，1975：261.

② 日本外务省，编. 日本外交文书：明治期第 45 卷别册·清国事变［M］. 380.

③ ［日］宗方小太郎. 报告第 362 号（番号重复）汉阳陷落与革命党（1911 年 12 月 1 日）［M］// ［日］神谷正男，编. 宗方小太郎文书. 东京：原书房，1975：261.

④ ［日］宗方小太郎. 报告第 362 号（番号重复）汉阳陷落与革命党（1911 年 12 月 1 日）［M］// ［日］神谷正男，编. 宗方小太郎文书. 东京：原书房，1975：261.

⑤ 刘星楠. 辛亥各省代表会议日志［M］//辛亥革命回忆录：六. 北京：中国文史出版社，2012：246.

⑥ ［日］宗方小太郎. 报告第 363 号（1911 年 12 月 9 日）［M］// ［日］神谷正男，编. 宗方小太郎文书. 东京：原书房，1975：261.

⑦ ［日］宗方小太郎. 报告第 363 号（1911 年 12 月 9 日）［M］// ［日］神谷正男，编. 宗方小太郎文书. 东京：原书房，1975：261.

支持君主立宪"的主张，并强调，"切望袁世凯今后坚决贯彻其主张，断然实行其意见。如因此而有何求助于我国者，帝国政府不辞给予相当之援助"①。日本这一行为态度的转变源自日本获悉代表北京政府的唐绍仪在莫理循的安排下入住英国人的私宅，为避免落后英国获得和谈信息，也为了避免唐受英国影响而做出有损日本利益的决定，日本方面由原先的支持清廷转向支持立宪制度下汉人掌权的袁世凯，但袁并不领情。

回到和谈本身。清廷与革命党两军妥协的事，除了革命党以外，赞成的人不在少数，但黄兴一派坚决不回应，且不断地对黎元洪发出警告。与此同时，广东、福建已动员北伐，广西、江西两省兵赴武昌支援。虽然摄政王退位与《宪法重大信条十九条》的颁行对革命党来说还不十分满意，却已切实地使得绅商士大夫们满意，从而趋于向清廷让步。但纯粹的革命党是绝对排斥媾和的。宗方看出"他们的目标是从根底开始彻底颠覆君主政体并建设共和国"②。对于袁世凯，宗方则表示出微妙的态度。他认为摄政王退位后，满人对袁非常不满："或许他凭借列国的助力从而解决了时局的问题一事确有可圈点之处，但袁的势力绝不是有实力万古长存的""其下场无非是在政治交锋中退场甚至被刺杀。"基于这一判断，宗方认为"满汉种族矛盾，一变而为君主共和之争"③，而孙中山将于本月二十二日抵达香港，月底前到达上海，就是为了确保推选其为大总统。

基于对时局的判断，宗方和时人一样，认为和谈的重点是实行君主立宪制或共和制的问题。宗方报告称："当下的主要问题在于君主与共和之间的斗争。如果袁世凯能够舍弃君主立宪的主张，接纳革命党的要求，可以预见和谈成功并非难事。反之，两者之间的主张则不能进行良好的融合，问题也将不能得到圆满解决。"④ 显然，宗方并不知晓袁世凯内阁的代表唐绍仪竟然声称北京来者并不反对共和立宪，所协议的是和平达到共和宗旨的办法。唐的原话是："共和立宪，万众一心，我等汉人无不赞成。不过宜筹一善法，使和平解决，免致清廷横生阻力。且我共和思想尚早于君，我在美国留学，素受共和思想故也。今所议者，非反对共和宗旨，但求和平达到之办法而已。"⑤

虽然南北和议中的主要议题"不是共和与君宪的优劣短长，而是以何种形式实现共和"⑥，但对于局外人宗方来说，最关心的还是中国在君主立宪制与共和制中做出何种选择。他甚至猜想南北双方互不妥协，"只能以扬子江为界，将各方势力进行南北两分"，直言"除此之外别无他法"⑦。宗方这一判断并非凭空而起，其在给海军省的报告

---

① 日本外务省，编. 日本外交文书：明治期第 45 卷别册·清国事变 [M]. 411-422.

② ［日］宗方小太郎. 报告第 364 号革命党的政府组织（1911 年 12 月 12 日）[M] // ［日］神谷正男，编. 宗方小太郎文书. 东京：原书房，1975：262.

③ ［日］宗方小太郎. 报告第 364 号革命党的政府组织（1911 年 12 月 12 日）[M] // ［日］神谷正男，编. 宗方小太郎文书. 东京：原书房，1975：262.

④ ［日］宗方小太郎. 报告第 368 号（1911 年 12 月 23 日）[M] // ［日］神谷正男，编. 宗方小太郎文书. 东京：原书房，1975：263.

⑤ 伍廷芳. 南北代表会议问答速记录 [M] // 丁贤俊，喻作凤，编. 伍廷芳集：上册. 北京：中华书局，1993：391.

⑥ 桑兵. 辛亥南北议和与国民会议 [J]. 史学月刊. 2015（4）：44.

⑦ ［日］宗方小太郎. 报告第 368 号（1911 年 12 月 23 日）[M] // ［日］神谷正男，编. 宗方小太郎文书. 东京：原书房，1975：263.

中揭示了这一猜想的理由："从我国的立场出发，南北两分的方法对于我国最为有利。因为这样，我国可以同时干涉南北两国，便于对两者进行同时牵制。"他的理想设计是，南方的共和国不出三四年就会自行崩溃解体，重新被统一成为君主制国家。"简言之，所谓共和只是他们的理想而已，如果将共和的理想运用到实践中，必定会快速产生矛盾，矛盾的发生显而易见。届时，国民必定会再次讴歌君主制。"①

宗方反对共和并不是个例，包括与日本结盟的英国等多数列强在内，均认为保留皇帝，实行汉人掌权的君主立宪制是维护自身在华利益比较妥当的方案。日系报纸《顺天时报》发表名为《论君主立宪政体与民主立宪政体之利害》的论说，虽对君主立宪与民主共和的利与害均有论述，但字里行间明显更倾向君主立宪，称其"合中国四千年之历""合中国古来之伦理观及家族制度"②。《顺天时报》还以日本为例，宣扬"君主立宪"的好处："中国政治之改革，若果由是革命军之义旗一举，而即有大造于国利民福……盖匪浅鲜也。然以观之日本……但自明治天皇维新以来，令人相与称之日东方英吉利。"③ 极力鼓动中国施行君主立宪制政体。

有学者指出，日本极力支持立宪是因为日方认为支持清廷可以维护在华利益，而如果太平洋两岸的中美都实行共和制，"会对日本本国的天皇制造成巨大冲击"④。同时，在南北议和之初英国的强势介入、袁世凯与英国关系的拉近更加剧了日本的担忧。

至 12 月 29 日，上海南北和谈复会举行第三次会议，虽然事实上南北和谈仍在继续，但或许是考虑到次年元旦孙中山即将就职临时大总统，宗方在 12 月 31 日的报告中无不惋惜地写道："清朝如此便即将灭亡。不知道其（指革命党）到底能否维持大局。该国的前途愈发变得事多混乱。"⑤

相较于宗方的失落，内田良平等大陆浪人的情绪则更为复杂。宣统帝在北京颁布退位诏书次月，袁世凯在北京就任大总统。对于清帝退位和袁氏就职两件事，内田良平等人内心五味杂陈：一方面，推翻帝制、实行共和是原本计划，能够实现固然可喜。本以为离孙兑现"满蒙"之约为期不远，但革命党人向袁世凯妥协，将共和成果拱手相让，实为"背叛"。

内田良平认为，他曾率领三百余青年志士不惜性命地支援中国革命，不是出自"侠肝义胆的冒险"，而是认为他们与中国革命者达成共识，将其看做"解放亚细亚的战斗"。尤其是孙中山通过"满蒙出让公约"表明了他们对大局的理解，"如果由此能实现征韩论以来日本志士通过日中合作解放亚细亚的宏愿的话，我们的生命便毫不足惜。"⑥ 当革命党人试图妥协时，犬养毅与头山满前往南京，直指袁世凯的野心，劝说

① ［日］宗方小太郎. 报告第 368 号（1911 年 12 月 23 日）［M］// ［日］神谷正男编. 宗方小太郎文书. 东京：原书房，1975：263.

② 论君主立宪政体与民主立宪政体之利害［N］. 顺天时报. 1911-12-12（2）.

③ 论爱国者宜知为全局计［N］. 顺天时报. 1911-12-19（2）.

④ 桑兵. 辛亥南北议和与国民会议［J］. 史学月刊. 2015（4）：45.

⑤ ［日］宗方小太郎. 报告 369 号（1912 年 1 月 1 日）［M］// ［日］神谷正男，编. 宗方小太郎文书. 东京：原书房，1975：266.

⑥ ［日］黑龙俱乐部，编. 国士内田良平［M］. 东京：原书房，1987：538. 转引自［日］竹内实. 日本人的中国观［M］// ［日］尾藤正英，等. 日中文化比较论. 王家骅，译. 杭州：浙江人民出版社，1992：302.

孙不能妥协。然而，南北和谈的妥协让支持中国革命的日本人深感背叛，内田良平认为"支那的革命党一厢情愿地与同革命绝不相容的袁世凯相勾结，这样他们的所谓'起义'就变得与四亿同胞的利害休戚毫不相关。这与春秋战国时代以来的易姓革命并无二致"①。头山满在回国后颇为失望地说中国革命"乃膏药疗治法"，因不彻底，此时各地"脓肿之续发"。②

内田良平与头山满看似正义指责的背后隐藏着"独占满蒙"计划落空的失望。他们支持中国革命的初衷本是侵略中国、独占满蒙，将袁世凯就任大总统等价于中国违背"解放亚细亚"、缺乏"和衷共济"精神的谴责反而暴露出其初衷的"不义"性。事实上，中国国内对于日本的野心并非一无所知。南北议和期间立宪、民主两派在论争中国应实行何种体制时就充分考虑到应尽可能地避免"战乱与分裂"；而孙中山等人士早已改变了对满蒙问题的态度，主张"五族共和"以维护国家统一。在他就任临时大总统之时则宣告："国家之本，在于人民。合汉、满、蒙、回、藏诸地为一国，即合汉、满、蒙、回、藏诸族为一人……是曰民族之统一。"③ 在《中华民国临时约法》中明文规定"民族平等"这一关键原则。与之相关，清帝退位诏书的颁布为民国全面继承清朝的疆域提供了法理上的支撑。毋庸置疑，维护国家统一与民族共存是筹建民国的重要考量。即使木已成舟，但内田良平依然对满蒙问题念念不忘，试图让宋教仁联系日本军方向袁世凯施压，以割让满蒙，但不了了之。

简言之，以内田良平和宗方为代表的两股在华取径愿望在袁世凯就任大总统时宣告破产。宗方并未止步于此，依然寻找机会以求推进其分裂中国的兴亚主张。

三、有名无实的共和：宗方眼中的民初社会

民国建立标志着亚洲第一个共和国的诞生。但在宗方眼中，这显然不是真正意义上的共和。清帝退位诏书的不同版本以及袁世凯承接革命果实使宗方看到复辟帝制、分裂中国仍有希望，而中华民国混乱的实际状况加深了宗方对新政权的消极看法。

1912年1月，宗方来到南京，称其"仍然能感受到五色旗背后潜藏着萧杀的气氛"。在《南京视察纪要》报告中，宗方逐一介绍总统府、陆军部职官等行政机关的情况。他注意到，"共和政府成立了，但成立至今已经过去了十日，还未见各部门部长次官莅任执行政务（陆军部除外）"。目睹此等不统一无秩序的现状之后，宗方表达了对共和政府将来的担忧："因为除了这一政治中心外，全无统一迹象，各项举措也呈现出杂乱无章、未准备妥当的状态。"在宗方看来，被称为"民国"的十几个省之所以独立是因为考虑到实际力量对比，不得不独立。换言之，"只是基于对清政府的反感，出于

① ［日］黑龙俱乐部，编. 国士内田良平［M］. 东京：原书房，1987：538. 转引自［日］竹内实. 日本人的中国观［M］//［日］尾藤正英，等. 日中文化比较论. 王家骅，译. 杭州：浙江人民出版社，1992：302.
② ［日］黑龙会，编. 东亚先觉志士记传［M］. 东京：原书房，1966：479. 转引自赵军. "亚洲梦"与日本右翼——头山满、内田良平的中国观及对中国革命的参与［J］. 广东社会科学. 2017（5）：86.
③ 中华民国临时大总统宣言书［M］//中国社科院近代史所等，编. 孙中山全集：第2卷，北京：中华书局，2011：1.

自卫观念以避灾祸"，因此，依此建立起来的民国"只是徒有其表，难掩薄弱"。①

共和体制的重要体现是议会的运作，这也是宗方此次调查的重点。但在宗方看来，参议院议事15条规则形同虚设，只是"规定了议员未全数到齐时也可以召开会议这一件事而已"。他认为，"就形式而言，他们的确正在构筑一套完备的政府组织，一旦观其本质，可以说也只不过是杂乱无章的设计罢了。其大统领府与陆军部等部门，所管辖的亦只是一部分事务，而绝非是作为拥有权威和实力的'共和政府'、在负责中华民国的统一之业"。② 这与《顺天时报》所报道的"虽有共和之形式，终少共和之精神"③ 所指一致。

议院是否掌握实权则是宗方关注的另一重点。宗方判断，虽有"一众新进锐气的人物云集"，但各省代表中的硬骨有为之士被列为政府阁员，亦可以说"参议院的未来已经被束缚住了"。宗方何出此言呢？"政府打算统一兵权，此权威机关就显然只是抽筋断骨的形式机关而已"。形势如此，"所以有心之辈多已谢绝入院"。宗方直指议院陷入受政府驱使的苦境，想要成为政府势力中心可能性微乎其微。不过，宗方依然保守地估计："也许共和政府以后未必就不能实现统一，又或者当政府势力动荡之日真的来临时，参议院会作为有一定实力的机构成为政府的敌对势力之一。"④

在此情况下，清政府出身的袁世凯职掌政权让宗方颇感安慰。宗方将革命党方面称之为"欺诈谋利之人"，对袁世凯大加赞赏，称"通观中国的人才，论智谋阅历方面，并无可超越袁世凯之辈"。认为岑春煊缺乏统领大局的能力，黄兴没有治理国家的才能，但自南京临时政府迁往北京，袁世凯就任大总统以来，统一的形成稍微有了些准备。这一点与《顺天时报》的看法大体无异。共和大局既定，《顺天时报》转向支持袁世凯，称袁"负旋乾转坤之手段，具随机应变之聪明，抱沈毅镇静之魄力"，解决革命党与君主维持党间的矛盾，"故将来诵中华民国共和史者不能不推崇袁项城斡旋之功"。⑤

在肯定袁功绩的同时，宗方也察觉到民初政局的潜流："虽然袁世凯进行了相对的统一，依靠北方势力对反抗者进行了镇压，但是鞭长莫及，想要对早已糜烂溃裂的西南各省进行肃清并未易事。"⑥ 更为严峻的是，中国政界分为国民、共和、民主三党领域，各大小党派林立，视为后患。"本来中国人就没有一定的政治主张，其离合集散皆从自己的利益出发进行打算。所以今朝隶属于甲党，明日又支持乙党，甚至一个人支持多党的情况也并不少见。"⑦《顺天时报》更是直指民初所谓"共和"的乱象："夫举国肆谈

---

① ［日］宗方小太郎. 南京视察纪要（1912 年 1 月 17 日）［M］// ［日］神谷正男，编. 宗方小太郎文书续编. 东京：原书房，1977：88.

② ［日］宗方小太郎. 南京视察纪要（1912 年 1 月 17 日）［M］// ［日］神谷正男，编. 宗方小太郎文书续编. 东京：原书房，1977：84.

③ 闻国务院成立感言［N］. 顺天时报. 1912-4-26（2）.

④ ［日］宗方小太郎. 南京视察纪要（1912 年 1 月 17 日）［M］// ［日］神谷正男，编. 宗方小太郎文书续编. 东京：原书房，1977：88.

⑤ 对于颁布共和之谕旨感言［N］. 顺天时报. 1912-2-14（2）.

⑥ ［日］宗方小太郎. 报告第388 号支那的政况（附宣统复位运动）（1912 年 12 月 14 日）［M］// ［日］神谷正男，编. 宗方小太郎文书. 东京：原书房，1975：307.

⑦ ［日］宗方小太郎. 报告第388 号支那的政况（附宣统复位运动）（1912 年 12 月 14 日）［M］// ［日］神谷正男，编. 宗方小太郎文书. 东京：原书房，1975：307.

共和，而博噬攘多，日出无极也。自由宗旨一变为放纵主义。文武官僚、内外贤哲，尚难除其弊也。国步艰难，财政空虚，国家维持底政万无指望，而国民悭于解囊，不名一钱也。政党林立，报馆分帜，权监政府，势动国是，而树党营私，屡见不鲜也。军旅酿乱，萑苻满地，保民护国皆无责任心也。"①

除了实地调查民初政局，报人出身的宗方对新闻媒体的报道也进行了充分利用。民国成立次年，宗方以"民国变象的统计"为题，按时间顺序对民初各地变乱做了表格进行梳理，整理出一份详细的长篇调查报告，共列举 300 起政变、兵变、民变，具体如下：

	政变	兵变	民变
民国二年（1913）一月	28 起	34 起	163 起
民国二年（1913）二月	20 起	28 起	27 起

（资料来源：［日］宗方小太郎. 宗方小太郎文书续编［M］. 东京：原书房，1977：272-312.）

报告中多出现"如同贰央拒命，无之中央威信，成为地方分裂的象征"②"扰乱秩序，民心尽忧"③"各地似乎都在勃起这种政变"④"破坏监狱，杀死防军，极其骚动"⑤"人心惶惶"⑥ 等词汇，涉及地方政变、民族矛盾、治安状况、威胁贿选等诸多乱象。由表格可知，1913 年 2 月的变象数量远少于 1 月，宗方解释为"这绝对不取决于地方秩序井然的官威之行。其实迎来了农历正月，只是因为民气暂时安静，以及新闻机构的停止，导致了不被大量报道"⑦。

在宗方眼中，"辛亥革命以来，人心荒颓，民德败坏，礼义廉耻荡然无存，外加政体产生的巨变以及阶级制度的破坏，导致上下尊卑的界限全然丧失，民心不知该归向何方，混乱程度已经到达了极致"⑧。虽然中华民国已经建立，但政党林立，政权不稳，其混乱程度与前清相比有过之而无不及。这一时期，中央与地方的关系也愈发恶劣："清帝退位之初，中央和地方的关系一度处于断绝。各省都发表各自的独立宣言"，而二

---

① 时局箴言［N］. 顺天时报. 1912-5-5（2）.

② 注：记载 1913 年 1 月 24 日安徽江苏的兵变时，江西都督拒绝民政长汪来任，安徽都督与人民背道而驰，宗方如此评论. ［日］宗方小太郎. 民国变象统计（1913 年 1 月）［M］//［日］神谷正男，编. 宗方小太郎文书续编. 东京：原书房，1977：275.

③ 注：介绍 1913 年 1 月 25 日四川政变时如此形容. ［日］宗方小太郎. 民国变象统计（1913 年 1 月）［M］//［日］神谷正男，编. 宗方小太郎文书续编. 东京：原书房，1977：277.

④ 注：介绍 1913 年 1 月 26 日江西政变时如此形容. ［日］宗方小太郎. 民国变象统计（1913 年 1 月）［M］//［日］神谷正男，编. 宗方小太郎文书续编. 东京：原书房，1977：277.

⑤ 注：介绍 1913 年 1 月 3 日山西泽州兵变时如此形容. ［日］宗方小太郎. 民国变象统计（1913 年 1 月）［M］//［日］神谷正男，编. 宗方小太郎文书续编. 东京：原书房，1977：281.

⑥ 注：介绍 1913 年 2 月 4 日浙江民变时如此形容.［日］宗方小太郎. 民国变象统计（1913 年 1 月）［M］//［日］神谷正男，编. 宗方小太郎文书续编. 东京：原书房，1977：299.

⑦ ［日］宗方小太郎. 民国变象统计（1913 年 1 月）［M］//［日］神谷正男，编. 宗方小太郎文书续编. 东京：原书房，1977：312.

⑧ ［日］宗方小太郎. 报告第 406 号：时局管见（1913 年 8 月 26 日）［M］//［日］神谷正男，编. 宗方小太郎文书. 东京：原书房，1975：333.

次革命后，地方官员录用及选拔"只看黄金"，虽然袁试图加强中央集权，但诸如"废省设州"的措施仅是"更新了眼前的东西"。这一系列事件造成的影响是"谕旨训令有如雨下，但地方人民所知甚少"。于是，地方自治逐渐发达起来，但地方自治逐渐发达并不能表明政府统一的政令与政策产生了效果，之所以产生这种影响是因为"中国人不喜血腥的怯懦"① 所致。

记者出身的宗方深知掌控新闻舆论的重要性，试图通过办报来传播日本思想。宗方认为，创办日系报刊"一是要打动中国人的人心，二是成为日本对华策略上的据点"②，早在 1896 年，宗方收购了在汉口发行的中文报纸《汉报》，发动反俄舆论，主张"统一黄种之势力，结亚洲为一团"③。戊戌政变前后，该报发表大量维新社论，大力赞颂康、梁，鼓吹维新。此外，宗方一直致力于与各地报人保持联系。例如，《时报》记者李惜诵、冯孤愤是宗方老友，深谙政界信息；《字林汉报》的前任主笔姚文藻更是宗方日记中的常客，常与宗方交换信息。

宗方的记载是了解民初社会的重要材料，但这始终是建立在"搜集情报"以"扩大侵略"的前提下。无独有偶，民初比较著名的日本报人还有主张"保全支那"的龟井陆良。龟井陆良自 1910 年起担任《顺天时报》社社长，努力通过舆论宣传影响中国政情。事实上，龟井之所以主张"保全支那"，是因为他认为"今日日本国力疲乏，尚不具备与欧美为伍和竞争的实力……因此，为保持自己的权益和地位，目前我们必须保全支那"。在龟井看来，以当时日本的实力难以解决满蒙问题，"只有保全支那的领土"，提升日本国力，才能"在保全支那领土的美名之下对付支那"。④

对于身处民初社会的宗方等人来说，共和政府基础薄弱，如果不肃清弊政，巩固中央基础，将"无法挽救颓势"⑤。既然民国共和有名无实，那复辟帝制以"保全中国"便是民心所向，而这又与日本息息相关："天下形势愈发混乱，政治局势日益繁复，共和政府变得薄弱无礼，丈我帝国的责任更大"⑥，其继续"干预中国、分裂中国"的意图不言而喻。

---

① ［日］宗方小太郎. 从上海看革命后的中国（1914 年 1 月）［M］//［日］神谷正男，编. 宗方小太郎文书续编. 东京：原书房，1977：351.

② ［日］中下正治. 汉报と宗方小太郎［J］. 季刊·现代中国. 第 6 号：35. 转引自周佳荣. 近代日本在华报业活动［M］. 长沙：岳麓书社. 2012：209.

③ 刘望龄. 论《汉报》的舆论宣传及其侵略实质［J］. 华中师范大学学报（哲学社会科学版），1985（6）. 99-107. ［日］日笠正治郎. 国士龟井陆良纪念集［M］. 东京：国士龟井陆良纪念集编集会，1939. 转引自刘爱君，徐冰. 20 世纪上半叶在华日本记者的中国认识——以龟井陆良为中心［J］. 东北亚论坛. 第 16 卷第 6 期，2007：117-122.

④ ［日］日笠正治郎. 国士龟井陆良纪念集［M］. 东京：国士龟井陆良纪念集编集会，1939. 转引自刘爱君，徐冰. 20 世纪上半叶在华日本记者的中国认识——以龟井陆良为中心［J］. 东北亚论坛. 第 16 卷第 6 期，2007：117-122.

⑤ ［日］宗方小太郎. 南京视察纪要（1912 年 1 月 17 日）［M］//［日］神谷正男，编. 宗方小太郎文书续编. 东京：原书房，1977：93.

⑥ ［日］宗方小太郎. 南京视察纪要（1912 年 1 月 17 日）［M］//［日］神谷正男，编. 宗方小太郎文书续编. 东京：原书房，1977：93.

四、复辟与否：关于宣统复辟①与洪宪帝制的两种态度

民初政局与社会的混乱让宗方注意到"复辟"的可能。他认为"天下人心已厌共和，讴歌前朝者渐多"② "（共和政府）与尽力经营内外设施的预期相反，不仅在民生上没有体现出丝毫恩惠，反而在前期加倍进行暴敛苛征，令梦想着革命后能有善政的国民陷入了万分危险的境遇"③ "至于各省的政局，旧政的轮廓还完全不得不撤回，新政在其间运行，秩序混乱，不知所归。之所以如此，是党争逐渐激烈，相互排斥攻陷，争夺政权，兵戈相斗"④，而革命以来中国国民对新政府失望、抱怨的原因在于"新政府不仅丝毫没有治国安民，反而让国民陷入水深火热之中，其恶政丝毫不逊于前清，甚至更加恶劣"⑤。时人以为"民国不如大清"在当时是一个较为普遍的看法，主要是因为民国政府应对君主制废除后的处理措施不够。马勇认为，废除帝制"从根本上动摇了绝大多数中国人的信仰"，民众对民初新社会不免感到迷茫，从而不自觉地"眷念前朝"。⑥

对共和已定心怀不甘的宗方认为这是清帝退位的后遗症："宣统退位后，天下大权一旦落在公仆的手里，国民的心理就会发生巨大的变化。在失去信仰标准的同时，崇敬心也在不断减少"，直言"总之，革命的一个作用就是蹂躏四千年的历史，使其在伦常之上达到最大的变异""即便有圣贤出现，也无法拯救此四分五裂之险象。何况欺诈谋利之人（指革命党）更无此能力"。⑦

虽然清帝退位已成定局，但宗方并不灰心，他将目光投向宗社党的复辟活动。⑧ 时人对于宗社党的复辟仅"照例视其为一种帝政党思潮"⑨，但一心谋求复辟的宗方则将其视为民心所向："判断将来的时局，应首先以人心所向为指归"，积极参与其中。

宗社党人认为，"宣统退位仅一年"，应趁"民心对前朝未全忘记，待机复位"。宗

---

① 注：此处的宣统复辟主要指民初宗社党人的复辟活动。

② ［日］宗方小太郎. 报告第 388 号支那的政况（附宣统复位运动）（1912 年 12 月 14 日）［M］//中国社会科学院近代史研究所，近代史资料编辑组，编. 近代史资料总 48 号，北京：中国社会科学出版社，1982：89-90.

③ ［日］宗方小太郎. 报告第 388 号支那的政况（附宣统复位运动）（1912 年 12 月 14 日）［M］// ［日］神谷正男，编. 宗方小太郎文. 东京：原书房，1975：305.

④ ［日］宗方小太郎. 报告第 388 号支那的政况（附宣统复位运动）（1912 年 12 月 14 日）［M］// ［日］神谷正男，编. 宗方小太郎文书. 东京：原书房，1975：307.

⑤ ［日］宗方小太郎. 报告第 388 号支那的政况（附宣统复位运动）（1912 年 12 月 14 日）［M］// ［日］神谷正男，编. 宗方小太郎文书. 东京：原书房，1975：305.

⑥ 马勇. 丁巳复辟再检讨［J］. 安徽史学. 2017（6）：39.

⑦ ［日］宗方小太郎. 报告第 388 号支那的政况（附宣统复位运动）（1912 年 12 月 14 日）［M］// ［日］神谷正男，编. 宗方小太郎文书. 东京：原书房，1975：306.

⑧ 注：从事复辟运动者，多为中国国民之中坚分子，即缙绅士大夫以及在地方上颇有声望之人。宣统复辟运动的根据地主要在青岛和上海。在青岛以恭亲王溥伟为中心，前邮传部侍郎于式枚、前京师大学堂监督刘延琛、前御史王宝田等，为之热心倡导。在上海以江苏阳湖绅士恽祖祁（七十一岁）、恽毓昌父子活动最为积极，和军人张勋、徐宝山、张怀芝、张作霖等有联络，并与升允、长庚、梁鼎芬、辜鸿铭、李经羲、锡良等，声气相通，旧官吏缙绅士大夫之流多属之，有的人似与北京宫廷暗通消息。在当时的中国可以把大部分上流人士视为复辟运动的同志。但他们有志于此却缺少毅力，似多在观望形势，以确定方向。

⑨ ［日］宗方小太郎. 报告第 388 号支那的政况（附宣统复位运动）（1912 年 12 月 14 日）［M］//中国社会科学院近代史研究所，近代史资料编辑组，编. 近代史资料总 48 号，北京：中国社会科学出版社，1982：89-90.

方表示赞同，同时寄希望于袁世凯来推动此事，被宗社党泼了冷水，即"袁非忠于宣统者，其有野心，欲自己称帝，说动他很难"①。此时的宗方仍认为，袁世凯若有此野心，必会遭殃。惟有响应宣统复辟，才可解决眼前之困。劝说宗社党相信袁世凯，未得认可。

1912年12月7日，上海宗社党中的活跃人士恽祖祁及其子恽毓昌来到宗方住处，② 表明他们欲联络江浙，以为自立之策，问宗方是否会施以援助。宗方将宗社党人的活动视为"为国家和睦安定"而采取的行动，美其名曰日本支持中国"领土完整"，允诺道"我作为个人，将毫不踟蹰地赞成此事"。③ 1913年1月17日，恽祖祁及其子又与宗方交流复辟计划，并称辜鸿铭已前往日本探明日本真意。宗方则鼓动宗社党人"揭明旗帜，不能被动于人"。由此，宗方支持宗社党之心昭然若现。

4月7日，张勋之兵和济南第五师之一部联络，拟在山东举事未成，事机败露，为袁世凯所窥知，招致失败。5月31日，宗方与恭亲王在青岛会面，关于袁是否会称帝问题上二者看法不一。恭亲王认为，待袁羽翼丰满，"必至弑宣统帝而自称帝号"。此时的宗方仍然相信袁世凯不会称帝，认为袁至多只是以"总统之名"来行"皇帝之实"。④ 但恭亲王认为袁世凯实为奸臣，不达目的不会罢休。宗方虽不认同，但劝宗社党小心行事。

9月，袁世凯威胁恭亲王解散其党徒，否则当即逮捕且停拨皇室优待费。16日，恽毓昌与张勋联名致电姚文藻，欲邀宗方前往南京议事，但宗方依据日本政府之策，拒绝前往。

1914年初，袁世凯有意起用在上海隐居的郑孝胥为东三省都督，郑与姚文藻密议，计划赴任东三省，联系冯国璋、张勋等人以及宗社党，俟时机成熟，先在东三省独立，"以宣统复辟，恢复君主政体"⑤。对东三省颇为敏感的宗方认为，该计划颇为妥当。一来，可以复辟帝制，二来，日本可以借此控制傀儡政权。

不久，赵尔巽来到青岛，告诉宗方"袁世凯自称没有要背叛大清的意思"，据赵尔巽说，袁世凯"苦于没有大政奉还的机会，暂时忍辱负重，等待时机""等到宣统帝成年时大政奉还，自己任总理辅佐之"⑥。这一说辞，让宗方心生疑虑，不知是其肺腑之言，还是用来诱骗宗社党人的话术。然而，12月汪甘卿在给宗方的密信中揭示了袁世凯对清帝复辟态度背后的真相。即"袁的第一步，是让各省将军巡按使发反对复辟的电

---

① ［日］宗方小太郎. 报告第388号支那的政况（附宣统复位运动）（1912年12月14日）［M］//中国社会科学院近代史研究所，近代史资料编辑组，编. 近代史资料总48号，北京：中国社会科学出版社，1982：90-91.

② ［日］宗方小太郎. 宗方小太郎日记（未刊稿）：1912年12月7日日记［M］. 甘慧杰，译. 上海：上海人民出版社，2016：928.

③ ［日］宗方小太郎. 报告第388号支那的政况（附宣统复位运动）（1912年12月14日）［M］//中国社会科学院近代史研究所，近代史资料编辑组，编. 近代史资料总48号，北京：中国社会科学出版社，1982：92.

④ ［日］宗方小太郎. 报告第400号会见恭亲王之概况（1913年7月5日）［M］//中国社会科学院近代史研究所，近代史资料编辑组，编. 近代史资料总48号，北京：中国社会科学出版社，1982：95-96.

⑤ ［日］宗方小太郎. 报告第412号北京政府当权者的相互猜疑（1914年4月17日）［M］//中国社会科学院近代史研究所，近代史资料编辑组，编. 近代史资料总48号，北京：中国社会科学出版社，1982：100.

⑥ ［日］宗方小太郎. 报告第420号关于世凯心迹的一种疑问（1914年9月24日）［M］//［日］神谷正男，编. 宗方小太郎文书. 东京：原书房，1975：354.

报，再翻译成洋文寄给各国使臣，由他们转呈给各国政府，让他们知道清朝复辟并不是舆情所向。袁的第二步，即是除掉清帝，斩草除根，为了让自己当上皇帝，意欲让各省将军、巡按使打电报发出应让袁当皇帝的请求。这一计划由袁拟稿授意各省，如第一步的复辟案那样让他们发表并译成洋文发往各国"①。宗方虽然认为此时袁世凯可以利用权势把控局势，但"一旦其失去控制，那就有全局崩溃的危险"②。

1915 年，袁世凯称帝意图愈加明晰，一时间民声怨沸。在给日本海军的报告中，宗方毫不掩饰对袁称帝行为的不满。5 月，宗方在分析袁的帝制运动时说："如果袁世凯想要登上帝位，日本绝对不会予以支持"③，直言"日本虽然需要保证袁的地位，但是如果行动不妥当的话，不到一个月时间便会变为袁皇帝万岁的情况。让他成为大总统这件事还可以忍受，对于帮助其登上帝位这件事，则绝对毫无忍耐的余地"④。

袁世凯推进称帝的事宜与宗方和宗社党人的密谋同时进行。至 11 月，"中国的帝制问题以一泻千里之势风靡海内，强力和财力并用，致力于压迫和笼络，布置周到，无所不用其极"⑤。然不论贵贱，"天下人心所向，无士无民，无人诚心讴歌其登极"，诸多政府要员请辞，握有重要兵权的人决然起义。宗方认为，在如此情况下，袁世凯"必须依靠外力来挽回颓势"，而"我国不论袁世凯多么地哀诉叹愿，也决不可予之声援和助力"。⑥

宗方从支持袁担任总统到反对袁称帝这一态度的转变值得考量。民国成立使日本推行君主立宪的愿望破灭。与强烈主张共和的革命党相比，清朝内阁总理大臣出身的袁世凯更能得到宗方好感。民国成立，宗方又将希望寄于图谋复辟的宗社党人身上，认为可利用满汉民族矛盾实现复辟，推行"立宪"。事实上，民国成立之时民族矛盾已得到大幅缓和，一方面"五族共和"思想被广泛接受，另一方面，即使是看似对立的革命党与逊清皇室的关系也并不像宗方预想的糟糕。隆裕太后从宗庙安危及中国安定的角度，制止各地的复辟活动。宗社党人也认为"满汉同种，有何种族之别？"⑦ 虽然袁氏复辟与宗社党人复辟同为恢复帝制，但袁世凯在掌权后亲英联美，冷落日本，是宗方反对其称帝的重要因素。

① ［日］宗方小太郎. 报告第 426 号清帝复辟问题（附支那的现势）（1914 年 12 月 30 日）［M］// ［日］神谷正男，编. 宗方小太郎文书. 东京：原书房，1975：362.

② ［日］宗方小太郎. 报告第 426 号清帝复辟问题（附支那的现势）（1914 年 12 月 30 日）［M］// ［日］神谷正男，编. 宗方小太郎文书. 东京：原书房，1975：363.

③ ［日］宗方小太郎. 报告第 436 号袁的帝制运动（1915 年 5 月 28 日）［M］// ［日］神谷正男，编. 宗方小太郎文书. 东京：原书房，1975：375.

④ ［日］宗方小太郎. 报告第 436 号袁的帝制运动（1915 年 5 月 28 日）［M］// ［日］神谷正男，编. 宗方小太郎文书. 东京：原书房，1975：375.

⑤ ［日］宗方小太郎. 报告第 441 号帝制问题的现况（1915 年 11 月 5 日）［M］// ［日］神谷正男，编. 宗方小太郎文书. 东京：原书房，1975：378.

⑥ ［日］宗方小太郎. 报告第 444 号袁皇帝即位与其之后的政况（1915 年 12 月 22 日）［M］// ［日］神谷正男，编. 宗方小太郎文书. 东京：原书房，1975：382.

⑦ ［日］宗方小太郎. 报告第 388 号支那的政况（附宣统复位运动）（1912 年 12 月 14 日）［M］//中国社会科学院近代史研究所，近代史资料编辑组，编. 近代史资料总 48 号，北京：中国社会科学出版社，1982：90-91.

结 语

纵观民国肇建前后在华日本人的对华认知，不论是民间大陆浪人前期支持共和革命、后期反目、继而转向支持复辟的行径，还是像宗方小太郎等倾向日方主流意见反对共和、蔑视共和、汲汲于支持君主、复辟帝制的行为，背后都是日本国家利益的体现。日本政界、军界表面上看似中立，实则支持清帝，同时默许对革命党人的援助背后，暗含着日本近代对华的"多元外交"方针，而核心目的则是尽可能地扩大在华利益。内田良平、头山满等人寄希望于中国割让满蒙以实现其所谓"解放亚细亚"的愿望，为中国革命筹集经费，四处奔走，称"支那革命，乃二十世纪世界最大之变局"，可类比法国革命，影响"世界机运"①；而当侵占满蒙的愿望破灭时，又转而向日本政府建议采用"高压手段压服其政治社会"②，并主动与川岛浪速合作，支持宗社党复辟。赵军认为，大陆浪人的民间外交"究其实质不过是对大陆政策的更为隐蔽、更为强硬也更具欺骗性的实践"③。两相对比下，以宫崎滔天为代表的民权志士所体现的"世界革命"正义感超越了狭隘的国家利益观，显得格外珍贵。

观照长期生活在清末民初中国社会的宗方小太郎，其对华认识与在华行动则是日本近代"兴亚"政策的缩影。从来华之初模糊的"日中提携"到甲午战后加大对华掠夺，从南北议和期间主张"分裂中国"以维护君主立宪到民国建立时期以"保全中国"之名反对共和、谋求复辟，这些都是宗方依中国时局及时调整的对华态度与行动，唯一不变的是其侵略中国的野心。在宗方的眼中，民国政府的"共和"有名无实，那其"兴亚"之举又有几分真实呢？

值得注意的是，宗方、内田良平等人的对华认识在一定程度上凸显出民国建立的重要意义。近代日本觊觎满蒙已久，或许在内田良平等人的认知中，中国民众主要指汉人，满蒙等地不属于中国，而是满族人的发祥地。然而，至迟在民国肇始之时，"五族共和"观念就逐渐成为统一多民族国家的主流认识。就清帝和平退位、民国接收清朝的一系列举措而言，虽然留下隐患让日本有机可乘，但维护国家领土主权统一，维护民族统一团结，始终是民国建立的重要考虑。换言之，民初政权的相对平稳过渡正是民国肇建的重要意义体现。

>> 老师点评

慧敏同学是我指导的第一位本科生，再加上第一位硕士生薛宸宇同学，当时三人相

---

① ［日］内田良平. 支那改造论［J］. 黑龙会本部，编. 内外时事月函. 1911 年 12 月号：3、11-12. 转引自赵军. "亚洲梦"与日本右翼头山满、内田良平的中国观及对中国革命的参与［J］. 广东社会科学. 2017（5）：87.

② ［日］内田良平. 支那观［M］. 1913：66. 转引自［日］尾藤正英，等. 日中文化比较论［M］. 王家骅，译. 杭州：浙江人民出版社，1992：296.

③ 赵军. 辛亥革命时期日本的对华民间外交［C］// 辛亥革命与 20 世纪的中国——纪念辛亥革命九十周年国际学术讨论会论文集：下. 北京：中央文献出版社，2001：2140.

对、往返论学的场景，如今依然历历在目。最初，慧敏发来短信表达投入门下的愿望，寥寥数语清晰表达出她对近代史的认知和向往，虽然还不无感性，但颇显真诚，从中能感受到她的向学之心，进学的方向感也若隐若现。我很快就答应了她，而她后来的表现也证明了这是一个正确的决定。

在四年的时间里，从每两周一次的读书会，到其他个别的交流，能够感受到慧敏同学勤勉善思。读书能有发自内心的热爱，文字表达也就有了自然流露的顺畅。清丽的文字是其表，用心的阅读揣摩是其根。在大学学习的目标逐渐短期化、效用化的情况下，能够一定程度上领略读书的快乐，是她的幸运，也是为师者难得的欣慰。尤其令人印象深刻的是，有一次师门研读陈寅恪先生纪念王国维先生的系列文章，包括碑铭、挽诗、挽词及序、遗书序等，大家都为其中的高远见识与精神气节所感染，慧敏若有所思，其发言低沉而有力，令人感到往复之韵。后来她参加书院组织的游学团队赴清华，在王观堂先生纪念碑前，特意给我发来短信，追忆当时读书会所思。所谓会心，不外乎是。不止一个人提到，慧敏有书卷气，我想这是中肯的，也是她日积月累、沉潜向内的结果。

这篇毕业论文的题目是师生共同选定的，其间慧敏表现出较强的学习自主性。我开设的"中国现代史料选读"课程，以清帝退位诏书为开端，结合业师桑兵教授《旭日残阳：清帝退位与接收清朝》等相关研究，引导学生多角度认识辛亥鼎革的具体进程、相关因素和历史意义。慧敏同学在课上和课后更广泛阅读的基础上，以宗方小太郎为切入点，带着建立共和的名与实、民国成立的内与外、辛亥革命的成与败等问题意识，重点挖掘《宗方小太郎文书》《宗方小太郎日记》等材料，与其他各种材料比勘印证，对民国肇建的内外纠缠、表里参差，做了有益的探讨。就本科毕业论文而言，这篇论文很好地体现了融合课程内外、自主寻找选题、整理解读史料、细密深入分析、温故以求知新的学习路径与专业训练。文中当然还存在很多的不足，比如议题的张弛、评断的分寸等，但诉诸来日，仍然前途可期。期待慧敏同学能在将来的学习中持续进步，不只增长知识，更能涵化人格，收获充实而有光亮的人生。

论文指导老师、学业导师：余　露

1905 年粤汉赎路借款以膏捐作抵始末探析

2018 级　黄文婷

摘　要：晚清借款抵押物的名目众多，常见的有关税、铁路、地方财政等。1905 年张之洞为收回粤汉路权向英国借款，该项赎路借款以湖北、湖南、广东三省膏捐作为抵押。根据已有的外债统计，膏捐在晚清史上仅此一次作为借款抵押。粤汉赎路款以膏捐作抵背后有多方面的原因，除了膏捐自身条件之外，英国和张之洞都有各自的考量。英人欲通过推动膏捐作为抵押，在膏捐征收问题上掌握一定的话语权。同时，张之洞也有希望借膏捐作抵达成的财政诉求。此外，在晚清实行各省土膏统收的背景下，这一事件也引发了中国内部的各方反响，进而反映出膏捐作抵与当时内政间的关联。探究粤汉赎路款以膏捐作抵的始末因缘，可为从财政史角度考察晚清内政外交、中央与地方关系提供一条思路。

关键词：晚清借款；粤汉铁路；张之洞；膏捐

绪　论

（一）研究背景

晚清的赔款与改革都需要长期的资金支持，在内部财力难以支撑的情况下，对外借款是当时财政离不开的议题。各项建设中，铁路修造需要较高的技术，并耗费大量人力、物力，因此近代铁路往往需要借外债兴修。但在路权意识兴起的背景下，各地官绅一度极力主张铁路自办。粤汉铁路收归自办是晚清赎路案例中的典型。最初，美国合兴公司承包了粤汉铁路的修建，但是，因内部经营问题，合兴公司修路效率低下且违背定约。于是张之洞代表三省官绅争取废除合同，最后与美方达成协议，以赎约的方式将粤汉铁路收归自办。面对美国合兴公司开出的高额赎约费用，张之洞选择向英国驻香港总督借款一百一十万英镑以赎路，该项赎路借款的抵押物为鄂、湘、粤三省膏捐。膏捐是鸦片税的一种，它在清末财政整顿背景下增收显著，甚至一度占据中央和地方收入的大部，却极少作为借款抵押。

根据徐义生主编的《中国近代外债史统计资料》，晚清外债抵押物以关税、厘金、矿物、铁路等为主，烟酒杂税尚且有三次。以膏捐作为抵押，在现有的记录中，只有粤汉赎路借款一次。[①] 而膏捐之所以能够成为粤汉赎路借款抵押，并非偶然。结合当时国内外各项因素来看，膏捐作抵这一结果既有纵向财政制度变迁的推动，亦蕴含着横向几方势力各自的考量。探析粤汉赎路以膏捐作抵的前后因缘，将有利于以更为全面的视角认识铁路外债史、膏捐相关财政史。然而无论是粤汉铁路相关领域，还是以膏捐为主体的财政史研究，都缺乏对这一事件足够的关注。

粤汉赎路、膏捐在各自的研究脉络中界限分明，然而历史事件的发展并不能作块状的切割，二者在赎路借款问题上的交汇，为以整体视野考察晚清内政外交、政治经济、中央与地方关系提供了一个窗口。把粤汉赎路借款以膏捐作抵这一事件，放置于晚清外交、内政的双重线索下考察，并结合张之洞借款前后的行为逻辑，探寻膏捐作抵与内部财政整顿间可能存在的联系，将有助于理解晚清政治制度与人事运作之间的关联。

（二）研究现状

以粤汉铁路为主体的研究在 20 世纪 90 年代以前较少，为数不多的研究也较为片面，带有"收回路权"的单一印象。21 世纪以后，学界对粤汉铁路的研究增多，这些研究关注铁路修造与社会区域经济关系，官商民合作与矛盾，以及围绕铁路修造展开的省际合作等等方面，[②] 呼应了铁路修建同中国内政、社会经济间联系的研究取向。[③] 不过总的来看，近年对粤汉铁路相关问题的研究多集中在修路造路一端，而针对粤汉铁路废约赎约相关史事的研究则止步不前。粤汉铁路的收回正值清廷需筹还庚款、举办新政的多事之秋，负责后期废约、赎约谈判的张之洞，也是晚清史上不可忽视的重要人物。[④] 若将粤汉赎路置于中国内政的视角之下，则可发现赎路过程中复杂的人事、制度勾连，以及多方力量的紧张关系。

---

① 徐义生，主编. 中国近代外债史统计资料 [M]. 北京：中华书局，1962：10-98.

② 注：这几个方面的研究中比较具有代表性的有黄小彤. 晚清湘绅与粤汉铁路 [J]. 求索，2004（12）：246-250；曾科. 从"缓办"到"速办"：张之洞与粤汉铁路 [J]. 求索，2007（9）：11-12；庞广仪. 粤汉铁路早期历史研究 [D]. 苏州大学博士论文，2009；朱从兵. 张之洞与粤汉铁路：铁路与近代社会力量的成长 [M]. 合肥：合肥工业大学出版社，2011；蔡礼强，左玉河. 从废约自办到官商合办：杨度与清末粤汉铁路 [J]. 湖南社会科学，2011（4）：213-217；张卫东. 清季报刊与粤汉铁路借款谈判 [J]. 江汉论坛，2016（12）：118-125；张卫东. 粤汉铁路与近代湖南社会变迁研究综述 [J]. 中国经济与社会史评论，2016（1）：255-282.

③ 注：从晚清到 20 世纪五六十年代，涉及铁路外债的著作多为宏观性质，且强调铁路外债"丧权剥利"之一面，重在呈现上层借款与列强交涉的情况，对社会层面关注不多。20 世纪八九十年代以后，专门以"铁路外债"为主题的著作更多地涌现，基本内容多由外债发展历史、外债类别、外债抵押三个部分组成，使铁路外债研究呈现出更丰富的细节，牵引出晚清内政与铁路外债之间的关联。21 世纪以后，学界继续在"铁路外债与中国内政"这一大方向上深入研究。个案研究增多，研究涉及的面相也更为广泛，如铁路借款中体现的官商关系、中央与地方矛盾，舆论界对铁路外债与主权的认识，以及因赎路兴捐扰民引发的官民冲突等等。总之，目前的研究基本上围绕着铁路外债对中国内部政治经济、社会生活的影响展开，进而展开对近代内政外交之间的联系、中央和地方关系、省际矛盾与合作、以及官绅民在铁路问题上扮演角色等方面的思考。

④ 注：关注张之洞在此一时期活动的著作中，比较具有代表性的有冯天瑜，何晓明. 张之洞评传 [M]. 南京：南京大学出版社，1991：138-149；冯天瑜，陈锋. 张之洞与中国近代化 [M]. 北京：中国社会科学出版社，2011；李细珠. 张之洞与清末新政 [M]. 北京：中国社会科学出版社，2015. 这些著作都涉及庚子赔款、新政压力之下，张之洞的财政观念与改革措施，以及在铁路修建上所扮演的角色。但是目前相关著作对张之洞在粤汉赎路问题上的细节呈现较为有限，由张之洞牵头的围绕鸦片税展开的财政改革，在具体落实中引发了怎样的人事勾连，亦有可进一步探讨的空间。

同时，为支付高额赎路费用，张之洞向英国驻香港总督借款一百一十万镑，以湖北、湖南、广东三省膏捐作抵，大多研究对此只是简单提及，对赎路款项的来源与条件缺乏充分的考察。近代财政史相关著作都会提及鸦片税中膏捐的制度变化，但多将之放入晚清财政整顿的大背景下略而言之，[①] 对膏捐制度演化的细节展现较为有限。不过，近年涌现了不少以鸦片税为研究对象的著作，[②] 其中，林满红《晚清的鸦片税（1858—1906年）》对晚清鸦片税制的变化做了细致的梳理，通过统计数据展现了膏捐在当时财政体系中所扮演的角色。何汉威《清季国产鸦片的统捐与统税》关注清末与膏捐相关的统捐、统税，分析了其间制度变化的原因与细节。刘增合《鸦片税收与清末新政》则重点考察了统捐、统税之下，中央与地方的矛盾，朝中各部门各派系的分歧，呈现出更为动态、鲜活的财政史研究取向。不过既有成果俱未涉及膏捐作为粤汉赎路借款抵押这一特例。在国内膏捐征收改章背景下，此一时期膏捐作抵的特殊性有值得进一步探讨的空间。

一、从废约到赎约：粤汉赎路借款背景

粤汉铁路从兴办到最后建成，历时极长，经历了几番波折。粤汉铁路的承办主体经历过几次变化，最初的一次变化是从被美国合兴公司承包转移到归鄂、湘、粤三省自办。这一转变的起因是，一方面，美国合兴公司因受到美西战争的影响，迟迟未能动工，修路效率过低。[③] 另一方面，美国合兴公司因内部经营问题，私自将三分之二股份售与比利时公司。合兴公司违背了粤汉铁路修造合同中的第十七条，即不得将合同转售他国及他国之人。[④] 比利时与法国有密切的联系，京汉铁路已为比、法合办，若合兴公司由比利时人接管，则中国南北干路路权将皆为比、法两国把持。同时，法与俄联，若在京汉、粤汉两路的基础上再加以俄人在东三省的铁路线，中国将腹背受敌。因此，在得知合兴公司违约后，铁路总公司大臣盛宣怀开始与合兴公司谈判。湖广总督张之洞则力主废除与合兴公司签订的合同，且亲自参与废约谈判。

光绪三十年（1904）二月后，废约谈判主要由张之洞和当时的驻美使臣梁诚负责。然而，合兴公司不愿接受废约，美国政府亦开始干预。光绪三十年（1904）十二月，美国富商摩根（Pierpont Morgan）从比利时公司手中收回了大部分股份，美国人重新掌

① 注：涉及近代鸦片税制流变的整体性财政史著作中，较具代表性的有罗玉东. 中国厘金史 [M]. 北京：商务印书馆，2010；周育民. 晚清财政与社会变迁 [M]. 上海：上海人民出版社，2000；[日] 岩井茂树. 中国近代财政史研究 [M]. 北京：社会科学出版社，2011.
② 注：何汉威. 清季国产鸦片的统捐与统税 [M] // 全汉昇教授九秩荣庆祝寿论文集全体执笔人. 薪火集：传统与近代变迁中的中国经济. 台北：稻乡出版社，2001：545-593；刘增合. 鸦片税收与清末新政 [M]. 北京：生活·读书·新知三联书店，2005；陈勇. 鸦片税政演变与晚清中央、地方利益之调整 [J]. 中国经济史研究，2009 (2)：27-34；周育民. 清季鸦片厘金税率沿革述略 [J]. 史林，2010 (2)：57-69；林满红. 晚清的鸦片税（1858—1906年）[J]. 国家航海，2016 (3)：31-81.
③ [英] 肯德 (P. H. Kent). 中国铁路发展史 [M]. 李抱宏，等，译. 北京：生活·读书·新知三联书店，1958：107.
④ 民国丛书编辑委员会. 交通史路政编 [M]. 北京：铁道交通部交通史编纂委员会，1935：14.

握了合兴公司的主导权。摩根收回股份之后，合兴公司已不存在股权转移他国的问题，废约谈判失去其原本依托的理由，遭遇瓶颈。然而随着谈判的推进，废约之说已然喧腾于报纸，激发社会舆论和三省绅民的强烈反响。路权收回势在必行，难以回转。

张之洞为挽回利权，不得不以商务往来形式回避美国政府的干涉，改废约为赎约。而赎约则意味着中国需要面对合兴公司提出的苛刻条件，合兴公司开出的赎约费用为675万美金，其中合兴公司已售未售的借票价值占据赎约费用的三分之二。对于这项赎款，梁诚认为可以先让美方摩根承购借票，中方分年向摩根偿还本息，如此可不必现筹巨款。相反，张之洞主张一次性清还，费用可另借他国之款。理由是，一方面，可避免留存大宗借款于美人之手，另一方面，此次赎约是为赎回路权，路权收回之后修路也需要大笔费用，张之洞认为修路当由国人自行承担，届时修路还需大笔费用，此时不宜在赎路费用上自我消耗过多。

最终，通过英国驻汉口领事法磊斯（Everard Duncan Home Fraser）的介绍，张之洞向英国驻香港总督借款一百一十万镑，年息四厘半，三省以七成分摊，湖南、广东各三成，湖北一成，本利分十年摊还。此项借款以湖北、湖南、广东三省膏捐作抵，并规定，借款未还清之前，三省膏捐均不得被用作其他借款抵押。如果三省未能按期还款，所欠金额将从膏捐收入中扣除。若膏捐收入亦不能应付，则由湖广总督查明系何省还款不敷，即由何省以其他税厘归还此款。[①]

二、以膏捐作抵：膏捐自身条件及英人的意图

粤汉赎路相关史事，已有不少学术论著探讨分析，惟张之洞向英国借款以三省膏捐作为抵押一节，目前研究尚属空白。膏捐作抵的情况在整个晚清史上十分少见，究其原因，与鸦片税征收制度变化有着密切的关联。一方面，各省膏捐是在晚清财政整顿的背景下得以增收，整顿之前膏捐收入微薄不适合作为抵押。针对膏捐的整顿恰在粤汉赎路前后展开，膏捐的增收潜力以及实际的收入成果也在这一时期显现。不过另一方面，1906年禁烟上谕发布之后，各省鸦片税相关收入又开始逐年递减，膏捐作为借款抵押的情况也因此不再有。纵观晚清史，膏捐的增收可谓昙花一现，而恰恰在这昙花一现的期间，膏捐被用以作为粤汉赎路款抵押，实际上正说明膏捐作抵并非偶然事件。值得注意的是，除了膏捐自身条件变化这一历史因素使然外，英国方面和牵头借款的张之洞，俱对膏捐作抵有着各自的考量。

（一）膏捐自身的条件

膏捐此前鲜少作为抵押，却在1905年突然被摆上粤汉赎路借款的舞台。这一情况与膏捐征收本身的制度变化是分不开的。鸦片税的征收始于清政府镇压太平天国运动时期。因饷源不足，清廷弛禁鸦片并从中抽税。[②] 进口鸦片弛禁之后，中国自产的鸦片也逐渐开始征税。全国普遍征收土药税是在1886年前后。[③] 就类别而言，鸦片税可以分为

---

① 铁道部，编. 铁路借款合同汇编：第2册 [M]. 1937: 1-6.
② 刘锦藻. 清续文献通考：卷五十 [M]. 民国景十通本.
③ 林满红. 晚清的鸦片税（1858—1906年）[J]. 国家航海，16: 32.

货物税、营业税和临时税。① 不过，进口鸦片和自产鸦片，也即时谓洋药、土药，在各税收项目上的税率、税额大多有所区别。根据光绪十一年（1885）中英签订的《烟台条约续增专条》，洋药运入内地销售，若要交纳税捐，不得比土药交纳的税捐高。同时，政府亦不能另外设置其他专门面向洋药的税目。②

尽管每年洋药、土药的产销都不在少数，但是清廷在鸦片税的征收上却存在两方面的困境。一是在《烟台条约续增专条》的规定之下，中国若想加征洋药税目则将面临来自英方的压力，因而只能从自产土药入手。但若在土药上苛征过度，亦将引发土药商人的不满，加剧偷漏走私的情况，反而不利于保证土药税的正常征收。二是，其实单就土药税而言，土药税并非传统税收，官府并没有设置严格的征收程序，内地关卡又不似海关严格，官员征多报少的情况并不鲜见。

在晚清财政扩张的背景下，清廷注意到鸦片税收尚有可待发掘的空间。光绪十六年（1890）四月，清廷下旨要求各将军、督抚整顿土药税厘，查清各地鸦片出产行销数目按季度上报，并且严查官员私收情况。尽管如此，由于各省税率不一，不少商人选择绕道以寻求利益最大化，其中多有偷漏，土药税收还是未能获得重大增长。此外，洋药税厘由海关并征，于内地通行无阻。运输时部分商人将土药夹在洋药中，以蒙混过关、减少交税的情况亦时有发生。总的来看，晚清鸦片税存在的弊端主要由两个方面引起，一是各地税制不一致，二是洋药、土药的税制与征收方式不统一。晚清在鸦片税上的整顿多针对这两个方面展开，其中各省膏捐制度变更中所呈现的有效性尤为瞩目。

膏捐是针对生药熬制成的烟膏征税，属于鸦片营业税的一种，一般由城乡官员以日为单位向各地烟馆征收。特殊的是，膏捐在鸦片税范围之内，但亦可视作中国内部货物税的一种。烟膏属于熟药，和生药不同，征税时不需要区分洋、土税率。而恰因膏捐征收不分洋、土，围绕着它展开的整顿措施往往较为有效。

地方官员按日向各烟馆征收膏捐，这一征收方式不但繁琐扰民，而且滋生大量偷漏问题。光绪二十八年（1902），张之洞在湖北推行"就土预征膏捐"，对膏捐征收方式加以改善。具体方案是，经过湖北地方关卡的生药，如需上岸落地售卖，就需要在缴纳完烟土正税之后运入官栈。生药出栈时，官府以生药为计算单位提前征收熟膏捐。③ 为了寻求两湖利益最大化，光绪二十九年（1903），端方牵头开启两湖合办土膏统捐，湖南和湖北都预征膏捐，税率保持一致，两湖收入盈余拨充枪炮厂经费。④ 两湖统捐略见成效后，光绪三十年（1904）五月开始，鄂、湘、赣、皖四省合办统捐。四省统捐的办法

---

① 注：根据林满红的梳理，货物税包括关税、厘金、内地过境税，一般由中央或省级政府征收，营业税则由县级政府征收，临时税一般是各种加捐，如清末的鸦片牌照捐，税额不定，正常情况下由县级政府征收。

② 王铁崖，主编. 中外旧约章汇编：第1册 [M]. 北京：三联书店，1957：487.

③ 注：具体的预征方案是，"拟令于宜昌土税局完正税后，即于宜昌另设一膏税局，豫完膏捐，宽以限期，于三个月在汉口缴银，众商均各乐从。为膏税较重，恐土商由重庆运宜昌改完子口，冀免膏税。兹拟无论洋药土药之到宜昌、沙市、江汉各关者，如完税后，上岸落地售卖均需入官栈，即于出栈时豫征膏税。此系出之买主，以作鄂省赔款之用"。致荆州濮道台（光绪二十八年二月初九日）[M] // 赵德馨，主编. 张之洞全集：第10册. 武汉：武汉出版社，2008：360.

④ 统办膏捐充枪炮厂经费折（光绪二十九年十二月）[M] // 沈云龙，主编. 端忠敏公奏稿：第3册. 台北：文海出版社，1966：103.

基本上与两湖统捐保持一致。[①] 此外，两广也在同年十二月实行统捐。[②] 各省根据自身情况，在一定范围内进行联合，使得各自烟土税捐的收入有了不同程度的增长。

表1 1902—1904年各省膏捐整顿情况[③]

时间	事件	膏捐税额
光绪二十八年（1902）三月	湖北"就土预征膏捐"	每土一两收膏捐 十足钱一百文
光绪二十九年（1903）腊月	两湖统捐	每土一两收膏捐 十足钱一百文
光绪三十年（1904）五月	四省统捐	每土一两收膏捐 十足钱七十文
光绪三十年（1904）十一月	两广统捐	每土百斤收膏捐 库平银七十两

注：各地膏捐税额单位不一，湖北、湖南、江西、安徽多以两为烟土重量计算单位，以文为收费单位，而两广则按照每百斤收库平银若干为标准。根据当时报刊显示，每十足钱一千文约为库平银8钱，也就是每一千文相当于0.8两。烟土单位两和斤的换算方式是，每1两为0.1斤。以两广的征收单位视之，两湖统捐每土1两收膏捐100文，也就相当于每土100斤收膏捐库平银80两，四省统捐则相当于每土100斤收膏捐库平银56两。

在这些整顿措施实施之前，各省膏捐收入微薄，因此膏捐从前极少作为抵押物。经过三省的整顿后，膏捐收入增长。根据地方官员的汇报，光绪三十年（1904）湖北全省

---

① 注：四省统捐的具体内容是"赣、皖统捐，由鄂过境者归鄂并征，不由鄂过境者归赣、皖自征。鄂、湘统捐去腊开办，奏咨有案。赣、皖统捐五月抄甫经试办，须俟数月后查看情形，再定行止"。致京户部（光绪三十年八月十九日）[M]//赵德馨，主编. 张之洞全集：第11册. 武汉：武汉出版社，2008：156.
② 两广合办土税膏捐现行章程 [N]. 申报，1905-7-10 (10).
③ 注：表中湖北预征膏捐税额来自，致荆州濮道台（光绪二十八年二月初九日）[M]//赵德馨，主编. 张之洞全集：第10册. 武汉：武汉出版社，2008：360. 两湖统办膏捐税额来自，统办膏捐充枪炮厂经费折（光绪二十九年十二月）[M]//沈云龙，主编. 端忠敏公奏稿：第3册. 台北：文海出版社，1966：104. 四省统捐膏捐税额来自，四省合办土税膏捐现行章程 [N]. 申报，1905-7-10 (9). 两广统捐膏捐税额来自，两广合办土税膏捐现行章程 [N]. 申报，1905-7-10 (10).

各局共收入膏捐一百四十九万七千七百六十余串。① 湖南和湖北合办后，负责汇总统办收入的孙廷林也向张之洞表示，合办后两湖税捐较去年可望新增一倍。② 张之洞清楚两湖膏捐收入的大致情况。两广合办后，广东方面膏捐收入亦较此前增加。③ 并且，膏捐虽是新兴税收，但用途广泛，被用以还款、练兵、兴学，已经逐渐成为三省财政体系中的重要一环。因此，在膏捐收入增加，并在财政体系中地位上升的情况下，膏捐能够上得抵押物的台面，不会因微薄或边缘以至于得不到债权人的承认。这是膏捐作为此次赎路借款抵押一项最基本的条件。

（二）英人的意图

除了膏捐自身条件之外，按照张之洞的说法，以膏捐作为抵押这一条件，是英国人主动提出的。光绪三十一年（1905）四月二十九日，张之洞发电文询问端方对赎路款来源的意见时，说道"鄙意拟向英商筹借数百万，英商欲以两湖膏捐作保"④。那么膏捐对于英国方面来说有着怎样的吸引力呢？

其实，从对膏捐的制度梳理中也可以看出，中英签订的《烟台续约》是洋、土药税制变更的一大障碍，英国人的意见与中国的鸦片税征收方式相伴始终。不过，重压之下亦有对策和寻求变通的空间。早在1893年就有人提出"洋药之税既无可加，而亦无庸加，则惟有俟其熬膏后再议抽厘，税土则其权在人，抽膏则其权在我。以洋货变成华货，权自我操，虽英廷不得挠我自主也"⑤。膏捐的抽收恰恰呼应了"变洋货为华货"这一想法，而这项税制也多引起英国人的反感。

不少地方的英领事都曾干扰官府抽收膏捐。1902年广东欲抽膏捐，遭到广州英领事的阻挠。英领事声称鸦片入口中国时已经缴纳重税，如果再抽膏捐则将于英国鸦片贸易大有妨碍。⑥ 扬州实行按土认捐，英领事认为此事与《烟台续约》不符，应另筹办

---

① 注：1904年湖北全省膏捐收入数据来自，荆州孙道台来电（光绪三十二年四月初八日）[M]//中国社科院近代史所，主编. 近代史所藏清代名人稿本抄本第二辑：第106册. 郑州：大象出版社，2014；131. 张之洞在光绪三十一年（1905）五月十四日致端方的电文中说道，"实收……十足钱三十五万零七串有奇，每串作银八钱，计合银二十八万两有奇"。据此可知光绪三十一年（1905）前后每一串十足钱相当于银8钱，也就是0.8两。根据当时报刊数据显示，不同年份、地区银钱比率不一，两湖每串相当于银6至8钱，光绪年间在此范围内浮动，张之洞以每串作银8钱，大致不误。"制钱一万六千七百一十八串，照湘省市价每串合库平银七钱，共成足色实银一万一千七百零二两六钱。"光绪二十一年十二月初二日京报全录[N]. 申报，1896-2-2（1）. "近接鄂中友人来函云，从前每制钱千文合银六钱余者，近日总在八钱左右，小民已愁苦难堪，不料日来钱价更复陡增，每银一两仅易制钱一千一百三十四文，每串竟合银八钱。"方兄增价[N] 申报，1897-11-11（1）. 由此，可以认为光绪三十年（1904）湖北全省各局收入膏捐一百四十九万七千七百六十余串，也就约在八十九万八千六百五十六两至一百 十九万八千二百零八两之间，这一收入不可谓不丰厚。

② 注：宜昌孙道来电（光绪三十年七月二十八日）[M]//中国社科院近代史所，主编. 近代史所藏清代名人稿本抄本第二辑：第99册. 郑州：大象出版社，2014；592.

③ 注："自光绪三十年（1904）十一月初一日开办起，至三十一年（1905）正月底，止三个月内，共征收土膏统捐银五十二万八千七百三十余两，内除拨还西省过境税银二万六千八百七十余两外，实收本省统捐银五十万一千八百七十余两。"中国第一历史档案馆，主编. 光绪朝朱批奏折：第78辑[M]. 北京：中华书局，1995；841.

④ 致长沙端抚台（光绪三十一年四月二十九日）[M]//赵德馨，主编. 张之洞全集：第11册. 武汉出版社，2008；207.

⑤ 续上节饷减厘论[N]. 申报，1893-1-9（1）.

⑥ 政象时评·英阻烟税[N]. 新民丛报，1903（29）；73.

法。^①福州绅商认办膏捐，英人主动请缨介绍外国商人承办膏捐，意在利益共享，有意介入中国官府在膏捐抽收上的权限。^②不过，各地英领事抗议或活动的结果多未能完全遂意，最终双方各退一步，各地膏捐照常抽收，只是征收方式更偏向于中国内部货物税，不实行就土完纳。

膏捐征收的对象虽然包括洋药，却并不能为洋人完全掌控，外国商人欲在膏捐上获得利益的情况并不稀见。在光绪二十八年（1902）前后，有法国商人提出承办中国各省烟膏的熬制与售卖，方案是要求中国将十八省的土药、洋药皆交给该商人熬制发售，并且禁止民间私自熬膏。法国商人表示若能实行该方案，将来获利当与中国均分。德国某商人听闻后，亦前往北京与法国商人争办。不过最终，两国商人的请求都被张之洞以"是于二赤外又添一国把持我财政大权，如何立国，且必于十八省腹地遍有洋员查禁私膏私土，骚扰滋事，为害何穷"^③为由阻止下来。日本的小田切亦劝中国办理官膏，建议由日本商人协助实行，雇佣日本工师熬膏。^④从这些例子就能看出，外国商人已然关注到中国各省膏捐背后隐藏的收入潜力，并对这一收入有所垂涎。

同样的，英人要求赎路款以三省膏捐作抵也就不难理解了。第一，一旦三省未能如期还款，欠缺的金额则可用膏捐收入抵补。既然三省膏捐收入能为英国所揽，那么英国自然可借此与三省商谈膏捐征收税率的高低。第二，根据赎路借款合同，在此项赎路款还清之前，三省膏捐均不能再作抵押，也不能与其他借款平行办理，且还款时长是十年。也就是说，在十年之内，英国有机会在三省还款不敷的情况下掌控三省膏捐收入。即便不能掌握，也能够以抵押为由阻止其他国家插手三省膏捐。

三、被动接受抑或主动推进：张之洞在膏捐作抵上的考量

（一）张之洞对膏捐作抵的态度

其实，以膏捐作为赎路款抵押并非全然出自英国人的意思。第一，张之洞首次提到以膏捐作为赎路款抵押，是在光绪三十一年（1905）四月二十九日致端方的电文中，此前驻美使臣梁诚在通信中已经告知张之洞，支付赎约金，尚且有三个月的期限。最终英国方面代为汇款至合兴公司的时间，也是在同年的八月份。可想而知，如果张之洞无意以膏捐作抵，大可利用这段时间与英国磋商，在赎路抵押问题上并非完全没有商量的余地。第二，起初只有两湖计划联合向英国借款，广东方面岑春煊原是准备借民款三百万

① 仍办膏捐［N］. 申报，1903-11-30（1）.
② 意办膏捐［N］. 申报，1901-9-12（1）.
③ 注：致京袁制台、江宁刘制台（光绪二十八年三月初三日）［M］//赵德馨，主编. 张之洞全集：第10册. 武汉：武汉出版社，2008：367. 其中"二赤"指的是赫德，单就海关税务司一职来看，英人就已经能在很大程度上把持中国财政大权。张之洞反对法德商人承办膏捐的言辞，固然有对实际危害的夸大，但从侧面亦可反映，相比其他国家，英国对中国内部财政影响最深。也恰因英国在华利益上的一头独大，其他国家多有不满，并在中国各项财政收入上寻求可以插手的空间。
④ 致江宁刘制台（光绪二十八年三月二十七日）［M］//赵德馨，主编. 张之洞全集：第10册. 武汉：武汉出版社，2008：373.

以应急。① 五月十五日，张之洞发电文致岑春煊，建议广东与两湖一同借英款，且以本省膏捐作为抵押，② 最终岑春煊应允。

可见，以膏捐作为此次赎路款抵押，并非张之洞全然被动接受英国条件的结果。甚至，从张之洞的前后行动中可以看出，他认同并希望膏捐作为借款抵押，且有意推动广东和两湖在膏捐作抵问题上保持步调一致。

不过，值得注意的是，在合同正式签订之前，张之洞以三省膏捐作抵是秘密进行的。

首先，张之洞在建议广东方面也以膏捐作为抵押时，就曾提醒岑春煊"尊处似宜以广东膏捐作抵，但须秘密，不可预令部知"③。其次，在赎路款合同正式签订之前，张之洞本人对借款以膏捐作抵这一条件避而不言。签订赎路借款合同后，英国需要中国外务部将上谕照会立案，有此凭证才能给合同画押。光绪三十一年（1905）八月初五日，张之洞致电军机处、外务部，嘱托若英国使臣来问，请告之其借款事已经奉旨获得准许。④ 而张之洞所获得的"准许"，即他曾在七月十二日的电奏中陈明合兴公司草约情形，随后得到"著照所请办理，外务部知道"的回应。张之洞以这一回应告知英方作为凭据。但值得注意的是，七月十二日，张之洞确实在电奏中说明了赎路借款合同的基本内容，但内容的呈现却带有一定的选择性。在说明赎路借款条件时，张之洞提到了还款期限、利息、以及抵押物非路权这几点，但是不曾说明代替路权的最终抵押物是什么。⑤ 且由于粤汉赎路借款是以地方而非国家为借款主体，如赎路借款合同末尾所言，"此合同用华文英文缮成六分，一交湖广总督衙门，一交两广总督衙门，一交湖南巡抚衙门，一交香港总督，一交驻京萨大臣，一交汉口英领事存案"⑥。借款合同不会抄送给中央，因此，合同中的具体内容与条件，中央各部门实际上是不清楚的。

总的来看，张之洞有意推动三省膏捐作为赎路借款抵押，但在合同签订前，却极力避免让此事为中央所知。他之所以隐瞒膏捐作抵这一条件，和当时中央与地方就膏捐收入分配产生的矛盾，以及国内的膏捐政策变动有着重要的关联。

（二）膏捐政策变动的影响

早在商谈赎路借款之前，两湖和中央在膏捐收支问题上就存在矛盾。张之洞整顿膏

① 张之洞收广州岑制台来电（光绪三十一年四月二十一日）[M] //中国社科院近代史所，主编. 近代史所藏清代名人稿本抄本第二辑：第102册. 郑州：大象出版社，2014：447.

② 致广州岑制台、张抚台（光绪三十一年五月十五日）[M] //赵德馨，主编. 张之洞全集：第11册. 武汉：武汉出版社，2008：214.

③ 致广州岑制台、张抚台（光绪三十一年五月十五日）[M] //赵德馨，主编. 张之洞全集：第11册. 武汉：武汉出版社，2008：214.

④ 致军机处、外务部（光绪三十一年八月初五日）[M] //赵德馨，主编. 张之洞全集：第11册. 武汉：武汉出版社，2008：230.

⑤ 注：具体内容如下"现在此项赎路之款，三省绅民以急切难得现款，必须先借外债再行陆续筹还。又以偿费数巨，摊认不无为难。坚属之洞统筹合借，再为酌数分派。当向英国商妥，暂借金英一百十万镑，约合华银八百万两，以十年清还，年息四厘半，不折不扣，并不须以铁路作抵。已由英领事将草合同送来，准可作数。"粤汉铁路争回自办赎款三省筹还致军机处、外务部（光绪三十一年七月十二日）[M] //赵德馨，主编. 张之洞全集：第4册. 武汉：武汉出版社，2008：550.

⑥ 铁道部，编. 铁路借款合同汇编：第2册 [M]. 1937：6.

捐原本的目的是筹集庚子赔款，根据每月上报的赔款记录来看，自从光绪二十八年（1902）加抽膏捐，湖北省每月赔款确实大多由膏捐收入承担。除此之外，在请办膏捐的上奏中，张之洞也陈明，除了赔款之外，膏捐还将用以兴办地方自强要政，[①] 即补贴练兵、兴学等事项。两湖合办膏捐的初衷亦如此。

但是，在光绪二十九年（1903）冬两湖统捐酝酿开办之时，端方上奏请以两湖统捐中增收部分作为湖南枪炮厂经费，而这一请求却被政务处、练兵处驳回。二者要求"鄂省与湘省合办既无偷漏之虞，即有增收之数，亦应另款存储以备练兵处提拨"[②]。这一规定对湖北、湖南的膏捐使用都做出了限制，张之洞十分不满。随后在光绪三十年（1904）八月，张之洞以"圣意以出械尚少，谆谆以扩充制造"为契机再次上奏，力陈湖北枪炮厂的经费不足以致制械效率低下的情形，并上言"夫既责以扩充自宜增其经费，若本身筹办之款尚不能归入制械之用，将何从多购新械，何法可臻完备乎……将来鄂厂出械日多，既可以备练兵处提拨之用，供练兵处之械即与共练兵处之饷无异"[③]。张之洞唯有再三力陈练兵紧迫，才最终得到中央的批准。不过，张之洞也只是争取到土膏统捐全部收入中，除去京饷和支付庚子赔款项目之外的盈余部分。同时，"供练兵处之械即与共练兵处之饷无异"一语，既是请求，也是条件。可见，在湖北抽收膏捐、两湖统办之初，湖北获取自用经费的过程就已经十分艰难。

膏捐虽然是新增税收，但是在两湖、四省、两广统捐中呈现出较大的增收潜力，当此国家、地方都急需款项进行赔款与建设之际，各地烟土税收的增长也引起了中央官员的关注。兵部侍郎铁良为练兵南下筹款，探查各省财政情况，了解到各省统捐所带来的收益后，构思出八省统捐。铁良上奏称，鄂、湘、赣、皖四省以及两广开办统捐后，在鸦片税收上已见显著增收趋势，若能进一步联合多省合办，必能在收入上看到更大的效果，"窃思四省合办既有成效可观，至两广苏闽亦系云贵川土营销所及之地，若任由各省分办，恐沿途偷漏散漫难稽。倘能合八省为一，收数必当有效"[④]。在此基础上，铁良提出在湖北宜昌、湖南洪江、广西梧州分设局卡，三大局卡负责汇总各地税捐，每年上解中央，至于各省的分配数额，则以光绪二十九年（1903）各省的收入为定额，溢出的款项则收归中央，听候拨用。也就是说，八省统捐之后，各省在中央的支配下，每年于烟土税捐上所获得的金额是固定的，以光绪二十九年（1903）作为标准，不会随着总收入的增加而增加，而溢收的部分俱归中央所有。在各省烟土税捐逐年保持增长趋势的背景下，中央限定地方收入为固定，而将溢收部分收归己用，实际上是中央尝试掌握主动权，对地方财政进行压制的一种表现，这一政策也必然引起各省的不满。张之洞在致

① 开办房捐、铺捐、膏捐折（光绪二十八年正月初九）[M]//赵德馨，主编. 张之洞全集：第4册. 武汉：武汉出版社，2008：52.

② 时势甚艰军机难缓必须添机赶造谨查照奏准原案恳请仍留用膏捐溢收之款以资添补鄂厂制械之用折（光绪三十年八月十七日）[M]//中国社科院近代史所，主编. 近代史所藏清代名人稿本抄本第二辑：第165册. 郑州：大象出版社，2014：364.

③ 时势甚艰军机难缓必须添机赶造谨查照奏准原案恳请仍留用膏捐溢收之款以资添补鄂厂制械之用折（光绪三十年八月十七日）[M]//中国社科院近代史所，主编. 近代史所藏清代名人稿本抄本第二辑：第165册. 郑州：大象出版社，2014：365-366.

④ 钦差大臣铁侍郎良奏请试办八省土膏统捐并派员经理情形折 [N]. 申报，1905-1-26（1）.

各省督抚的电文中直言"八省统办膏捐，当时献策者，其意只图见好干进，不顾各省利害"①。其他督抚也多有怨言，如安徽巡抚诚勋以为"现议八省合并税捐，头绪既繁，绕越愈多，捐数势将大减"②。广西巡抚李经羲致电张之洞"去冬两广合办，串未收及，三月梧局一处所受不多，桂饷极艰，自筹戈戈，若复夺去，是乱桂也!"③岑春煊则以两广合办时间过短，尚无定额为由，要求暂缓加入八省统捐。④

八省统捐的推进几乎与粤汉赎路谈判同时进行，在张之洞每日与各方的通电中，这两件事多交叉出现。在八省统捐即将兴办的当口，如果其中占据收入大头的三省膏捐都作为借款抵押，难免会存在有与英方界限不明的情况。假若借款以膏捐为抵押在合同签订之前为中央所知，中央大概率会出手阻挠，户部驳回两广以边防饷项拨抵洋款的请求便是一例。⑤如此便可以理解，张之洞为何会避免泄露膏捐作抵的消息。

四、直接交锋：中央与地方围绕膏捐作抵的拉扯

（一）借款之后各方反响

然而，赎路借款合同的具体内容还是被刊登在了1905年10月15日，也即农历九月十七日的《申报》上，至少在这一天后，粤汉赎路以膏捐作抵就不再止于三省与英国间的秘密商谈，而开始出现在公众视野之下。合同的具体内容引起了多方反响。

先是三省留日学生在光绪三十一年（1905）农历九月二十七日前致电张之洞，指责张之洞窃许英人以修路权力。⑥留学生的指斥在11月10日，也即农历十月十四日被刊登在了《申报》上，再次切中张之洞此前并未言明的赎路款以膏捐为抵押这一情况。⑦

同时，御史黄昌年一直极为关注粤汉赎路情况，多次上奏诘责张之洞好大喜功、不顾后患。赎路借款合同甫一刊登在报纸上，黄昌年即就赎约合同又上一折发难，言辞凌厉，"该督临事偾张，不经奏请，辄行息借英金一百十万镑，径指膏捐作抵，限二十年偿清。夫膏捐乃国家之饷项也，该督何遽如是?"⑧

既有留日学生声讨，又有御史参劾，且黄昌年所指斥的内容俱切中国家利权，朝廷不得不有所重视，光绪三十一年（1905）十一月二十八日朝廷下发上谕，要求张之洞对黄昌年所奏各节进行回应。⑨此外，由于张之洞之前并未将合同的具体内容呈递中央，

① 致江宁周制台、苏州效护院，广州岑制台、张抚台[M]//赵德馨，主编. 张之洞全集：第11册. 武汉：武汉出版社，2008：191.
② 张之洞收安庆诚抚台来电（光绪三十一年二月二十三日）[M]//中国社科院近代史所，主编. 近代史所藏清代名人稿本抄本第二辑：第102册. 郑州：大象出版社，2014：27.
③ 张之洞收桂林李抚台来电（光绪三十一年二月二十一日）[M]//中国社科院近代史所，主编. 近代史所藏清代名人稿本抄本第二辑：第102册. 郑州：大象出版社，2014：14.
④ 粤督不允膏捐改章广州[N]. 申报，1905-2-13（3）.
⑤ 户部奏驳边防饷项拨抵洋款[N]. 申报，1905-5-26（2）.
⑥ 注：这则电文提到此前张之洞接收到留日学生公电。致东京杨钦差、湖北学生监督李道台实罢（光绪三十一年九月二十七日）[M]//赵德馨，主编. 张之洞全集：第11册. 武汉：武汉出版社，2008：249.
⑦ 补录粤鄂湘留日学生争与英人借款赎路电[N]. 申报，1905-11-10（3）.
⑧ 黄昌年. 粤汉铁路保路始末记[M]. 长沙：湖南文史馆，1999：31.
⑨ 中国第一历史档案馆，主编. 光绪朝上谕档：第31册[M]. 桂林：广西师范大学出版社，2009：189.

只是概括说明，加之英国使者屡次要求外务部对合同的合法性进行确认，外务部也要求张之洞将粤汉赎路借款合同抄送前来。[①] 这件事同样也引起了户部的注意，户部在得到抄送至外务部的合同后，专门就"三省膏捐作抵"这一点，发文给张之洞，要求他对借款抵押问题给出合理的解释，户部咨文被刊登在 1906 年 1 月 16 日的《申报》上。内容如下。

> 本部查向来筹借洋款，凡指明以某项作抵者，率另有偿还之款，而以所指之项虚为抵押。此次湖北、湖南、广东三省借款赎路，造端宏大，每年应还本息想各省必已筹有之款，如期应付，不至动及抵押之款。惟虚抵之款亦必须划清界限，方免日后纠葛。土膏统捐一项，前经本部奏请八省合办，奉旨派柯大臣管理，嗣据柯大臣奏称，所收银两除划归各省外，其提拨溢收及豫征他省税捐、口子加收膏捐，按月解总局，批解练兵处济饷，年可得银二百万两，多收尽解等语。又梧州一局，据粤督奏请自用二年后由部提拨等因。今该三省具立合同，以烟土税作借款抵押，自应由各该省划分所得之数作抵，溢收银两关系练兵要需，不得笼统指抵，以重饷项。[②]

其中，"惟虚抵之款亦必须划清界限，方免日后纠葛"一语道出了户部的忧虑。户部想表达的意思有二，一是抵押之款只能是"虚抵"，三省需保证每一期还款有着落，以免"动及抵押之款"。二是不论最终是否有损抵押物，此次抵押款项都需明确中央与地方的界限。三省膏捐收入不在少数，在八省统捐中占据重要份额，户部在这里要求三省提前划分清楚，即希望保证三省膏捐中解部与练兵的部分能够正常拨解，不因三省还款不敷或英国方面的干预等情况而有任何变动。

面临来自各方的压力，张之洞难以对膏捐作抵这一问题继续保持沉默。应上谕要求，张之洞在光绪三十一年（1905）十二月二十七日覆陈黄昌年所奏粤汉铁路各节折中，专门分列一段对与抵押物相关的诘难给出交待，就时间线来看，也有对户部咨文内容的应答。

> 其以膏捐作抵者，向来借款必有保款，凡关财政，何一款非国家之饷银？不过因此项乃近年新筹之款，且止属一端，与藩库款、关税款之垂为经制，厘金局之关涉通省者，名义轻重，迥不相侔。且膏捐为三省所共有，为外人所共知，虽加税免厘后，此捐仍可照收，故易于取信。然还抵还既有实项，则保款仅属虚名，不独于八省统收之膏捐毫无牵涉，即于应归三省自用之膏捐亦略无妨碍。盖三省需饷无不紧迫，断不肯不另筹赎路专款而坐耗膏捐之理。[③]

张之洞这一段回应，首先说明了借款抵押的必要性，表示以膏捐作抵是不得已而为之。其次分析了膏捐在这一时期作为抵押，相对其他财政收入所具备的优势，即比之藩

---

① 粤汉川汉要电两则北京 [N]. 申报，1905-12-13 (3).

② 户部为粤汉赎路借款咨文 [N]. 申报，1906-1-16 (1).

③ 覆陈黄昌年所奏粤汉铁路各节折（光绪三十一年十二月二十七日）[M] // 赵德馨，主编. 张之洞全集：第4 册. 武汉：武汉出版社，2008；253-254.

库款、关税、厘金，以膏捐作为抵押危害较小。最后对中央加以安抚，声明抵押物无碍于国家及地方财政，同时也表示将划清统收膏捐和三省自用膏捐的界限。从"不独于八省统收之支膏捐毫无牵涉，即于应归三省自用之膏捐亦略无妨碍"一句看出，至少在明面上，张之洞并没有欲借此次赎路款劝导中央取消八省统捐的意思。且早在八省统捐要求张之洞负责统筹之时，张之洞虽有怨言，仍知事在必行、难以推脱，还是一一和各省通电，按要求将各省烟土税收情况记录在案。

（二）赎路借款前后双方行为逻辑

不过，无论是借款前的刻意隐瞒，还是借款后的回应措辞，都能够反映，膏捐作抵这一结果，本身就蕴含着张之洞对于国内情形的综合考量，而非率性为之。那么，张之洞以三省膏捐作抵与八省统捐是否有内在的联系？如果有联系，张之洞的意图又是什么？张之洞的真实意图，需要结合借款前后他围绕八省统捐做出的一系列行动来看。

首先，张之洞对于八省统捐的态度是比较明确的。对他来说，最好的结果是统捐因种种内外阻碍被取消，然而中央并无回转之意，这种情况实现的可能性较小。退而求其次的方案是，统捐正常进行，但中央对各省在册报数目、解交金额上不作严格的要求，默许各省通融办理。而此时张之洞并无请求中央通融办理的充分理由，因为铁良在请试办八省土膏统捐的奏折中，已予湖北以优待，即湖北不必定期提解固定金额到中央。[①] 然而，湖北的鸦片税收有一大部分来自对过境烟土征税，在多省合办的情况下，土药、洋药运输将有更为灵活的运送路线，据张之洞估计，八省统捐之后，湖北可能"岁失的款六七十万两"[②]。对于八省统捐，张之洞并不欢迎，却没有合适的借口加以抵制。

正因心有不满却苦无藉口，所以张之洞很少直接在明面上抵制统捐，而更多在暗中运作、试探。一方面，他尝试在人事安排上占据先机，如保举柯逢时为八省统捐统办大臣。[③] 统捐大臣需要负责统捐章程的拟定，以及后续具体的征收数据登记等等，柯逢时与张之洞私交甚密，[④] 由柯逢时担任统捐大臣，张之洞在统捐上具备了一定的优势。柯氏就任统捐大臣之后，对铁良所奏的统捐章程进行了修改，将原定每年以光绪二十九年（1903）各省收数为定额拨解各地膏捐经费，改为光绪三十年（1904）。这一变动对在1904年因四省统捐而收入增长的鄂、湘、赣、皖有利。

---

① 注："此项土膏统捐创始于鄂，本为鄂省摊派赔款之用，间有盈余，亦俱拨作兵工厂常年经费，出入皆有定数。所有湖北本省拟收之数应请概予免提，以重武备而示区别。"钦差大臣铁侍郎良奏请试办八省土膏统捐并派员经理情形折［N］. 申报，1905-1-26（1）.

② 注：致江宁周制台、苏州效护院，广州岑制台、张抚台（光绪三十一年二月初九日）［M］//赵德馨，主编. 张之洞全集：第11册. 武汉：武汉出版社，2008：191.

③ 注："本任贵州巡抚柯中丞逢时前奉电旨派为督办八省土膏统捐大臣，因财政处户部覆奏八省膏捐时，适鄂督张香帅有专折陈奏，谓八省膏捐事务繁要，仅派道员孙廷林总办其事，恐不足胜任，必得钦派大员驻扎八省适中地方。因保举柯中丞办事认真，且统捐办法原为该抚所创，应请简派为督办大臣，暂令缓赴黔任等语。朝廷遂有是命。"柯中丞督办八省膏捐之原因［N］. 申报，1905-4-26（4）.

④ 注：1903年4月柯逢时任江西巡抚时，首创百货统捐，在统捐相关事宜的统筹开办上有足够的经验，这是柯逢时能够担任八省统捐大臣的一项最基本的条件. 而柯逢时曾为张之洞的门生，因具备这一层私人关系，对于张之洞来说，相对其他人选，以柯逢时为统捐大臣，无疑是最佳选择，因此主动保举. 参见刘增合. 鸦片税收与清末新政［M］. 北京：生活·读书·新知三联书店，2005：70-71.

　　另一方面，张之洞敦促各省汇报情况，勉力合作，不过并不顺利。统捐涉及范围广，多方利益错综复杂，各省不能保持意见完全一致。早在两湖统捐之时，湖北、湖南就曾因溢收钱款的分配问题，多有龃龉。同时，朝廷以柯逢时为统捐大臣，受到来自广东的阻力，这源于早年柯逢时任广西巡抚时，和岑春煊在剿匪问题上多有摩擦。① 此外，根据柯逢时所定统捐章程，湖北不需要提解定额至中央，湖南每年提三十万，少于规定的光绪三十年（1904）收入，两广又允许划归自办两年。因此两湖两广在统捐上相对其他省份，均受到较为宽松的待遇。不过换个角度想，中央对于四省的宽待，一面是希望各省积极合作的退让之举，另一面也未尝不是为了防范四省与其他被动加入统捐省份连通一气。两湖两广的特殊，难免引起其他省份的不满。② 四省在统捐问题上的特殊待遇，能够维持或扩充到何种程度，对张之洞而言，尚且是一个难以揣摩的问题。

　　从当时的《申报》报导来看，除了人事安排和省际合作之外，张之洞也在思索其他应对方案。"膏捐改为八省统收，湖北只许枪炮厂支用，鄂省财政骤失大宗，张宫保甚切忧虑，故连日传见司道拟酌提若干归湖北外销，为苦无名目可托，今日探得已有头绪，行将入告，不日当即揭晓。"③ 虽然中央表示湖北不必每年上交膏捐溢收数目至中央，但膏捐溢收部分还是被要求用作练兵和枪炮厂，而张之洞需要一个"名目"争取该项收入中更多的份额，作为湖北省自身的经费。这一则报导的时间是 1905 年 5 月 5 日，也就是农历的四月初二，恰好张之洞最初与端方、岑春煊密电中商讨以膏捐作抵的时间也是在四五月份，④ 不得不让人揣测，此处的"头绪"是否与赎路借款有着一定的关联。

　　统捐逐步推进，给各省带来的压力也愈加沉重。在这一背景下，各省对膏捐收入的支配限度本身就是一个敏感的问题，而此时恰好张之洞先斩后奏以膏捐作为赎路借款抵押。毕竟，内部的统捐与对外的借款交涉是同时进行的，因此以膏捐作抵说是张之洞自然而然想到的结果不足为奇。不过，根据当时的情形，并结合张之洞既往对于抵押物的态度来看，也可说他以膏捐作抵是一种顺势而为的选择。早在光绪二十一年（1895）二月，中日战争局势危急之际，张之洞就曾提出以台湾作抵押向英国借款，理由是"今日倭有数轮游弋澎湖，显系意在台湾，甚属孤危可虑。窃谓此时正可就外洋艳羡之意，另设一权益救急之法。似可与英国公使、外部商之，即向英国借款二三千万，以台湾作保。台湾既以保借款，英比不肯任倭人盗距，英必自以兵轮保卫台湾，台防可纾"⑤。也就是说，张之洞很清楚，以某物作为抵押，一方面是在让渡抵押物的价值给债权人，

　　① 注：据岑春煊自述"余督师西征，驻扎梧州，凡事均与光绪巡抚会衔出奏。时王之春已去，继任者为柯逢时，巽懦不知兵，而动辄与余为难"。岑春煊. 乐斋漫笔［M］//荣孟源，章伯锋，主编. 近代稗海：第 1 辑. 成都：四川人民出版社，1985：96.

　　② 注：如柯逢时在后来的奏折中提到的"查本年开办土膏统捐，名为八省，实则两湖两广均归自办"。中国第一历史档案馆，主编. 光绪朝朱批奏折：第 78 辑［M］. 北京：中华书局，1995：889.

　　③ 督鄂拟挽回膏捐［N］. 申报，1905-5-5（3）.

　　④ 注：光绪三十一年（1905）四月二十九日张之洞发给端方的电文中提到以膏捐作为借款抵押，光绪三十一年（1905）五月十五日则发文给岑春煊，表示广东方面亦可以膏捐作抵。赵德馨，主编. 张之洞全集：第 11 册［M］. 武汉：武汉出版社，2008：207-214.

　　⑤ 注：以台湾作押借英款或许英在台开矿藉资保卫（光绪二十一年二月初四日）［M］//赵德馨，主编. 张之洞全集：第 4 册. 武汉：武汉出版社，2008：427.

但同时也可以在某种程度上借债权人之力对抵押物加以保护，从而具有阻碍第三方干涉抵押物权限的理由。

不论借款抵押与内部统捐是否具有直接关联，张之洞以三省膏捐作抵，且秘密进行，不曾向中央请示，本就是对中央财政掌控权的一种挑战，也同样是一次试探。三省膏捐被用以赎路借款抵押这件事也确实牵动着中央的神经，户部除了发文要求张之洞回应之外，光绪三十一年（1905）十一月份，还命各省将收支数目详细汇报，而各省配合程度较低。随后户部、财政处训斥各省，"以收支造报之不实，久为成例，即如今年各省膏捐溢收之数甚巨，独两广以请奖之故，三个月报收银五十余万两，其余各省报部之款仍属无几，则征多报少之情形已可概见。"① 户部的不满之意已溢于文中。

同年十二月铁良担任户部尚书之后②，中央对参与统捐各省的要求则更为严格。在是否允准湖北征收过境税问题上，这一点就得到了充分的体现。实行八省统捐之后，经过宜昌、洪江、梧州三大局卡的土药，都不再允许地方征收过境税。宜昌局总办孙廷林在统捐实行后，在江西、福建上交总局的税收款项中，依旧按照每百斤十九两二钱的方法，抽收过境税交给湖北。财政处发电责问："经管理统捐大臣柯会同湖广总督张联衔出示在案，是过境一项，原议章程早已删去，孙道为宜局总办，岂不知之……似此紊乱定章，果属何意？"虽然表面上财政处是对孙廷林有所不满，实际上矛头直指张之洞。张之洞随后发电给孙廷林，认为抽取过境税并无不妥。同时，还询问统捐大臣柯逢时有无面示。③ 可见，在张之洞看来，湖北在烟土税捐问题上理应可在表面文章之外通融办理，柯逢时如有"面示"，那么湖北在烟土税捐上的抽收方法即便与定章冲突，也因得到中央的默许而并不要紧。但是孙廷林在给张之洞的回电中明言，过境税已经被户部财政处议驳。此外，与柯逢时会谈中，柯氏明确表示过境税一项确无通融、势难回转。甚至，还可能有其他提扣。④ 在 1906 年之后，张之洞亦多次请改膏捐章程，但基本未能成功。⑤

（三）赎路款抵押问题之尾声

从中央后续的回应中可推断，中央同意以柯逢时为统捐大臣，并给予两湖两广以一定的优惠，已经是最大的让步，无意在统捐问题上给以过多通融。三省以膏捐作为抵押，实属张之洞先斩后奏之下，中央的无奈妥协，而妥协之下亦有严格的划分要求。

总的来看，在中央和地方就土膏统捐问题展开的一系列拉扯战中，以三省膏捐作为赎路款抵押这一事件是一段易被人忽视的插曲。联系张之洞的前后行动，这一事件亦可

① 注：财政处、户部奏为八省土膏统捐宜并力筹办拟将收支各数饬由总局汇解核分晰开报折，1905 年 11 月 19 日具奏，一档：财政处全宗档案。参见刘增合. 鸦片税收与晚清财政 [M]. 北京：生活·读书·新知三联书店，2005：80.

② 朱寿朋，主编. 光绪朝东华录：第 5 册 [M]. 北京：中华书局，1985：159-160.

③ 致荆州孙道台（光绪三十二年四月初六日）[M] //赵德馨，主编. 张之洞全集：第 11 册. 武汉：武汉出版社，2008：282.

④ 致荆州孙道台（光绪三十二年四月十四日）[M] //赵德馨，主编. 张之洞全集：第 11 册. 武汉：武汉出版社，2008：282.

⑤ 鄂督请改膏捐章程 [N]. 大公报，1906-6-11（3）；鄂督电争土膏办法 [N]. 时报，1906-6-12（3）；条陈改良膏捐办法 [N]. 大公报，1906-6-22（3）.

以视作他向中央申请通融使用膏捐的一种尝试，或者说是一种借力于英国的暗中胁迫。可推断，张之洞以三省膏捐作为赎路借款抵押，一方面是考虑到膏捐比之铁路、关税以及其他地方财政收入，有其自身的优势。另一方面，也希望以此作为与中央在膏捐问题上获得谈判余地的筹码。

无论如何，赎路借款木已成舟，中央即便有不满也无权干涉。还款期限是十年，这十年间先有铁路"国有化"的上谕要求，后有辛亥鼎革、民国肇建，可谓环环相扣、风云变幻。粤汉铁路也随之发生了承办主体的变化，最终湘、鄂路段收归国有，粤路则由粤路公司承办，三省赎路款清还的责任也由国家交通部和粤路公司分别承担。根据《铁路协会会报》，1915年，粤汉赎路款项由交通部和粤路公司全部还清，[①] 在这十年期间也并未出现因三省还款不敷而动及抵押物的情况。而抵押物三省膏捐自1906年上谕禁烟后收入潜力也大不如前。尽管膏捐这项税制得到保留，但各省多采取"减膏加价"的方式寓禁于征，膏捐每年收入逐渐减少，清廷对土膏统收的兴趣降低。[②] 同时，在正常的还款程序下，英国也没有理由和借口在这项收入上向三省发难。因此，膏捐作抵并未在还款期限内呈现出重大影响。

结语：抵押虚实与财政权限

总的来看，在收回粤汉路权、国内膏捐制度变迁两条线索之下，粤汉赎路款以膏捐作抵虽不起眼，却为两条线索嫁接起联系。透过对膏捐作抵始末因缘的分析，可看到当时外交内政间千丝万缕的关联。

从内政视角考察膏捐作抵一事，会发现张之洞与户部、财政处在此事上的对话多围绕着抵押之虚实展开。关于粤汉赎路借款以膏捐作抵，张之洞在发给端方的电文中提到自己对于膏捐作抵的态度，认为膏捐不过作为抵押，"甚不要紧"[③]。在回应黄昌年所奏粤汉铁路各节折中，张之洞亦表示，既已准备好抵还款项，抵押则"仅属虚名"[④]。在粤汉赎路借款问题上，张之洞言以抵押为"虚"，目的在于推进借款正常进行，并安抚户部，以保证中央不出手干涉。而同年，户部向奥国借款以湖北省厘金作抵，张之洞则强烈反对，以至动用留学生制造舆论。[⑤] 张之洞当时也表明了他对抵押物的态度。"惟鄂省厘金，凡洋款、京饷及本省兵饷，全赖此项挹注。若又移抵新借洋债，势必使本省应解应支各要款全无着落，贻误洋款则交涉攸关，兵食无资则立虞哗溃，鄂省岂能当此

① 粤汉赎路借款本息之偿清［N］．铁路协会会报，1915（39）：134-135.

② 注：随着禁烟的推进，不少省份因收支失衡，先后裁撤统税局卡。1911年5月度支部饬令各省停办统税，改为自办。

③ 致长沙端抚台（光绪三十一年四月二十九日）［M］//赵德馨，主编.张之洞全集：第11册.武汉：武汉出版社，2008：207.

④ 覆陈黄昌年所奏粤汉铁路各节折（光绪三十一年十二月二十七日）［M］//赵德馨，主编.张之洞全集：第4册.武汉：武汉出版社，2008：253-254.

⑤ 鄂督不允以鄂厘抵借款［N］．大陆（上海1902），1905（3）：10.

重咎！是以抵押一层，鄂省断断不敢承认。"[①] 这一回应语气颇重，且不肯让步的态度极其明确。前后两个事件对比，张之洞对抵押物的态度全然相反。厘金比之膏捐，在湖北财政中所扮演的角色更为重要，张之洞反对厘金作抵的态度强硬亦属情理之中。但从张之洞反对户部以鄂省厘金作抵借款的表述中来看，他对地方财政作为外债抵押的风险了然于心，只是不满中央在地方财政支配上的"越界"。与张之洞不同，在赎路借款以膏捐作抵问题上，户部以膏捐为"虚抵"，更多是要求三省按期还款，不可将抵押化虚为实。户部的特别说明重点亦不在抵押之虚实，更多的还是对中央与地方财政关系的界定。"虚抵""实抵"之辞亦常见于中央和地方在其他抵押问题上的交涉往来中，出于不同场合、利益需求，双方完全可以变换立场。

可见，"虚抵""实抵"只是中央与地方在借款抵押问题上划清界限、维护自留开支的一种说辞。膏捐作抵后续所引发的中央与地方交涉，表面上是抵押之虚实的问题，但是联系当时的整体背景，则可发现，抵押的"虚实"所牵涉的乃是具体的内部财政权限。在膏捐作抵的问题上，张之洞和户部关注的重点，其实并不在抵押物为地方财政收项所带来的隐患，而是这一抵押会否影响到中央和地方在膏捐问题上的支配比例。双方的忧虑在于，彼此间达成的平衡，会否因这一借款抵押而遭遇第三方的冲击。张之洞尝试借重英国的干预来维护自身的财政收入这一层意图，使得借款抵押，既是外交问题，也同时折射出内政层面上中央与地方的互动与较量。

不过，就粤汉赎路借款而言，在三省还款期内，并未出现因还款不敷动摇膏捐的情况。同时，以膏捐作抵也只是当时的一个特例。但这并不意味着粤汉赎路以膏捐作抵之事没有研究的价值。从上述分析来看，赎路借款以膏捐作抵是由国内外多方面的因素促成的，且这一事件也引发了朝廷、地方、社会舆论一连串的反响，进而显现出当时内政与外交、中央和地方关系的一个侧面。因此，尽管粤汉借款抵押不过是晚清史上一次极为少见的情况，但膏捐能够作为抵押物恰在于，当时的社会生活存在孕育这种特例的缝隙与张力，探寻这道缝隙因何而生，分析这份张力从何而来，对于理解晚清历史的整体性和连续性，无疑具有重要的意义。

>> 老师点评

黄文婷同学于 2018 年进入岳麓书院，入学后即选择由我作为其学业导师，负责其日常的学业辅导工作。同时，黄文婷也是我入职后辅导学生课余学业的第一批本科生。对于初入史学大门的几位同学，我决定首先通过组织读书会阅读经典著作的方式，来培育其对于史籍元典的直观认识。因此，在第一学年便以徐元诰《国语集解》为底本，与大家会读、研讨。在会读中，黄文婷往往准备充分，其书遍布朱墨籤言，备注诸家异说，展现出不错的史料检索与阅读能力。而随着历史学本科学习的不断深入，以及个人学术兴趣的萌芽，我们在第二学年便更以老师提供书目、学生撰写报告的形式进行师生

---

① 致京户部赵尚书（光绪三十一年正月十四日）［M］//赵德馨，主编. 张之洞全集：第 11 册. 武汉：武汉出版社，2008.

间的学术交流，其中黄文婷撰写的一系列围绕王汎森先生近代思想史论著的读书报告，阐论精当、评述公允，令人印象深刻。

　　进入三年级下半学年，黄文婷同学已经决定继续深造，并初步将今后的研究方向锁定在中国近代史领域。因而此后的日常学业便主要通过自学以及请教近代史教研室的各位老师来实现，我在学术上能够提供的帮助则极为有限。黄文婷同学好学深思、勤勉沉静，不但平时成绩优异，现在看来，其在近代史有关领域的初步研究也取得不俗的成绩。入选的这篇毕业论文由杨代春老师指导，文章通过对晚清粤汉铁路赎路借款来源的分析，揭橥其"以膏捐作抵"的历史背景，尝试通过一个具体的历史事件来探寻晚清政局中内政与外交、中央和地方的复杂关系。文中对有关史料的把握、学术史的梳理以及所展现的写作技巧，于本科生而言实属难能可贵，读者详阅即可自知。幸赖编委会垂青，此文得列文集刊印，而作为本科学习成果的一个缩影，从中亦可一窥黄文婷同学四年来的辛勤与努力。

　　最后，感谢杨代春老师的辛勤指导，以及近代史教研室各位老师不计回报的付出，令其能够在近代史研究的道路上顺利前行。也祝愿黄文婷同学在今后的学习、研究生涯中不忘初心、砥砺奋进，不负书院的期望！

学业导师：马　涛

二、本科生创新项目成果论文

西北汉简所见"城官系统"

2016级　陈安然

摘　要：陈直先生的《居延汉简所见官名通考》中提出了"城官系统"，并认为"城官系统"中包括城官、城司马、城尉、卒史等官吏。但随着汉简研究的深入，我们发现"城官系统"还有深入研究的空间。从相关材料看，在张掖郡中"城官系统"仅存在于肩水都尉府之下，这一机构中不仅包括城尉、千人、千人令史等官吏，还包括下属机构肩水库及其中的库长、库啬夫。城官主要负责的是粮食、武器等物资的储存与发放。

关键词：城官系统；汉简；城尉

自居延汉简、居延新简出土以来，诸位学者对于西北汉简中的都尉、候官、候长等官吏的研究较为深入，而对城尉、城司马、城骑千人等在前人研究中属于"城官系统"的官吏关注较少，在此笔者试图对"城官系统"中的官吏做一探究，以求教方家。

一、研究成果综述

陈直先生在《居延汉简所见官名通考》中提出了"城官系统"，其中包括城官、城司马、城尉及卒史。① 传世文献中对于这类官职的记载极少，仅在《史记》卷七三中有"六月，陷赵军，取二鄣四尉"一句，或与其相关。其下《索隐》曰："鄣，堡城。尉，官也。"《正义》曰："《括地志》云，赵鄣故城一名都尉城，今名赵东城，在泽州高平县西二十五里。又有故穀城。此二城即二鄣也。"② 这里所提到的"尉"可能是"城尉"。但由于记载极少，传世文献中的"城官系统"受到的关注较少。

居延汉简、居延新简出土后，学者们开始对"城官系统"进行研究。目前，对于"城官系统"的研究主要有以下成果：

对于"城官"性质的探讨，不同于陈直先生在把城官看做"城官系统"中的官员，

---

① 陈直. 居延汉简所见官名通考 [M] //居延汉简研究. 天津：天津古籍出版社，1986：117.
② 司马迁. 史记：卷七三 [M]. 北京：中华书局，2014：2834.

陈梦家先生认为"肩水城官"之官犹候官之官，乃治事之所，简化为城官，有吏，有亭吏。①

对于城尉、城司马隶属机构与各自职能的分析，《汉简缀述》将城尉、司马、千人归为部都尉属下的屯兵系统。②藤枝晃先生的《汉简职官表》一书中仅仅举出了"城司马"之名，将其归于都尉之下，未做详细论述。其举出的"城令史"实为"城司马"之误。关于城尉，藤枝晃先生认为暂时难以断定其为县尉、塞尉的别称，还是都尉府的尉，所以仅列出了相关释文。③永田英正先生的《居延汉简研究》通过论证居延汉简中的简10·29，提出城尉是都尉府的属官。④薛英群等《居延新简释粹》将城尉解释为"主管城官事务之官职"，并认为其位虽在候下，但可兼行都尉事。⑤江娜《汉代边防体系研究》认为城尉、骑司马属于都尉治下的都尉府守卫系统，城尉之下有司马、骑司马、假司马、千人、骑千人、仓长、仓佐、库令等官吏。⑥郭俊然《汉官丛考》认为"城尉即负责守城之尉官，其秩级与都尉相近"，并将城官库啬夫置于城尉治下。⑦贾一平《西汉张掖郡部都尉所辖司马类职官考》中举出居延汉简中包含城司马的简，并分析了城司马的职责，包括领兵作战、兼行都尉事、守卫居延都尉府等。⑧

在城尉与城司马的设置问题上，陈梦家先生认为张掖郡中居延都尉下设有城司马，不设城尉。而城尉则属于肩水都尉府，其位次在候下。城尉与城司马之"城"，似指居延与肩水都尉府所在的破城子与大湾两城。⑨其观点大多被后来学者所采用。

总的来说，以上研究成果大多是对城官系统中某一部分的单独研究，对于城官的性质、城尉等官吏各自执掌的事务等问题还有不少探索的空间。同时大量新出汉简的公布，尤其是对《肩水金关汉简》《地湾汉简》等材料深入的整理研究，为我们进一步研究城官系统提供了新的契机。

二、材料校释

由于涉及"城官系统"的部分材料在文字上存在误释的现象，为了使用这些简文时不产生疑义，在此先对这部分释文进行校释。

2. 1：·城官中亭，吏兼次书 503·10⑩

① 陈梦家. 汉简所见居延边塞与防御组织：上篇［M］//汉简缀述. 北京：中华书局，1980：46.
② 陈梦家. 汉简所见居延边塞与防御组织：上篇［M］//汉简缀述. 北京：中华书局，1980：69.
③ ［日］藤枝晃. 汉简职官表［M］//中国社会科学院历史研究所战国秦汉史研究室，主编. 简牍研究译丛：第一辑. 北京：中国社会科学出版社，1983：139-148.
④ ［日］永田英正. 居延汉简研究［M］. 张学峰，译. 桂林：广西师范大学出版社，2007：337-338.
⑤ 甘肃省文物考古研究所. 居延新简释粹［M］. 兰州：兰州大学出版社，1988：71.
⑥ 江娜. 汉代边防体系研究［D］. 武汉：华中师范大学，2013：28-29.
⑦ 郭俊然. 汉官丛考［D］. 武汉：华中师范大学，2013：154.
⑧ 贾一平. 西汉张掖郡部都尉所辖司马类职官考——以居延汉简为中心［D］. 上海：上海师范大学，2015：74-96.
⑨ 陈梦家. 汉简所见居延边塞与防御组织：上篇［M］//汉简缀述. 北京：中华书局，1980：46.
⑩ 中国社会科学院考古研究所. 居延汉简甲乙编：下册［M］. 北京：中华书局，1980：257.

2.2：城官中亭治园条（第一栏）

韭三畦 葵七

葱二畦 凡十二畦（第二栏）

其故多过条者，勿减（第三栏）506·10A

界亭 506·10B①

此两简中的"中亭"，《居延汉简甲乙编》（下称《甲乙编》）和《居延汉简释文合校》（下称《合校》）作"二亭"，误。此处据邢义田先生之说改。"葱二畦"在《甲乙编》中作"三畦"，亦据邢说改。② 由这两枚简可见城官中有一定的空间地域——"中亭"。

2.3：居令延印，一封诣酒泉会水，一封诣张掖大守府，一封诣氐池。一封居延甲候诣姑臧。二封张掖广地候印，一封诣☐尉府，一封诣肩水城尉府。一封郭全私印，诣肩水城官。檄二，居延令印，诣昭武。

☐☐卒高宗受橐他莫隧卒赵，人即行。日蚤食时付沙头亭卒充。73EJT23：938③

笔者认为此简中的"肩水城尉府"应释为"肩水城尉官"。在简文中，只有都尉及以上官员的所在机构可称为"府"，并且出于同一探方的简 73EJT23：933 中有"一封诣肩水城尉官"的辞例。此简"张掖大守府"中"府"字作㑓，而本简中"官"字字形为㗊。细察此简，"府"字作㗊，字迹较为模糊，但仍可辨识出此字残留部分应为"宀"而非"广"，与所举"官"字字形一致。因此，我们认为原简释文应为"肩水城尉官"。据此，我们推测城尉有其治事之所，名为"城尉官"。

三、城官中主要机构与官吏

（一）城官的性质与职能

由于各家对于"城官"的性质还未有定论，我们首先对其性质进行讨论。

3.1：已收彭蘘索。遣吏之城官取屏泥，未还，＝遣吏。86EDT5H：19④

3.2：檄到禹等诣城尉官☐306.25⑤

上文中的2.3及此数简都能体现其为管理机构。在2.3中有"一封郭全私印，诣肩水城官"，"一封诣张掖大守府"，"一封诣☐尉府"字样，此处肩水城官与张掖大守府、尉府并列，说明它也是一个机构。在3.1中有"之城官"，可理解为"去往城官"，也可

① 中国社会科学院考古研究所. 居延汉简甲乙编：下册［M］. 北京：中华书局，1980：259.
② 邢义田. 地不爱宝：汉代的简牍［M］. 北京：中华书局，2011：106-111.
③ 甘肃简牍保护研究中心，甘肃省文物考古研究所，甘肃省博物馆，等. 肩水金关汉简（贰）：下册［M］. 上海：中西书局，2013：124.
④ 甘肃省简牍博物馆，甘肃省文物考古研究所，出土文献与中国古代文明研究协同创新中心中国人民大学分中心. 地湾汉简［M］. 上海：中西书局，2017：98.
⑤ 简牍整理小组. 居延汉简（叁）［M］. 台北："中研院"历史语言研究所，2016：264.

体现城官为机构。3.2 中的"城尉官"是"城官"的全称，即"城尉治事之所"，可以再次证明"城官"为机构。"城官令"的官名仅此一见，其地位和作用还有待更多材料的揭示。

郭伟涛先生提出，肩水城官为管理肩水都尉所在地——A35 遗址——的机构。他认为，该地在当时实际上是一物资储备基地，设有仓、库及置。以地理位置而论，大湾城遗址靠近驿马屯田区，故作为物资储备基地亦属情理之中。① 笔者赞同肩水城官为物资储备基地的看法。从简文来看，城官的主要事务为吏卒口粮的储存与发放。下举数例：

3.3：建始元年（公元前 32）三月甲子朔癸未，右后士吏云敢言之

迺十二月甲辰受遣，尽甲子积廿日食未得。唯官移 284•1②

3.4：城官致，敢言之。（第一栏）

以檄〔报〕吏残日：食皆常诣官廪

非得廪城官。（第二栏）284•4A

董云 二月丙戌，肩水库啬夫宋宗以来。（第一栏）

令史博发。君前。（第二栏）284•4B③

3.5：•初元五年（公元前 44）六月，所受城官谷簿。204•3④

3.6：•右凡十二两。输城官。凡出入折耗五十九石三斗。505•36⑤

3.7：•西部河平四年（公元前 25）五月吏卒稟城官名籍。☐ 72EJC：182⑥

3.8：右后、右前、左后、左前吏卒皆诣城 官稟86EDT5H：46⑦

3.9：石南亭卒朱护，就食城官73EJF3：394⑧

3.10：城官所负食马过律程谷☐☐☐☐☐（第一栏）

居延都尉……

……十五石……

计曹☐☐☐负☐未偿……石收得九千一百……得（第二栏）73EJT6：47⑨

3.11：布橐一，直百八十。布袜一两，直八十。始安隧卒韩诩自言责故东部候长年放☐☐

钱四百。验问收责。持诣廷。放在城官界中。谒移城官治决害☐日夜

① 郭伟涛. 汉代肩水塞部隧设置研究 [J]. 文史，2018（1）：34.

② 简牍整理小组. 居延汉简（叁）[M]. 台北："中研院"历史语言研究所，2016：220.

③ 简牍整理小组. 居延汉简（叁）[M]. 台北："中研院"历史语言研究所，2016：221.

④ 简牍整理小组. 居延汉简（贰）[M]. 台北："中研院"历史语言研究所，2016：248.

⑤ 谢桂华，李均明. 居延汉简释文合校 [M]. 北京：文物出版社，1987：607.

⑥ 甘肃简牍博物馆，甘肃省文物考古研究所，甘肃省博物馆，等. 肩水金关汉简（伍）：下册 [M]. 上海：中西书局，2016：97.

⑦ 甘肃省简牍博物馆等. 地湾汉简 [M]. 上海：中西书局，2017：171.

⑧ 甘肃简牍博物馆，甘肃省文物考古研究所，甘肃省博物馆，等. 肩水金关汉简（伍）：下册 [M]. 上海：中西书局，2016：31.

⑨ 甘肃简牍保护研究中心，甘肃省文物考古研究所，甘肃省博物馆，等. 肩水金关汉简（壹）：下册 [M]. 上海：中西书局，2012：66.

□73EJT23：295①

3.3 与 3.4 为一事，3.3 中董云未收到口粮，请求候官移书城官。3.4 中城官答复说董云不应当在城官处领取口粮。这封文书由库啬夫宋宗从城官送到候官。3.5 反映有专门的簿用来记录从城官处送至的谷物。3.6 是向城官输送粮食的记录。3.7 属于西部塞廪食城官的名籍，西部塞属于肩水候官塞。从 3.8 可以看出，隶属于肩水候官塞的右后、右前、左后、左前各部吏卒的口粮都由城官发放。3.9 中的石南亭应隶属于橐他候官塞，说明城官中的粮食不仅是供应肩水候官塞，而且是肩水都尉府治下的所有区域。从 3.10 的"食马过律程谷"来看，除供应吏卒就食之外，城官或许还要负责吏卒所用牲畜的口粮。从 2.1，2.2 及 3.11 中我们还可看到城官有属于其管理的"界亭"，亭中有园。邢义田先生还认为 2.2 是汉代官员设条教的实际物证。② 简文中还出现有"右城官"：

3.12：南书五封。（第一栏）

一合檄，张掖城司马，毋起日，诣设屏右大尉府。右三封，居延丞印，八月辛卯起

一封诣右城官。

一封诣京尉候利。

一封诣谷成东阿。（第二栏）

八月辛丑日铺时，驿北受橐佗莫当卒单崇，付沙头卒周良。（第三栏）288·30③

在邮书传递的过程中，"右"的含义是由北向南传递。而下文"驿北受橐佗莫当"表明这封邮书是由橐佗莫当戍卒交付驿北戍卒，橐佗在驿北之北，其相对位置正与"南书"相合。此简中出现了设屏右大尉府与右城官。"设屏"与"大尉"都是王莽时所改的名称，"设屏"为"张掖"，"大尉"为都尉。因为张掖郡的郡都尉仅有一人，并不分左右，所以"设屏右大尉府"指的可能是张掖郡的两个都尉府中位置在南方的那个，即肩水都尉府。这里出现的"右城官"则有两种可能，一是在居延、肩水都有城的情况下，特指位置处于南方的那一个，即肩水城官；二是在肩水都尉治下有左右两个名为城官的机构。

通过分析有"城官"出现的简文，我们可以发现，这些简都出土于 A33 地湾、A35 大湾及 A32 肩水金关，这三处遗址都属于肩水都尉治下。从简文内容分析，其名称为"城官"或"肩水城官"，尚未见到"居延城官"的存在。由此我们可以推测，城官仅在肩水都尉下设置，居延都尉之下没有名为"城官"的机构。因为 A35 遗址距驿马屯田区较近，很可能设置专门的机构来管理粮食、用具的储存和转运，而居延都尉府较肩水都尉府位置更北，离屯田区较远，则没有设立此专门机构。

---

① 甘肃简牍保护研究中心，甘肃省文物考古研究所，甘肃省博物馆，等. 肩水金关汉简（贰）：下册 [M]. 上海：中西书局，2013：78.

② 邢义田. 地不爱宝：汉代的简牍 [M]. 北京：中华书局，2011：106-111.

③ 简牍整理小组. 居延汉简（贰）[M]. 台北："中研院"历史语言研究所，2016：238.

通过以上分析，我们澄清了"城官"作为储存、发放物资机构的性质，通过分析，笔者认为"城官"只在肩水都尉下设立。

（二）城官的主管官员——城尉

根据陈梦家先生的研究，城尉仅肩水都尉属下设有，居延都尉下设城司马，但陈先生没有具体分析城尉负责的事务。在其他学者的研究中也没有对其职务的详尽分析。前文已证明"城官"为一机构，笔者认为城尉就是这一机构的主管官员。在此，本文试图根据时间顺序对城尉进行排序，并分析城尉的职能。在这些明确纪年的简文中出现最早的年号为昭帝之元凤，最晚的为王莽之始建国天凤。

　　3.13：出糜廿六石大石，出麦小石廿六石，出麦小石十五石，（第一栏）

为小石卅三石，出糜小石十石。・三斗六升六月食尽正月，为谷小石廿三石七斗。（第二栏）

　　・凡出谷小石百一十八石六斗，元凤五年（公元前76）十二月中，付城尉李□□。（第三栏）

73EJT21：129①

　　3.14：▨二具皆曲梁。元凤六年（公元前75）六月壬寅朔己巳，仓石候长婴齐受守城尉毋害。216・3②

　　3.15：闰月丁巳，张掖肩水城尉谊以近次兼行都尉事，下候、城尉，承书从事，下当用者，如诏书/守卒史义10・29③

　　3.16：甘露三年（公元前51）七月壬午朔壬辰，肩水城尉利亲移肩水候官：出谷食吏六月七月石斗各如牒。书到，构校簿入，八月报。毋令缪，如律令。86EDT1：1A④

　　3.17：▨年三月癸巳朔庚申，肩水城尉奉世移肩水金关：遣就家载谷给橐他候官。

　　▨里年姓各如牒，书到，出入如律令。73EJD：36A⑤

　　3.18：建平元年（公元前6）十月庚申朔庚申，肩水守城尉平□▨73EJT37：875⑥

　　3.19：……城尉平移肩水金关、居延县索关：吏使居延所葆，各如牒，书

①　甘肃简牍保护研究中心，甘肃省文物考古研究所，甘肃省博物馆，等.肩水金关汉简（贰）：下册［M］.上海：中西书局，2013：20.

②　谢桂华，李均明.居延汉简释文合校［M］.北京：文物出版社，1987：347.

③　简牍整理小组.居延汉简（壹）［M］.台北："中研院"历史语言研究所，2014：36.

④　甘肃省简牍博物馆，甘肃省文物考古研究所，出土文献与中国古代文明研究协同创新中心中国人民大学分中心，等.地湾汉简［M］.上海：中西书局，2017：98.

⑤　甘肃简牍博物馆，甘肃省文物考古研究所，甘肃省博物馆，等.肩水金关汉简（伍）：下册［M］.上海：中西书局，2016：56.

⑥　甘肃简牍博物馆，甘肃省文物考古研究所，甘肃省博物馆，等.肩水金关汉简（肆）：下册［M］.上海：中西书局，2015，75.

到，出入如律令。73EJT37：913A①

　　3.20：元始五年（5）四月己酉，肩水守候城守尉临，敢言之：始安
73EJT23：786②

　　3.21：始建国三年（11）五月庚寅朔壬辰，肩水守城尉萌移肩水金关：吏
所葆名如牒书 73EJF3：155A③

　　3.22：▨建国六年二月甲戌朔庚寅，肩水城尉毕移肩水金关、居延三十井
县索关

　　▨……名县爵里年姓如牒，书到……73EJF3：116A④

　　3.23：驰诣肩水候官、城尉 19·3⑤

　　3.24：▨□□尉丞谓候、城尉：兵守御器各有▨73EJC：58⑥

　　3.13 为向李姓城尉交付粮食的记录，这些粮食可能会作为口粮发放。3.14 提及仓
石候长从城尉毋害处领取用具之事，说明城尉不仅负责发放口粮，还承担了发放其他物
资的任务。《居延汉简人名编年》分析 3.15 为元康二年（公元前 64）简，城尉谊应当
为宣帝时人。⑦ 3.16 是一封肩水城尉向肩水候官输送粮食的文书。此简出土于地湾，为
字迹较清晰的两行简，且 B 面有"七月乙未沙头卒丁颠以来"，我们推测此简可能为随
粮食一同发送的文书正本。3.17 为肩水城尉发放的通关文书，其内容为派遣戍卒向橐
他候官输送粮食。因橐他候官在肩水金关以北，所以需要通关文书。此简年号已残，根
据前一简的"永光"推断应为建昭二年（公元前 37）。3.18 至 3.22 都为城尉出具的通
关文书。3.13 至 3.24 简文中出现具体年号的城尉共八人，为李□□、毋害、利亲、奉
世、平、临、萌、毕，其中守城尉四人。在以上简文中，城尉负责接收、发放粮食及其
他物资，以及为下属出具通关文书。在此类事务中，城尉是以主要负责人的身份出现，
因此我们认为城尉就是城官中的长官。城尉作为都尉的下属，并与都尉同处一城，也会
经常兼行都尉事。

　　简文中没有记载城尉的秩级，我们只能通过与其他官员进行比较来推测其大致的秩
级。同为都尉的直接下属，城尉与候的秩级差距应不会太大。3.16 中有"肩水城尉利
亲移肩水候官"，"移"为平级之间发送文书的用语，所以城尉与候应该是平级的关系。
在 3.23，3.24 中，下发通知时城尉排列在候之后。根据秩级由高到低排列的原则，城

　　① 甘肃简牍博物馆，甘肃省文物考古研究所，甘肃省博物馆，等. 肩水金关汉简（肆）：下册 [M]. 上海：
中西书局，2015，77.

　　② 甘肃简牍保护研究中心，甘肃省文物考古研究所，甘肃省博物馆，等. 肩水金关汉简（贰）：下册 [M].
上海：中西书局，2013：111.

　　③ 甘肃简牍博物馆，甘肃省文物考古研究所，甘肃省博物馆，等. 肩水金关汉简（伍）：下册 [M]. 上海：
中西书局，2016：15.

　　④ 甘肃简牍博物馆，甘肃省文物考古研究所，甘肃省博物馆，等. 肩水金关汉简（伍）：下册 [M]. 上海：
中西书局，2016：11.

　　⑤ 简牍整理小组. 居延汉简壹 [M]. 台北："中研院"历史语言研究所，2014：63.

　　⑥ 甘肃简牍博物馆，甘肃省文物考古研究所，甘肃省博物馆，等. 肩水金关汉简（伍）：下册 [M]. 上海：
中西书局，2016：88.

　　⑦ 李振宏，孙英民. 居延汉简人名编年 [M]. 北京：中国社会科学出版社，1997：57.

尉的秩级应当略低于候。总的来看，城尉的秩级应该与候相同或略低。汉简中候秩比六百石，月奉三千①，城尉当与此相同或稍低。

张家山汉墓竹简《二年律令·秩律》中简469有"县有塞、城尉者，秩各减其郡尉百石。道尉秩二百石"②。廖伯源在《汉初县吏之秩阶及其任命——张家山汉简研究之一》中认为"按此所言'郡尉'，非谓郡都尉，应指属郡之塞尉、城尉。塞尉、城尉，有属郡，为郡吏；有属县，为县吏。属县之塞尉、城尉，其秩各减属郡之塞尉、城尉百石。县有蛮夷者曰道，属道之塞尉城尉，秩位最低，仅二百石"③。游逸飞鉴于《秩律》规定官吏的秩级多明确标示数目，此处却未明确规定的情况，认为"此规定暗示郡之塞尉、城尉秩级并不划一，故低其秩级百石的县之塞尉、城尉秩级也无法划一"。但他认为其中相差百石的秩级只有六百石、五百石、四百石、三百石、二百石这五种，因此郡县之塞尉、城尉秩级的对应关系可能有四种。他列出城尉的秩级有六百石、五百石、四百石、三百石四种可能性。④ 结合前文"城尉与秩六百石的候秩级相同或略低"的推测，城尉的秩级可能为六百石或五百石。

以上简文中，绝大部分都指明"肩水"，只有3.13，3.14，3.24没有指明。而3.14为城尉发放物资时留下的记录，可能在城尉处或仓石候长处出土。此简可能出土于肩水都尉府的所在地——A35大湾，应当是发放时留在城尉处的记录，所以这位城尉应当也是肩水城尉。那么，只有出土于肩水金关的3.13，3.24暂时无法判定所指是否为肩水城尉。目前来看，陈梦家先生所认为的城尉皆属于肩水都尉，居延都尉下不设城尉的观点应当是正确的。

经过对简文的分析，我们认为城尉是城官的主管长官，秩次与候相同或略低，为六百石或五百石，主要负责处理城官中接收、发放口粮及其他物资，出具通关文书的事务。

（三）城官中的机构——仓、库

既然肩水城官承担发放口粮及其他物资的任务，其属下必然有相应的储存物资的机构，通过梳理材料，我们发现城官中至少有肩水仓、肩水库两个机构。

3.25：▨肩水城仓出入▨ 73EJT24：510⑤

3.26：城仓受稟或多或少，肩水未推校，候不能晓知。戍遣
▨73EJF3：54⑥

① 陈梦家. 汉简所见奉例［M］//汉简缀述. 北京：中华书局，1980：144.
② 张家山二四七号汉墓竹简整理小组. 张家山汉墓竹简［二四七号墓］（释文修订本）［M］. 北京：文物出版社，2006：80. 注：此处蒙匿名审稿专家指出，在此表示感谢.
③ 廖伯源. 汉初县吏之秩阶及其任命——张家山汉简研究之一［J］. 社会科学战线，2003（3）：100-107.
④ 游逸飞. 张家山汉简〈二年律令·秩律〉所见郡吏补考［J］. 出土文献研究（第12辑），2013：267.
⑤ 甘肃简牍博物馆，甘肃省文物考古研究所，甘肃省博物馆，等. 肩水金关汉简（叁）：下册［M］. 上海：中西书局，2013：2.
⑥ 甘肃简牍博物馆，甘肃省文物考古研究所，甘肃省博物馆，等. 肩水金关汉简（伍）：下册［M］. 上海：中西书局，2016：5.

3.27：食城仓所□86EDT5：16①

在前人研究中，"城仓"指的都是居延城仓，而在材料中我们发现肩水仓也可以称为"肩水城仓"，或径称"城仓"。如3.26中称"肩水城仓"。3.26大意是肩水城官没有推求考校城仓收到的粮食数量，所以肩水候也无法了解。3.27出土于A33地湾，其内容为在城仓处就食。身处地湾，即隶属于肩水都尉府的吏卒不会前往居延都尉府就食，因此这里的"城仓"同样也是指肩水城仓。

3.28：三月己亥张掖长史兼行大守事，肩水仓长武彊兼行□73EJT21：429②

3.29：三月丙午张掖长史延行大守事，肩水仓长汤兼行丞事，下属国、农、部都尉、小府、县官，承书从事。

下当用者如诏书/守属宗助府佐定10·32③

3.30：凤四年四月辛丑朔甲寅南乡啬夫□敢言之□石里女子苏夫自言夫延寿为肩水仓丞愿以令取

居延□□□与子男□葆延寿里段延年□□所占用马一匹轺车一乘·谨案户籍在乡□

夫□延年皆毋官狱征事当以令取传敢言之

移过所如律令/佐定73EJT23：772A④

3.31：□□仓啬夫广汉行丞73EJT24：113A⑤

3.32：肩仓小官印　　啬夫当发　　守啬夫宏73EJT24：237B⑥

3.33：□肩水仓佐昭武射南里孙平年廿三　初□73EJT27：82⑦

从简文中我们可以得知，肩水城仓中有仓长、仓丞、仓啬夫、仓佐等吏卒。

李永平先生的《河西汉简中的库及源流》将库分为郡库、县库、都尉库及其它库四类。其中，他将肩水库归为其他库一类。但从材料中很难看出肩水库与肩水都尉库有什么区别，因此在这里我们认为肩水都尉治下只有一座库，这座库是肩水城官的下属机构。

3.34：补肩水城官库啬夫□214·96⑧

① 甘肃省简牍博物馆，甘肃省文物考古研究所，出土文献与中国古代文明研究协同创新中心中国人民大学分中心，等. 地湾汉简［M］. 上海：中西书局，2017：11.

② 甘肃简牍博物馆，甘肃省文物考古研究所，甘肃省博物馆，等. 肩水金关汉简（贰）：下册［M］. 上海：中西书局，2013：41.

③ 简牍整理小组. 居延汉简（壹）［M］. 台北："中研院"历史语言研究所，2014：37.

④ 甘肃简牍保护研究中心，等. 肩水金关汉简（贰）：下册［M］. 上海：中西书局，2013：110.

⑤ 甘肃简牍保护研究中心，等. 肩水金关汉简（贰）：下册［M］. 上海：中西书局，2013：145.

⑥ 甘肃简牍保护研究中心，等. 肩水金关汉简（贰）：下册［M］. 上海：中西书局，2013：152.

⑦ 甘肃简牍博物馆，甘肃省文物考古研究所，甘肃省博物馆，等. 肩水金关汉简（叁）：下册［M］. 上海：中西书局，2013：75.

⑧ 简牍整理小组. 居延汉简（叁）［M］. 台北："中研院"历史语言研究所，2016：21.

3.35：［护］工卒史禹、库长汤、啬夫□248·15①

3.36：建平二年八月己卯朔辛酉，肩水库啬夫赏以小官印行城尉事，移肩水金关 73EJT37：1068②

3.37：始建国二年（10）八月甲午朔丙辰，肩水库有秩良以小官印行□

城尉文书事，移肩水金关、居延三十井县索关：吏所葆名县□

73EJF3：327③

3.38：校候三月尽六月折伤兵簿，出六石弩弓廿四付库。库受啬夫久廿

三，而空出一弓，解何？179·6④

前引 3.4 中库啬夫宋宗将城官回复候官的文书送达候官，可说明库啬夫是城官中的一位官吏。库属于城官，这一点从 3.34"城官库啬夫"中也可看出。3.35 显示肩水库的主要官员为库长、库啬夫。3.36，3.37 中库啬夫以行城尉事，可再次说明库啬夫与城尉属于同一系统，并且库啬夫是城尉的下级官吏。"有秩"为"有秩啬夫"的简称，所以库有秩与库啬夫应当是同样的官职。3.38 出土于地湾，为肩水候官驻地，简文中的"候"指的应为肩水候，此处候将二十四张损坏的弓交还给库，说明武器发放时也应该是由库运来的。

此节讨论的是肩水城官中的仓和库，肩水城仓中储存粮食，库中存放有武器，这些武器会发放给肩水候官使用，而库中是否存放有其他物资，目前还不得而知，有待更多材料的揭示。

（四）城官中的其他官吏

3.39：出麦十石，五年□

……□ 73EJT23：50A

……□

令城官骑士守□。73EJT23：50B⑤

3.40：元延元年（公元前 12）十月甲午朔戊午，橐佗守候护移肩水城官：吏自言责啬夫荤晏如牒，书到，验问收责，报，如律令。506·9A⑥

3.41：建平元年（公元前 6）四月癸亥朔□□□水守城尉赏移肩水金关、居延县索关：□

吏自言遣所葆，为家私使居延。名县里年姓如牒书，出入如律令。□

73EJT37：640A＋707A

① 简牍整理小组. 居延汉简（叁）[M]. 台北："中研院"历史语言研究所，2016：116.

② 甘肃简牍博物馆，甘肃省文物考古研究所，甘肃省博物馆，等. 肩水金关汉简（肆）：下册 [M]. 上海：中西书局，2015，88.

③ 甘肃简牍博物馆，甘肃省文物考古研究所，甘肃省博物馆，等. 肩水金关汉简（伍）：下册 [M]. 上海：中西书局，2016：27.

④ 简牍整理小组. 居延汉简（贰）[M]. 台北："中研院"历史语言研究所，2016：197.

⑤ 甘肃简牍保护研究中心，等. 肩水金关汉简（贰）：下册 [M]. 上海：中西书局，2013：60.

⑥ 中国社会科学院考古研究所. 居延汉简甲乙编：下册 [M]. 北京：中华书局，1980：259.

佐忠 73EJT37：640B＋707B①

3.42：▨朔己卯，肩水城尉毕移肩水金关：千人令史李忠等自言遣葆。

▨……73EJF2：45A②

3.43：▨稽北亭长毛何　　送卒城官 73EJF3：389③

3.39 显示出城官中有负责粮食看管的"骑士"。据沈刚《西北汉简所见骑士简二题》，北边骑士与以野战为目标的普通骑士不同，主要担任斥候，负责"乘隧"，承担小规模的战役及护送任务等，有时还需从事劳作。其地位较高、人数较少。④ 我们认为这里的骑士就是北边骑士，主要负责物资守卫。城官作为物资储存的机构，拥有一小部分军事力量来守卫粮食等物资是合情理的，但人数应当不会很多。3.40 为橐佗守候致肩水城官的文书，要求对莘晏"验问收责"，即偿还所欠债务，说明啬夫莘晏应该属于城官。且简 B 面"尉前"指的是在城尉面前收到并登记此封文书，这种文书格式中"前"之前的都为机构中的长官，可再次证明城尉是城官的负责人。3.41 与 3.42 为通关文书，其中"佐忠""千人令史李忠"反映了城尉下有书佐、千人、千人令史等官员。3.43 中橐佗塞稽北亭长毛何向城官护送戍卒，说明城官中应当有戍卒。

通过以上的讨论，可以基本了解肩水城官中的主要机构与官吏：城官中包含肩水城仓与肩水库，负责的事务为储存、发放口粮与武器等物资。长官为城尉，其下有千人、千人令史、啬夫、佐、掾等官员，还有负责看管物资的骑士和承担日常任务的戍卒。

四、城司马与城骑千人的属性讨论

西北汉简中还有两种名为"城××"的职官，分别为城骑千人与城司马。陈梦家与陈直先生将城司马归于城官系统之中，而对于城骑千人的研究则极少，仅有对千人与司马等级关系的讨论。⑤ 因此，笔者在这里将对城骑千人、城司马的职务进行讨论，并分析两种职官是否应该属于城官系统。

（一）城司马

简文中出现的城司马有两类，分别为居延城司马与张掖城司马。首先我们将居延城司马按照年代顺序进行排列，出现的最早年号为西汉宣帝之本始，最晚为东汉光武帝之建武。

4.1：本始元年（公元前 73）九月庚子，虏可九十骑入甲渠止北隧，略得

---

① 甘肃简牍博物馆，甘肃省文物考古研究所，甘肃省博物馆，等. 肩水金关汉简（肆）：下册 [M]. 上海：中西书局，2015，57.

② 甘肃简牍博物馆，甘肃省文物考古研究所，甘肃省博物馆，等. 肩水金关汉简（伍）：下册 [M]. 上海：中西书局，2016：5.

③ 甘肃简牍博物馆，甘肃省文物考古研究所，甘肃省博物馆，等. 肩水金关汉简（伍）：下册 [M]. 上海：中西书局，2016：31.

④ 沈刚. 西北汉简所见骑士简二题 [J]. 出土文献研究：第 11 辑，2012：229-238.

⑤ 注：参见陈梦家. 汉简所见居延边塞与防御组织：上篇 [M] //汉简缀述. 北京：中华书局，1980：45；郭俊然. 汉官丛考 [D]. 武汉：华中师范大学，2013：244.

卒一人，盗取官三石弩一、稾矢十二、牛一、衣物去。城司马［宜］昌将骑百八十二人，从都尉追。57·29①

4.2：永始二年（公元前 15）三月辛亥，居延城司马谭以秩次行都尉事▨。

当舍传舍，从者如律令。□□□□140·2②

4.3：建武五年（29）八月甲辰朔戊申，张掖居延城司马武，以近秩次行都尉文书事，以居延仓长印封，丞邯，告劝农掾

褒、史尚，谓官县，以令秋祠社稷，今择吉日如牒。书到，令、丞循行，谨修治社稷，令鲜明。令、丞以下当 E. P. F22：153A③

4.4：□□午城司马　兼行居延令事，守丞义移过所津关：遣亭长朱宣载

▨俱对会大守府，从者如律令。　／兼掾临、守令史丰、佐昌。73EJT37：1501④

4.5：延亭城司马官 E. P. T59：655B⑤

4.6：▨张掖城司马印。　葆从者，龙起里赵彭，年二十。　十月二十五日，南啬夫昌内　▨73EJF3：109⑥

4.1中城司马"将骑百八十二人，从都尉追"，反映城司马属下是有骑兵的，并可以跟随都尉追击侵入甲渠塞的匈奴，可见城司马拥有军事职能。4.2，4.3中城司马谭、城司马武都以秩次行都尉文书事，说明城司马的秩级应当较高。4.4中城司马行居延令事，说明城司马与居延令关系较为密切。简文中反映的主要是城司马的军事职能。除此之外，简文中体现较多的是城司马以近次、以秩次、以近秩次行都尉事，可以看到城司马与都尉应同处一地，并且在与都尉同处一地的诸多官吏中，其秩级较高，能够优先代行都尉事。

从4.5的"城司马官"可以推测，城司马当有其官署。但城司马的官署在何处，尚未有确定的说法。城司马应与都尉居于一地，而居延都尉府所在则有数种观点。石升烜先生文中对于各位学者提出的居延都尉府的所在进行了总结，主要有以下数种观点：认为其在 A8 破城子的是陈梦家；认为在 K688 的有《额济纳河下游汉代烽隧遗址调查报告》，薛英群、宋会群、李振宏等及日本学者籾山明、宫宅洁、森谷一树、中村威也等；认为在 K710 城的有景爱、吉村昌之；认为在 K749 有马先醒。⑦ 之后石升烜提出都尉治所可能会随情势变化而发生迁移。因此，对于居延城司马的官署所在，目前还未有

① 简牍整理小组. 居延汉简（壹）[M]. 台北："中研院" 历史语言研究所，2014：186.
② 简牍整理小组. 居延汉简（贰）[M]. 台北："中研院" 历史语言研究所，2016：95.
③ 甘肃省文物考古研究所，甘肃省博物馆，文化部古文献研究室，等. 居延新简——甲渠候官与第四燧[M]. 北京：文物出版社，1990：486.
④ 甘肃简牍博物馆，甘肃省文物考古研究所，甘肃省博物馆，等. 肩水金关汉简（肆）：下册 [M]. 上海：中西书局，2015，118.
⑤ 甘肃省文物考古研究所，等. 居延新简——甲渠候官与第四燧 [M]. 北京：文物出版社，1990：400.
⑥ 甘肃简牍博物馆，甘肃省文物考古研究所，甘肃省博物馆，等. 肩水金关汉简（伍）：下册 [M]. 上海：中西书局，2016：10.
⑦ 石升烜. 何处是居延——居延城建置反映的汉代河西经营进程 [J]. 史原（第 26 期），2014：1-115.

定论。

前文提到的城司马，基本都指明"居延"二字，未指明的 4.1 中也提及城司马追击侵入甲渠塞的匈奴，甲渠塞属于居延都尉府，因此此处城司马也应是居延城司马。

但除居延城司马之外，3.12 与 4.6 中还出现有张掖城司马，但张掖城司马的存在一直备受质疑。自陈梦家先生以来，学者们基本一致认为张掖郡的部都尉仅在居延、肩水两处设置。所谓"张掖都尉"指的是张掖郡都尉。但作为郡都尉，其属下是否包括城司马，这一点我们还不得而知。森鹿三对这支简的"张掖城司马"提出了两点疑问，其一是"张掖虽改为护（或设）屏，但在简上仍用旧称张掖"。其二是"城司马是理应驻在都尉府的军官，所以，我也很难理解他为什么要从远离都尉府的地方发信。固然，我们也可以认为他可能是从张掖出差到居延，并从居延给上级发了信来"。因此他怀疑张掖城司马这种释读法是否正确。① 贾一平《西汉张掖郡部都尉所辖司马类职官考》认为"张掖城司马"只能是居延部都尉下属的城司马，简文或为书写、或为衍文之误。②

（二）城骑千人

下列的城骑千人简中都含"居延都尉"或"居延令"，因此他们应当都是居延城骑千人。

4.7：□四月己亥居延都尉德、城骑千人庆兼行丞事，下居延农，承
E. P. T56：33③

4.8：元延二年（公元前 11）二月丙申，居延守令城骑千人敞、丞忠移过所县▨

关：遣都阿亭长徐光，以诏书送徒上河，当舍传舍，从者如律令。

三月壬申出尸。掾阳、守令史阳、佐贤。73EJT37：1070④

4.9：▨月辛未朔壬申，都乡守啬夫宗，敢言之：都尉库佐

▨谨案户籍臧乡者，并爵上造，年廿四岁，毋▨

▨律令，敢言之。

▨城骑千人　　临，丞循移。73EJT21：60A

4.10：建平元年（公元前 6）九月庚寅朔丁未，居延都尉云、城骑千人

□▨

①　［日］森鹿三. 居延出土的王莽简［J］//中国社会科学院历史研究所战国秦汉研究室，主编. 简牍研究译丛（第一辑）. 北京：社会科学出版社，1983：10.

②　贾一平. 西汉张掖郡部都尉所辖司马类职官考——以居延汉简为中心［D］. 上海：上海师范大学，2015：74-96.

③　甘肃省文物考古研究所，甘肃省博物馆，文化部古文献研究室，等. 居延新简——甲渠候官与第四燧［M］. 北京：文物出版社，1990：308.

④　甘肃简牍博物馆，甘肃省文物考古研究所，甘肃省博物馆，等. 肩水金关汉简（肆）：下册［M］. 上海：中西书局，2015，88.

遣五官掾石博，对会大守府，当舍传舍，从者如律☒。73EJT37：615①

　　4.11：建武八年（32）三月己丑朔，　张掖居延都尉谋行丞事，城骑千人躬告劝农掾禹，谓官县

令以春祠社稷，今择吉日如牒，书到，令、丞循行。谨修治社稷，令鲜明。令、丞以下当 E. P. T20：4A②

　　4.12：始建国元年（9）八月庚子朔甲辰，居延守令城骑千人　丞良☐卅井☒ 73EJT35：8③

《居延汉简人名编年》认为4.7的城骑千人庆为五凤年间人士④，因此列于此处。4.9虽然无年号，但可以从简73EJT26：87中"河平元年（公元前28）五月庚子朔丙午都乡守啬夫宗敢言之"⑤ 推知。此二简中宗都作为守啬夫，时间差距当不会太大。因此城骑千人临的大致活动年代为元帝末、成帝初。

　　总的来说，有城骑千人出现的最早年号为宣帝五凤，最晚为光武帝建武，与城司马的出现时期基本一致，则此两官职是同时存在的。4.8，4.12中的城骑千人都暂时担任居延令，且在未列入本文的简文中还有更多城骑千人暂时担任居延令的例子。因此，城骑千人与居延令的关系应该较为密切。但在以上简中，没有关于城骑千人负责发放、管理粮食等物资的记录，因此不属于我们所说的城官系统。

　　从目前来看，简文中没有关于城司马和城骑千人负责发放、管理粮食等物资的记录，也暂时没有证据表明居延地区有一个负责物资转运与发放的机构，因此笔者认为，城司马也不属于城官系统。

结　语

　　在前人的研究中，城官系统负责戍卫都尉府所在之城，其下应该包括城尉、城司马等职官。而通过分析与研究，笔者认为在张掖郡中城官仅存在于肩水都尉府之下，这一机构中有下属机构肩水仓、肩水库及其中的官吏。城尉为城官的长官，除此之外，城官中还有千人、千人令史、掾、佐等官吏。同时，城官中还有少量军事力量——骑士。城官中的官吏主要负责的是粮食、武器等物资的储存与发放。而在居延都尉下的城司马和城骑千人，主要执掌军事戍卫，似乎与物资储存、发放无涉，因此并不属于我们所说的"城官系统"。

---

①　甘肃简牍博物馆，甘肃省文物考古研究所，甘肃省博物馆，等. 肩水金关汉简（肆）：下册 [M]. 上海：中西书局，2015，56.

②　甘肃省文物考古研究所，甘肃省博物馆，文化部古文献研究室，等. 居延新简——甲渠候官与第四燧 [M]. 北京：文物出版社，1990：69.

③　甘肃简牍博物馆，甘肃省文物考古研究所，甘肃省博物馆，等. 肩水金关汉简（肆）：下册 [M]. 上海：中西书局，2015，12.

④　李振宏，孙英民. 居延汉简人名编年 [M]. 北京：中国社会科学出版社，1997：94.

⑤　注：释文原为"河平五年（公元前24）"，此处采取胡永鹏先生意见。详见胡永鹏. 肩水金关汉简校读札记 [J]. 汉字文化，2015（3）：27-30.

>> 老师点评

陈安然同学的这篇《西北汉简所见"城官系统"》关注的是西北汉简中前辈学者关注不多的"城官系统"的问题。"城官系统"由陈直先生在《居延汉简所见官名通考》中首先提出，认为其中包括城官、城司马、城尉以及卒史。陈梦家先生认为"肩水城官"之官犹候官之官，乃治事之所，简化为城官，有吏，有亭吏。藤枝晃、永田英正、薛英群、何双全等很多学者的文章中都涉及城官、城尉等概念，但对于"城官系统"的整体研究还很少。陈安然同学通过梳理居延汉简、居延新简、肩水金关汉简、地湾汉简中的有关材料，认为张掖郡中城官仅存在于肩水都尉府之下，城官的下属机构有肩水仓、肩水库。城尉为城官的长官，除此之外，城官中还有千人、千人令史、掾、佐等官吏。同时，城官中还有少量军事力量——骑士。城官中的官吏主要负责的是粮食、武器等物资的储存与发放。而在居延都尉下的城司马和城骑千人，主要执掌军事戍卫，似乎与物资储存、发放无涉，因此并不属于"城官系统"。与之前的研究不同的是，陈安然同学的这篇文章关注的是"城官系统"的整体研究，对于"城官系统"中的机构、官吏与城官的职能都进行了讨论，对于之后的相关研究也有启发的作用。

但与此同时，这篇文章也还存在一些问题。首先，对于城尉的秩级还需要再考虑，地湾遗址出土了带有明确城尉秩级的简文，应据此调整对城尉秩级的讨论；其次，这篇文章中指出肩水城官的下属机构有肩水仓、肩水库，应考虑包括传置的可能；再次，城官仓的性质与定名还可以继续考虑；最后，居延都尉府与肩水都尉府距离并不遥远，这篇文章认为肩水都尉之下有城官，而居延都尉之下没有城官，其中原因还可以继续思考。

论文指导老师、学业导师：李洪财

三、优秀课程论文

5

佛教对北魏洛阳音乐世界和声音景观的重塑
——以《洛阳伽蓝记》为中心[①]

2018级　李启源[②]

摘　要：在《洛阳伽蓝记》中，杨衒之对北魏洛阳主要的寺院进行了详细的记述，其中关于音乐和声音的记载，是了解北魏音乐与洛阳城市风貌的重要史料。与儒教空间下礼仪音乐的贵族性、封闭性与静态性相比，由于佛教的洗礼，北魏洛阳的音乐世界呈现出一种平民贵族共享性、开放性与流动性；同时，佛教的兴盛使得钟、鼓等城市中原有的声音景观被重塑，并带来了"悬铃佛塔"这种全新的声音景观。

关键词：《洛阳伽蓝记》；佛教；北魏；音乐；声音景观

在中国音乐史上，北魏是一个对后世产生了重要影响的朝代。由于北方草原民族的南下以及长期的战乱，中原地区的礼仪音乐传统逐渐崩塌。随着入主中原的草原民族统治者与汉人的接触越来越密切，他们在文化上经历了一个涵化（acculturation）的过程，并对礼仪音乐体系进行了恢复和创新。这一时期，民间音乐十分兴盛，加之佛教和西域文化的大规模传入，最终融会形成了全新的音乐风格和独特的音乐文化；同时，佛教的兴盛重塑了钟、鼓等城市中原有的声音景观（soundscape），带来了"悬铃佛塔"这种全新的声音景观。

学界对北魏音乐的研究主要集中在以下几个方面：一是综合性的研究。吉林大学邵丹华的硕士论文《北魏乐舞研究》（2014）和吕净植的博士论文《北魏音乐研究》

---

①　注：本文在哈佛大学中国艺术实验室（Harvard Chinese Art Media Lab）"Digital Luoyang"项目的支持下完成。文章的主要观点和主体内容曾在哈佛大学中国艺术实验室"北魏洛阳的多维光谱"学术研讨会（2021.4.30）上进行了分享，并于同年9月作为学年论文提交。该文撰写过程中，得到了湖南大学谢一峰副教授的悉心指导和哈佛大学汪悦进教授（Eugene Y. Wang）、邓莹晶项目经理、中央美术学院霍奕瑾设计师的批评指正，该项目组的张蕊嘉、马晓阳、周海纳、柯万里（Ilmary Koria）等同学提供了很多材料上的无私帮助，梅州市胜于蓝设计服务有限公司参与了制图工作，谨致谢忱。

②　李启源（2000—），男，山东济南人，湖南大学岳麓书院历史学专业2018级本科生，主要研究方向为中国音乐史、魏晋南北朝史和佛教艺术。

（2016）是目前对北魏音乐较为系统、完善的研究。[①] 二是对宫廷音乐的研究。闫铮在其一系列论文中，对北魏宫廷音乐的发展脉络和表演形式进行了较为充分的研究。[②] 三是对乐器的研究。内蒙古大学董玥的硕士论文《北朝乐器的考古学观察》（2019）[③]、郑州大学周紫璇的硕士论文《北魏云冈石窟弹拨乐器考释》（2020）[④] 等文章以出土文物和石窟壁画为中心，对北魏时期的乐器种类、形制进行了细致的考证。四是对音乐史料的研究，特别是对洛阳相关音乐史料的研究。吉联抗在《从〈洛阳伽蓝记〉看北魏"伎乐之盛"》（1982）一文中已经关注到了《洛阳伽蓝记》中的音乐元素[⑤]，青岛大学宋美乐在其硕士论文《东汉魏晋南北朝时期洛阳音乐史料研究》（2020）第四章《北魏时期洛阳音乐史料分析》中，对北魏洛阳宫廷音乐、民间音乐、佛教音乐和音乐交流的相关史料进行了较为系统的梳理[⑥]，这两篇文章采取了陈列史料与材料分析相结合的模式，部分观察尚待深入、细化和延伸，亦对笔者有一定的启发。

除此之外，蒋家华的《〈洛阳伽蓝记〉行像研究》（2013）重点关注了"行像"这一礼佛行为[⑦]，山西大学白曙璋的硕士论文《北魏乐舞百戏形象研究》（2014）则从考古学、音乐学的角度对北魏时期"百戏"这一艺术形式进行了研究。[⑧] 这些成果对于佛诞节行像大典（流动音乐空间）的研究有所帮助。

目前，鲜有学者将"声音景观"概念引入北魏洛阳的研究中。李智君在《北魏佛教对洛阳都城景观的时空控制——以景观高度演替和时间节律变化为例》（2020）一文中认为，永宁寺塔不仅在视觉景观上占据洛阳城市的最高处，在声音景观上也不例外；[⑨] 谢一峰在《灵太后的浮图：佛教与北魏后期洛阳都市景观的重塑》（2020）一文中也提出，永宁寺对于北魏洛阳的体形环境（physical environment）而言，不仅是最为显著的视觉景观，也是非常重要的声音景观；[⑩] 从 1963 年中国科学院考古研究所洛阳工作队对永宁寺遗址的实地钻探开始，考古工作者对永宁寺遗址进行了数次全面的发掘和大量细致的研究，特别是杨鸿勋、钟晓青等人对永宁寺塔的复原；[⑪] 孙机在《中国梵钟》（1998）一文中，对从先秦到南北朝时期的钟、铃的形制及其发展过程进行了深入

① 邵丹华. 北魏乐舞研究［D］. 长春：吉林大学，2014；吕净植. 北魏音乐研究［D］. 长春：吉林大学，2016.

② 注：闫铮. "多元一体"视域下北魏宫廷音乐研究［J］. 黄河之声，2020（18）：19-21；闫铮. 北魏平城时期宫廷音乐构建考述［J］. 黄河之声，2020（19）：48-49；闫铮. 基于云冈石窟乐器图像学的北魏宫廷音乐源流考［J］. 黄河之声，2020（20）：43-45. 等等.

③ 董玥. 北朝乐器的考古学观察［D］. 呼和浩特：内蒙古大学，2019.

④ 周紫璇. 北魏云冈石窟弹拨乐器考释［D］. 郑州：郑州大学，2020.

⑤ 吉联抗. 从《洛阳伽蓝记》看北魏"伎乐之盛"［J］. 人民音乐，1982（4）：48-49.

⑥ 宋美乐. 东汉魏晋南北朝时期洛阳音乐史料研究［D］. 青岛：青岛大学，2020.

⑦ 蒋家华. 《洛阳伽蓝记》行像研究［J］. 求索，2013（2）：84-86.

⑧ 白曙璋. 北魏乐舞百戏形象研究［D］. 太原：山西大学，2014.

⑨ 李智君. 北魏佛教对洛阳都城景观的时空控制——以景观高度演替和时间节律变化为例［J］. 学术月刊，2020（7）：155-170.

⑩ 注：谢一峰. 灵太后的浮图：佛教与北魏后期洛阳都市景观的重塑［Z］. 未刊稿.

⑪ 注：参见杨鸿勋. 关于北魏洛阳永宁寺塔复原草图的说明［J］. 文物，1992（9）：82-87，59；钟晓青. 北魏洛阳永宁寺塔复原探讨［J］. 文物，1998（5）：51-64；张驭寰、傅熹年、王贵祥等学者也对永宁寺塔的复原研究做出了重要贡献.

的探讨。① 这些研究为以永宁寺为核心的北魏洛阳声音景观研究提供了必要的条件。

南北朝时期，佛教十分兴盛，北魏洛阳更是堪称"佛国"。《洛阳伽蓝记》成书于东魏武定五年（547 年），是东魏定都邺城十余年后，抚军司马杨衒之重游洛阳，追记劫前佛寺之盛，概述历史变迁的一部集历史、地理、佛教、文学于一身的著作。在该书中，杨衒之对北魏洛阳主要的寺院进行了详细的记述，其中关于音乐和声音的记载，是了解北魏音乐与洛阳城市风貌的重要史料。以《洛阳伽蓝记》为中心，可以探寻佛教对北魏洛阳音乐世界和声音景观的重塑。

一、佛教对北魏洛阳音乐世界的重塑

洛阳是北魏中后期的都城。北魏太和十七年（493 年），孝文帝拓跋宏迁都洛阳，大刀阔斧地实施改革，北魏洛阳时代拉开了序幕；永熙三年（534 年），高欢入洛阳，立元善见为帝，迁都邺城，北魏分裂为东魏和西魏。短短四十一年间，洛阳城经历了发展、繁荣、战乱和萧条，也见证了佛教与文化最为繁盛的时光。在北魏中后期的洛阳，随着各种音乐形式的发展、音乐场所的增加以及大量西域乐器、乐曲的传入，人们的音乐生活非常丰富。以音乐活动进行的场所为标准，可以将北魏洛阳的音乐世界分为"静态"和"流动"两个部分。

（一）雅俗叠奏：音乐及其场所的发展流变

音乐活动需要特定的场所，音乐的发展与音乐场所的发展是息息相关的。在今天，这样的场所通常是歌剧院和音乐厅，而在古代通常是王公贵族的宫室和富人的私家宅第。先秦时期，这类音乐场所往往是封闭的，是与市民的生活严格隔绝开的。为了维护统治秩序，周代的统治者制定了严密的礼乐制度，周天子和各级贵族必须根据自己的身份，按照不同的场合享用乐舞。《礼记·曲礼上》曰："礼不下庶人。"② 作为"礼"的附庸，这些"乐"与普通百姓的生活关系不大，绝大多数人没有机会欣赏乐舞，音乐教育的对象也仅限贵族子弟。在秦汉时期，设置有专门的音乐机构"太乐"和"乐府"，分别掌管宗庙祭祀的雅乐和皇帝巡行、郊祀、宴享等典礼的俗乐。这些场合显然只对贵族开放，体现了强烈的贵族性和封闭性。

民间音乐在不断发展的过程中，也与官方的礼仪音乐产生了一些交流和互动。首先，随着私学的兴起，礼乐教育与庶人无缘的局面逐渐改变，普通人也有机会接触到过去只有王公贵族才能欣赏的音乐；其次，一些民间音乐也被官方所吸收，融入礼仪音乐体系中。周代时制定了采风制度，通过广泛地收集民间歌曲来了解民风，了解政治得失，汉代的乐府也有"采歌谣"的职能。大量的民间歌舞、杂乐受到统治者的喜爱，逐渐被官府吸收，例如公莫舞、巴渝舞和百戏。在一些重要的场合，还出现了统治者与民众共同观赏百戏的情景，甚至引发了"（元封）三年（公元前 108）春，作角抵戏，三

---

① 孙机. 从历史中醒来：孙机谈中国古文物 [M]. 北京：生活·读书·新知三联书店，2016：243-256.

② 礼记正义：卷三·曲礼上第一 [M] // 上海古籍出版社，编. 十三经注疏：上册. 上海：上海古籍出版社，1997：1249.

百里内皆观"的轰动效应。① 从先秦到汉代，礼仪音乐与民间音乐就像两条平行的河流，虽然相互区隔，但二者之间的交流互动是越来越频繁的。这些互动动摇了礼仪音乐的贵族性和封闭性，也为北魏时期各种音乐风格的大融合奠定了基础。

魏晋南北朝时期充满了动荡和变革。随着南方与北方、中原与"四夷"的往来日渐增多，各民族文化在激烈的碰撞中走向融合。在这一时期，传统的礼仪音乐在连年战乱中逐渐崩解，南北音乐的交流愈发密切，佛教音乐大放异彩，加之龟兹乐、疏勒乐、西凉乐、安国乐、高丽乐、百济乐的传入，与本土音乐共同构成了多元融合、百花齐放的音乐世界。入主中原以后，鲜卑族统治者试图对受到严重冲击和破坏的礼乐制度进行恢复，作为其建立新的政治秩序的工具。天兴元年（398 年）十一月，道武帝拓跋珪"诏尚书吏部郎中邓渊典官制，立爵品，定律吕，协音乐"②。《魏书·乐志》载："太和初，高祖垂心雅古，务正音声。时司乐上书，典章有阙，求集中秘群官议定其事，并访吏民，有能体解古乐者，与之修广器数，甄立名品，以谐八音。诏'可'。虽经众议，于时卒无洞晓声律者，乐部不能立，其事弥缺。然方乐之制及四夷歌舞，稍增列于太乐。金石羽旄之饰，为壮丽于往时矣。"③ 经过百余年的恢复和发展，北魏逐渐形成了一套融合了古乐、民间音乐和"四夷"之乐的独特的礼仪音乐体系，用于郊庙祭祀、宴飨等场合，这些官方的音乐场所仍然是封闭的。但是，随着佛教文化的兴盛，洛阳城中也出现了更多开放性的、平民贵族共享的音乐场所——寺庙。

（二）梵音妙律：静态的音乐场所

由于佛教与北魏社会的深度融合，使得寺庙在其宗教职能以外，还承担了其他文化职能，包括"城市音乐厅"。佛教音乐传入中国以后，迅速在宫廷音乐中占据了一席之地，同时也与民间音乐相结合，以众多的寺院为"据点"迅速传播开来。例如在城内的景乐寺中：

> "至于六斋，常设女乐。歌声绕梁，舞袖徐转；丝管寥亮，谐妙入神。是以尼寺，丈夫不得入。得住观者，以为至天堂，及文献王薨，寺禁稍宽，百姓出入，无复限碍。后汝南王悦复修之。悦是文献之弟。召诸音乐，逞伎寺内。"④

景乐寺中伎乐的繁盛，由此可见一斑。且在文献王元怿死后，百姓也可以自由出入，不分男女。无独有偶，城西的王典御寺也出现了类似的开放性音乐场所："至于六斋，常击鼓歌舞也。"⑤ 除了节日上演的伎乐以外，音乐也贯穿了佛寺的日常生活。僧侣诵经时，用的是"唱"的方法，陈留土元景皓就曾"遂舍半宅，安置佛徒。演唱大乘，数部并进"⑥，即演唱《华严经》《涅槃经》《法华经》等大乘经典。⑦ 来此参加佛

① 班固. 汉书：卷六·武帝纪第六 [M]. 颜师古，注. 北京：中华书局，1962：194.
② 魏收. 魏书：卷二·太祖纪第二 [M]. 北京：中华书局，1974：33.
③ 魏收. 魏书：卷一百九·乐志五第十四 [M]. 北京：中华书局，1974：2828-2829.
④ 杨衒之. 洛阳伽蓝记校笺：卷一·城内 [M]. 杨勇，校笺. 北京：中华书局，2018：53.
⑤ 杨衒之. 洛阳伽蓝记校笺：卷四·城西 [M]. 杨勇，校笺. 北京：中华书局，2018：183.
⑥ 杨衒之. 洛阳伽蓝记校笺：卷四·城西 [M]. 杨勇，校笺. 北京：中华书局，2018：214.
⑦ 杨衒之. 洛阳伽蓝记校笺：卷四·城西 [M]. 杨勇，校笺. 北京：中华书局，2018：218.

事、欣赏音乐的既有皇族、高官和富商，也有许多平民百姓，体现了很强的包容性；尽管身份、阶层不同，但人们的音乐审美却相当一致。这种包容性、一致性正是佛教所带来的：在南北朝时期，佛教既是统治者自身的信仰与统治工具，又是众多饱受战乱之苦的百姓的精神寄托，具有非常广泛的社会基础。在孝明帝神龟元年（518 年），洛阳城有寺 500 所，这是迁都以后二十年所建寺庙的数量；到了魏末的 534 年，竟然激增到 1367 所。① 在成百上千所寺庙中，即使只有一小部分承担了"城市音乐厅"的功能，也是一个相当大的数字了。

在王公贵族的私家宅第中，伎乐的阵仗就更加庞大了：

> （高阳王寺）"自汉晋以来，诸王豪侈，未之有也。出则鸣驺御道，文物成行，铙吹响发，笳声哀转；入则歌姬舞女，击筑吹笙，丝管迭奏，连宵尽日。"②

> （法云寺）"或性爱林泉，又重宾客。至于春风扇扬，花树如锦，晨食南馆，夜游后园，僚采成群，俊民满席。丝桐发响，羽觞流行，诗赋并陈，清言乍起，莫不领其玄奥，忘其褊郄焉。"③

高阳王寺原先是高阳王元雍的宅第，元雍被尔朱荣所害后舍宅为寺。元雍生前位极人臣，奢侈非常，出行都要带着鼓吹仪仗，其家中亦是乐舞不断。临淮王元彧也常常在春天与宾客聚会作乐，欣赏伎乐。值得一提的是，佛寺中伎乐的繁盛与宫廷、贵族遣散入寺院的大批乐伎也有一定的关系："雍薨后，诸伎悉令入道，或有嫁者。"④ 河阴之变导致大量贵族和官员遇害，他们豢养的乐伎有许多流入了寺庙中；由于年龄等原因自然淘汰的乐伎也有一些会来到寺庙。他们凭借自身的专长，为寺院音乐的发展做出了一定的贡献。

那么，这些乐伎又是在哪里培养的呢？《洛阳伽蓝记》中就记载了乐伎的聚集地——城西的调音里、乐律里：

> "市南有调音、乐律二里。里内之人，丝竹讴歌，天下妙伎出焉。"⑤

这些乐伎与汉代官方豢养的乐工不同，演奏的内容多是佛教音乐和民间音乐。他们既是北魏伎乐兴盛的产物，同时也是其发展的推动者。尽管我们很难找到当时乐伎训练和表演的细节，但从对田僧超、朝云等人的记载中仍然可以管窥一二：

> "有田僧超者，善吹笳，能为壮士歌、项羽吟，征西将军崔延伯甚爱之。正光末，高平失据，虐吏充斥，贼帅万俟丑奴暴泾岐之间，朝廷为之旰食。延伯总步骑五万共讨之……延伯危冠长剑，耀武于前，僧超吹壮士笛曲于后；闻之者懦夫成勇，剑客思奋。延伯每临阵，常令僧超为壮士歌，甲胄之士，莫不

① 金大珍. 北魏洛阳城市风貌研究：以《洛阳伽蓝记》为中心 [M]. 北京：中国社会科学出版社，2016：56.
② 杨衒之. 洛阳伽蓝记校笺：卷三·城南 [M]. 杨勇，校笺. 北京：中华书局，2018：166.
③ 杨衒之. 洛阳伽蓝记校笺：卷四·城西 [M]. 杨勇，校笺. 北京：中华书局，2018：189.
④ 杨衒之. 洛阳伽蓝记校笺：卷三·城南 [M]. 杨勇，校笺. 北京：中华书局，2018：166.
⑤ 杨衒之. 洛阳伽蓝记校笺：卷四·城西 [M]. 杨勇，校笺. 北京：中华书局，2018：189.

踊跃。"①

"有婢朝云，善吹篪，能为团扇歌、陇上声。琛为秦州刺史，诸羌外叛，屡讨之不降。琛令朝云假为贫妪吹篪而乞。诸羌闻之，悉皆流涕……秦民语曰：'快马健儿，不如老妪吹篪。'"②

田僧超吹奏的壮士歌大大提振了战士们的士气，帮助崔延伯屡战屡胜；朝云吹篪更是让诸羌动容，相率归降。这两段记载带有强烈的传奇色彩，虽然有夸张的成分，但也反映了当时乐伎的演奏已经达到了相当高超的水平。高阳王元雍的美人徐月华在元雍死后嫁给了原士康为侧室，她也是一位技艺高超的乐手：

"美人徐月华善弹箜篌，能为明妃出塞之歌，闻者莫不动容。……徐鼓箜篌而歌，哀声入云，行路听者，俄而成市。徐常语士康曰：'王有二美姬，一名修容，一名艳姿，并蛾眉皓齿，洁貌倾城。修容亦能为绿水歌，艳姿尤善火凤舞，并爱倾后室，宠冠诸姬。'士康闻此，遂常令徐鼓绿水、火凤之曲焉。"③

由于伎乐大多在室内或者较小的空间内演奏，所用的乐器也多为音量较小的弦乐器、小型吹奏乐器和打击乐器，其中有许多是在南北朝时期从西域传入的。下图是大同出土北魏女乐俑5件，其中左1击鼓；左2吹奏笙簧或箫；左3弹奏曲颈琵琶；右1身体前倾，右膝略微撑高，且左手低、右手高，应是在弹奏古筝；右2双手置于腹部，左下右上，应是在演奏鼓类乐器。这一组乐俑生动地还原了伎乐演奏时的情形。

图1 北魏女乐俑④

（三）行像百戏：流动的音乐空间

除了固定的音乐场所以外，在某些特定的时间，洛阳城中还会形成一些流动的音乐空间：

---

① 杨衒之. 洛阳伽蓝记校笺：卷四·城西 [M]. 杨勇，校笺. 北京：中华书局，2018：189-190.
② 杨衒之. 洛阳伽蓝记校笺：卷四·城西 [M]. 杨勇，校笺. 北京：中华书局，2018：191.
③ 杨衒之. 洛阳伽蓝记校笺：卷三·城南 [M]. 杨勇，校笺. 北京：中华书局，2018：166-167.
④ 注：图片来源古顺芳. 大同北魏平城丝路遗珍 [J]. 收藏家，2015（3）：25.

（长秋寺）"四月四日，此像常出，辟邪、师（狮）子导引其前。吞刀吐火，腾骧一面。绵幢上索，诡谲不常。奇伎异服，冠于都市。像停之处，观者如堵。迭相践跃，常有死人。"①

四月四日，长秋寺会进行小规模的佛像巡游，在其周围形成一个流动的音乐空间。众多的佛像可能就是在这一时间出发前往景明寺，与其他寺院的佛像合为一处，准备参加四月八日正式的铜驼大街行像。但是，从长秋寺到景明寺的距离约为三千米②，一日之内即可到达，无需提前四天出发。如果从四日开始，长秋寺的佛像就一边巡游，一边缓慢地向景明寺前进，恐怕也很难说得通：这些佛像晚上在哪里落脚呢？肯定不能让它们"露宿街头"。如果是"借宿"在沿途的其他寺庙，那么在距离上与回到长秋寺相比差别并不大，无需多此一举。故笔者认为，长秋寺的巡游范围就是该寺附近的里坊。等到四月七日，巡游的队伍直接前往景明寺，而这次小范围的巡游可以看作是接下来四月八日大规模巡游的前奏和"开胃小菜"。

巡游时的百戏表演里有许多的音乐元素。在笔者目前掌握的材料中，"百戏"一词最早明确地出现在《后汉书·孝安帝纪》中："（延平元年即106年十二月）乙酉，罢鱼龙曼延百戏"③，但其历史最早可以追溯到先秦时期。百戏表演的内容非常丰富，包含杂技、幻术、角抵、斗兽与驯兽、象人之戏、俳优与谐戏、傀儡等④，其技术代代相传，不断地发展，在西汉时期就已经出现了《总会仙倡》这样有歌、有舞、有乐、有角色和故事情节的化妆乐舞百戏表演。另一出《东海黄公》更是以较为完整的剧情表演吸引了汉武帝，进而被宫廷所吸收。⑤ 在洛阳的行像大典中，百戏的内容要更为丰富。《魏书·乐志》记载，"（天兴）六年（403）冬，诏太乐、总章、鼓吹增修杂伎，造五兵、角觝、麒麟、凤皇、仙人、长蛇、白象、白虎及诸畏兽、鱼龙、辟邪、鹿马仙车、高絙百尺、长趫、缘橦、跳丸、五案以备百戏"⑥，可见当时有类似于舞龙、舞狮的杂技表演，也有鼓吹乐为其伴奏。

① 杨衒之. 洛阳伽蓝记校笺：卷一·城内 [M]. 杨勇，校笺. 北京：中华书局，2018：46.
② 注：笔者根据《洛阳伽蓝记校笺》后附《北魏洛阳伽蓝图》测量计算。
③ 范晔. 后汉书：卷五·孝安帝纪第五 [M]. 李贤，等，注. 北京：中华书局，1965：205. 注：众多音乐史教材、研究著作和网络资料都称"百戏"一词始见于《汉文帝纂要》"百戏起于秦汉曼衍之戏"，但并没有注明原文献出处，参见陈育新. 中国杂技发展研究 [M]. 成都：四川文艺出版社，2011：9；陈应时，陈聆群. 中国音乐简史 [M]. 北京：高等教育出版社，2006：73. 等等。然而，这一说法的来源是宋代高承的《事物纪原》，且"汉文帝"应作"汉元帝"，参见高承. 事物纪原：卷九·农业陶渔部第四十五 [M]. 清光绪二十二年（1896）长沙刻惜阴轩丛书本. 在无法找到《纂要》原文，且无确凿证据的情况下，笔者暂不采用此种说法。
④ 萧亢达. 汉代乐舞百戏艺术研究 [M]. 北京：文物出版社，1991：269-355.
⑤ 陈应时，陈聆群. 中国音乐简史 [M]. 北京：高等教育出版社，2006：74.
⑥ 魏收. 魏书：卷一百九·乐志五第十四 [M]. 北京：中华书局，1974：2828.

图2　北魏杂耍乐舞图（摹本）①

　　四月八日佛诞节的行像大典是洛阳城每年最为盛大的活动。四月七日是大典的第一阶段，"四月七日，京师诸像，皆来此寺"②，洛阳各寺中的佛像都会来到城南的景明寺集合。各寺的行像队伍并不是安静地直奔目的地，而是一边在城中巡游，一边表演鼓吹和杂戏，有时还会与景明寺的佛像进行"互动"：

　　　　（昭仪尼寺）"寺有一佛二菩萨，塑工精绝，京师所无也。四月七日常出诣景明。景明三像，恒出迎之。伎乐之盛，与刘腾相比。"③

　　　　（宗圣寺）"举高三丈八尺……此像一出，市井皆空，炎光辉赫，独绝世表。妙伎杂乐，亚于刘腾。城东士女，多来此寺观看也。"④

　　　　（石桥南景兴尼寺）"有金像辇，去地三丈，施宝盖，四面垂金铃七宝珠，飞天伎乐，望之云表。作工甚精，难可扬搉。像出之日，常诏羽林一百人举此像。丝竹杂伎，皆由旨给。"⑤

　　昭仪尼寺、宗圣寺、景兴尼寺都有各自的"代表"：昭仪尼寺有一座塑工精绝的一佛二菩萨像、宗圣寺有一座"举高三丈八尺"的佛像、景兴尼寺则有一座"去地三丈"的金像辇，这些佛像每次出行都会引来众多百姓围观。在描述百戏之盛时，杨衒之多次使用了"与刘腾相比""亚于刘腾"的表述。此处的"刘腾"并非刘腾家宅，而是由刘腾所立的长秋寺，可见与参加行像大典的其他寺庙相比，长秋寺的伎乐、百戏堪称整个洛阳城的标杆。

　　　　（景明寺）"至八日，以次入宣阳门，向阊阖宫前受皇帝散花。于时金华映日，宝盖浮云，幡幢若林，香烟似雾。梵乐法音，聒动天地。百戏腾骧，所在

---

①　注：图片来源张庆捷，吕金才，冀保金，等. 山西大同南郊仝家湾北魏墓（M7、M9）发掘简报［J］. 文物，2015（12）：18.
②　杨衒之. 洛阳伽蓝记校笺：卷三·城南［M］. 杨勇，校笺. 北京：中华书局，2018：133.
③　杨衒之. 洛阳伽蓝记校笺：卷一·城内［M］. 杨勇，校笺. 北京：中华书局，2018：55.
④　杨衒之. 洛阳伽蓝记校笺：卷二·城东［M］. 杨勇，校笺. 北京：中华书局，2018：81.
⑤　杨衒之. 洛阳伽蓝记校笺：卷二·城东［M］. 杨勇，校笺. 北京：中华书局，2018：87.

骈比。名僧德众，负锡为群。信徒法侣，持花成薮。车骑填咽，繁衍相倾。"①

四月八日，各寺的行像队伍从景明寺出发，依次通过宣阳门，沿着洛阳城的南北主干道——铜驼大街一路向北行进。铜驼大街是整座洛阳城最宽的纵道，最大宽度约为42米。②尽管道路宽广，但人数实在太多，依然是"车骑填咽，繁衍相倾"。沿途要经过衙署区，两侧对称地布置着太社、太庙、九级府、宗正寺、将作曹、国子学等机构。永宁寺，洛阳城中的制高点也位于行进路线的附近。队伍一边向前行进，一边演奏着梵乐法音，表演着百戏；道路两边挤满了观看大典的僧众和百姓。一时间，音乐声、喧闹声、车马声、僧侣诵经声……所有的声音交汇在一起，呈现出佛国盛世的奇观。

行像大典在皇帝散花的环节达到高潮。佛教的《大般若波罗蜜多经》和《华严经》中都有散花品，《大智度论》曰："华散佛上，是供养佛宝；散诸菩萨、须菩提，及般若波罗蜜，是供养法宝；散诸比丘僧，是供养僧宝。"③《魏书·释老志》载："世祖初即位，亦遵太祖、太宗之业，每引高德沙门，与共谈论。于四月八日，与诸佛像，行于广衢，帝亲御门楼，临观散花，以致礼敬。"④ 阊阖门是宫城的南门，也是行像队伍的目的地。皇帝亲自站在城门楼上，向佛像行散花礼，行像大典的氛围也达到最高潮。这一天，以阊阖门为中心，以铜驼大街为轴，形成了一个流动的音乐空间，其范围覆盖了小半座洛阳城。从平城时代到洛阳时代，这样的典礼在一百年左右的时间内几乎一直在举办，直到建义元年（528年），尔朱荣发动河阴之变，大举屠杀北魏皇室，将胡太后与幼帝投入黄河，行像大典从此停废，成为北魏洛阳的绝响。

由于巡游队伍都是在室外行进间演奏，一些音量较小、不方便携带的弦乐器就不能使用了，取而代之的是号角、唢呐、笳等声音洪亮且便于携带的管乐器。图3、图4为北魏马上乐俑。图3中乐俑双手弯曲举至肩高，应是在演奏排箫；图4中乐俑右手握管，左手半握，左臂向前托举，应是在演奏

图3、图4　马上乐俑⑤

大型笳。图5为陕西历史博物馆藏十六国时期骑马吹号俑和骑马击鼓佣，其乐器保存得

① 杨衒之. 洛阳伽蓝记校笺：卷三·城南 [M]. 杨勇，校笺. 北京：中华书局，2018：133-134.

② 注：从开解剖沟了解的情况看，铜驼大街的实际宽度可能还要大大超过此数。参见段鹏琦. 汉魏洛阳故城 [M]. 北京：文物出版社，2009：69.

③ 龙树菩萨. 大智度论：卷五十五·释散华品第二十九 [M]. 鸠摩罗什，译. 北京：宗教文化出版社，2014：1078.

④ 魏收. 魏书：卷一百一十四·释老志十第二十 [M]. 北京：中华书局，1974：3032.

⑤ 注：图片来源古顺芳. 大同北魏平城丝路遗珍 [J]. 收藏家，2015（3）：24.

更加完好，展现了当时的乐队行进间演奏的方式。

图 5　骑马吹号俑、骑马击鼓俑①

综上所述，与在儒教空间下，礼仪音乐的贵族性、封闭性、静态性相比，北魏的音乐则体现出一种平民贵族共享性、开放性与流动性，体现了佛教对洛阳城市音乐世界的"重塑"。

二、佛教对北魏洛阳声音景观的重塑

"声音景观"又称"声景""声景观"，是由加拿大作曲家、环境思想家雷蒙德·默里·谢弗（Raymond Murray Schafer）于 20 世纪 70 年代提出的概念。② 顾名思义，"声音景观"即由声音构成，用听觉来感受的景观。从场域上看，北魏洛阳声音景观的分布非常广泛，其影响范围几乎覆盖了整座城市；从内容上看，洛阳的声音以钟声、鼓声和铃声为主。

（一）暮鼓晨钟：佛教对原有声音景观的重塑

钟声和鼓声是中国古代城市中常见的音响，是一类"实用性"的声音，具有报时、开市罢市、警报等功能。蔡邕《独断》载："鼓以动众，钟以止众。夜漏尽，鼓鸣则起；昼漏尽，钟鸣则息也。"③ 崔寔《政论》载："钟鸣漏尽，洛阳城中不得有行者"④，可见其在东汉就已经大规模应用于都城的公共空间。《洛阳伽蓝记》中提到了建阳里的钟和鼓：

---

①　注：图片来源于笔者拍摄。

②　注：谢弗对此进行了详细的阐述和个案研究，参见 R. Murray Schafer, *The Soundscape：Our Sonic Environment and the Tuning of the World*, Rochester：Inner Traditions International, Limited, 1993. "显然，Schafer 借用了地理学中景观或地理景观（landscape）的概念，将声音纳入环境的范畴，视之为人类生活环境的重要组成部分。"参见张晓虹. 地方、政治与声音景观：近代陕北民歌的传播及其演变［J］. 云南大学学报（社会科学版），2019（2）：37-38.

③　蔡邕. 独断：卷下［M］. 北京：中华书局，1985：24.

④　崔寔. 政论校注：佚文［M］. 孙启治，校注. 北京：中华书局，2012：187.

"（龙华寺）阳渠北有建阳里，里有土台，高三丈，上作二精舍。赵逸云：'此台是中朝旗亭也。上有二层楼，悬鼓，击之以罢市。'有钟一口，撞之闻五十里。太后以钟声远闻，遂移在宫内，置凝闲堂前，讲内典沙门打为时节。初，萧衍子豫章王综来降，闻此钟声，以为奇异，遂造听钟歌三首，行传于世。"①

鼓声可以用来宣告罢市，也可以悬于高处用来发出警报。建阳里内的土台原来是晋朝时的旗亭，曾经悬挂着一面用来宣告罢市的鼓；钟则常常用来报时。北魏时，建阳里土台的精舍中安放有一口声音十分响亮的钟，后来它被胡太后看中，移到宫中用来在讲经时打节计时。《洛阳伽蓝记》中只记载了这一口钟，这是因为其声音最为洪亮，又有萧综《听钟歌》的故事流传于世。除了它之外，城中还有更多没有被提及的钟。

佛教传入以后，钟声、鼓声在城市公共空间中逐渐被赋予全新的功能，成为寺庙里报时、集众的法器，并在南北朝时期得到确立。《增一阿含经》载："（阿难）即升讲堂，手执揵椎，并作是说：'我今击此如来信鼓，诸有如来弟子众者，尽当普集。'尔时，复说此偈：'降伏魔力怨，除结无有余，露地击揵椎，比丘闻当集。诸欲闻法人，度流生死海，闻此妙响音，尽当运集此。'"②《北史·元飏传》载："景明、报德寺僧鸣钟欲饭，忽闻飏薨，二寺一千余人皆嗟痛，为之不食，但饮水而斋。"③阿难击鼓来召集信众，景明寺、报德寺鸣钟开饭，这些新的功能体现了佛教对原有声音景观的重塑。此后，这些功能逐渐被固定下来，成为寺院的"标配"。"城中日夕歌钟起，山上唯闻松柏声"④，沈佺期在北邙山上只听到了松柏的声音，却自然而然地"脑补"出了城内的钟声。元代佛教文献《敕修百丈清规·圣节》载："鸣大钟及僧堂前钟，集众列殿上，向佛排立。"⑤ 又《法器章》中说："（大钟）丛林号令资始也。晓击，则破长夜，警睡眠。暮击，则觉昏衢，疏冥昧。引杵宜缓，扬声欲长。凡三通，各三十六下，总一百八下，起止三下稍紧"⑥；"（僧堂钟）堂前念诵时，念佛一下，轻鸣一下，末叠一下"⑦，讲的正是寺庙里钟的敲法。元代在时间上远远晚于北魏，但钟声在寺院生活中起到的作用却是非常相似的。此外，孙机认为，中国本土钟受到佛塔所悬铜铃的影响，其形制最晚不迟于南北朝时期已经由合瓦形改为圆形了⑧，这同样体现了佛教的"重塑"作用。

（二）宝铎和鸣："悬铃佛塔"声音景观的出现

铃又称风铃、铁马，其音质清脆，常悬于佛塔之上。与钟声、鼓声不同，铃声是佛教传入中国以后，城市公共空间中出现的新的音响，也是一种不具备实用性的音响。最典型的一个例子是永宁寺，其特征与西域第一浮图——犍陀罗（Gandhara）的雀离浮图

① 杨衒之. 洛阳伽蓝记校笺：卷二·城东 [M]. 杨勇，校笺. 北京：中华书局，2018：77.
② 僧伽提婆. 增一阿含经 [M] // 大正藏：第125册，677.
③ 李延寿. 北史：卷十九·列传第七 [M]. 北京：中华书局，1974：707.
④ 沈佺期. 北邙山 [M] // 陈伯海，主编. 唐诗汇评. 上海：上海古籍出版社，2015：341.
⑤ 德辉. 敕修百丈清规：卷第一·祝釐章第一 [M]. 郑州：中州古籍出版社，2011：19.
⑥ 德辉. 敕修百丈清规：卷第八·法器章第九 [M]. 郑州：中州古籍出版社，2011：210.
⑦ 德辉. 敕修百丈清规：卷第八·法器章第九 [M]. 郑州：中州古籍出版社，2011：210.
⑧ 孙机. 从历史中醒来：孙机谈中国古文物 [M]. 北京：生活·读书·新知三联书店，2016：244.

(Cakri Stupa) 非常类似。雀离浮图 "上有铁柱高三百尺，金盘十三重"①，"旭日始开，则金盘晃朗；微风渐发，则宝铎和鸣"②，同样的构造和声音在永宁寺塔上也能找到：

> "宝瓶下有承露金盘三十重，周匝皆垂金铎。复有铁锁四道，引刹向浮图四角；锁上亦有金铎，铎大小如一石瓮子。浮图有九级，角角皆悬金铎，合上下有一百二十铎。"③

根据杨衒之的记载，可以复原永宁寺塔上铃铎的悬挂方式。"承露金盘"又名相轮，由印度窣堵波（stupa）顶部围栏内的"宇宙之树"演变而来，"承露金盘三十重"应为"一十一重"④，每重悬挂四枚铃铎，共 44 枚；有 4 道铁锁连接塔刹和浮图的四角，每道悬挂 10 枚，共 40 枚；有 9 层浮图，每层悬挂四枚，共 36 枚。三个部分加起来，正好是书中记载的 120 枚。我们可以想象，数量众多，大小"如一石瓮子"的铃铎悬挂在最高可达 147 米的永宁寺塔上⑤，会产生怎样的音响效果：

> "至于高风永夜，宝铎和鸣，铿锵之声，闻及十余里。"⑥
> "时有西域沙门菩提达摩者，波斯国胡人也，起自荒裔，来游中土，见金盘炫日，光照云表，宝铎含风，响出天外，歌咏赞叹，实是神功。"⑦

"闻及十余里"显然有夸张的成分，但永宁寺的铃铎确实会在周边地区产生一定的音响效果，形成独特的声音景观。在《洛阳伽蓝记》中，除了永宁寺以外，还提到了瑶光寺佛塔上的铃铎：

> "有五层浮图一所，去地五十丈。仙掌凌虚，铎垂云表，作工之妙，埒美永宁。"⑧

这反映了当时佛塔的一种标准形制，每座佛塔都会按照类似的方式悬挂铃铎，并在其周围形成范围或大或小的声音景观。"印度佛塔上所悬之铃的截面呈圆形，与先秦乐钟之呈合瓦形者判然有别。及至佛法东传，中国依西域制度，也在塔上悬挂圆形铜铃。"⑨北魏佛塔以方塔为主，每层四角悬铃的数量是可以确定的：七层为 $7 \times 4 = 28$ 枚，

---

① 杨衒之. 洛阳伽蓝记校笺：卷五·城北 [M]. 杨勇（校笺）. 北京：中华书局，2018：228.
② 杨衒之. 洛阳伽蓝记校笺：卷五·城北 [M]. 杨勇（校笺）. 北京：中华书局，2018：229.
③ 杨衒之. 洛阳伽蓝记校笺：卷一·城内 [M]. 杨勇，校笺. 北京：中华书局，2018：11.
④ 注：《续高传》《三宝记》《释教录》《北山录》作"一十一重"，参见杨衒之. 洛阳伽蓝记校笺：卷一·城内 [M]. 杨勇（校笺）. 北京：中华书局，2018：19. 金盘若为十一重，铃铎的数量就能准确地对上"合上下有一百二十铎"，钟晓青等学者对塔刹进行复原时也采取了十一重的说法。
⑤ 注：塔高为塔身加塔刹的总高，参见杨鸿勋. 关于北魏洛阳永宁寺塔复原草图的说明 [J]. 文物，1992（9）：85. 陈明达则对此持有异议。他认为，《洛阳伽蓝记》和《水经注》的记载，即"去地千尺"（272.66 米）和"四十九丈"（136.06 米）的说法均不足为据，全塔总高最大可达 81.66 米。这一说法缺乏必要的文献依据，是基于应县木塔等现存木结构塔逆推的产物。参见陈明达. 中国古代木结构建筑技术：战国——北宋 [M]. 北京：文物出版社，1990：34-35. 即使以陈明达的说法为准，其高度也足以让铃声传播到很远的地方了。
⑥ 杨衒之. 洛阳伽蓝记校笺：卷一·城内 [M]. 杨勇，校笺. 北京：中华书局，2018：12.
⑦ 杨衒之. 洛阳伽蓝记校笺：卷一·城内 [M]. 杨勇，校笺. 北京：中华书局，2018：13.
⑧ 杨衒之. 洛阳伽蓝记校笺：卷一·城内 [M]. 杨勇，校笺. 北京：中华书局，2018：48.
⑨ 孙机. 从历史中醒来：孙机谈中国古文物 [M]. 北京：生活·读书·新知三联书店，2016：243-244.

五层为 20 枚，三层为 12 枚；任何层级的佛塔从塔刹到顶层的四角都有一定的距离，足以悬挂约 7—10 枚铃铛，故不同层级佛塔铁索上的铃铛数量差别应该不大；最难以估算的是塔刹金盘上的铃铛数量——没有任何证据表明浮图的层级与金盘的数量有着某种对应关系。但佛塔的高度越高，其塔刹体积往往越大，可承担铃铛的体积和数量都会更大、更多。且使铃铛发出声音的唯一动力是风，建筑物的高度越高，其顶端位置的风力就越大，铃铛发出的声音也就越响。故佛塔的高度与该声音景观的覆盖范围一般来说是成正比的。

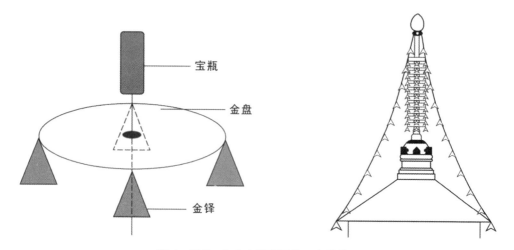

图6、图7　永宁寺塔刹悬铃示意图①

通过对国内现存悬铃佛塔的实地考察，可以大致估算这种声音景观的影响范围。苏州寒山寺塔是一座五层方塔，其每层四角皆悬铃，同时具有塔刹、金盘、铁锁等构造，与永宁寺塔较为相似。笔者观察发现，在风力微弱的情况下，铃铛发出的声音微乎其微；在风力中等的情况下，塔周围 40—60 米可以清晰地听到铃声；而在风力强大的情况下，铃声可以传播约 100—150 米。考虑到当时环境的嘈杂，其影响范围还会更大。故笔者推测，在风力较大的时候，永宁寺塔声音景观的覆盖半径可达 400 米以上，这一范围内还存在着其他或大或小的佛塔，"宝铎和鸣"的效果正是这样产生的。

《洛阳伽蓝记》全书共记载寺院 66 座，其中永宁寺有九层浮图一所，景明寺有七层浮图一所，瑶光寺、胡统寺、秦太上君寺、平等寺、冲觉寺、融觉寺有五层浮图一所，长秋寺、明悬尼寺、灵应寺、王典御寺、宝光寺有三层浮图一所，共有浮图十三所，每一所都是一个独特的声音景观。上述十三座之外的许多寺庙也有自己的浮图，如据《魏书·释老志》记载，白马寺有一座东汉时期的齐云塔，且"凡宫塔制度，犹依天竺旧状而重构之，从一级至三、五、七、九，世人相承，谓之'浮图'"②，足见该塔是中国后来所有浮图的祖先。"晋世，洛中佛图有四十二所矣"③，在寺庙数量激增的北魏洛阳

---

① 注：图片来源于笔者自制。图 6 底图根据《永宁寺塔立面复原图》重绘，原图载于钟晓青. 北魏洛阳永宁寺塔复原探讨 [J]. 文物，1998&（5）：61.

② 魏收. 魏书：卷一百一十四·释老志十第二十 [M]. 北京：中华书局，1974：3029.

③ 魏收. 魏书：卷一百一十四·释老志十第二十 [M]. 北京：中华书局，1974：3029.

时代，"悬铃佛塔"声音景观的数量还会更多。

佛教在重塑了洛阳音乐世界的同时，也重塑了钟、鼓等原有的声音景观，并为城市增添了全新的"悬铃佛塔"声音景观。这些改变营造出了一种圣洁、庄严、宁静的气氛，在听觉上形成了一个"神圣空间"（sacred space），使得城市中的佛教氛围更加浓厚。

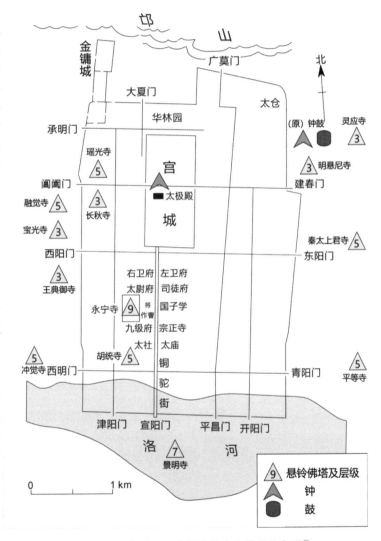

图8 《洛阳伽蓝记》中提及的声音景观分布图①

———————————

① 注：图片来源于笔者自制。

结　语

"烟悉雨啸黍华生，宫阙簪裳旧帝京。若问古今兴废事，请君只看洛阳城。"① 这是司马光面对这座历经沧桑的古城发出的感慨，也是《洛阳伽蓝记》一书最合适的题记。北魏洛阳时代虽然短暂，却是中国音乐史上重要的一页：从西周传承下来的，在连年战争中遭到严重破坏的礼仪音乐体系在平城时代得到恢复和发展，在洛阳时代走向了鼎盛；佛教文化发展到了一个全新的高度，佛教音乐和伎乐深深地融入了王公贵族和百姓的日常生活中；不同的文化在这里交集、碰撞、融会，"四夷"的乐器、乐曲也汇聚于此，今天人们耳熟能详的那些民族乐器，如琵琶、唢呐、笙、箫、古筝、笛子、箜篌……正是在北魏洛阳时代聚齐的，魏晋南北朝时期的音乐大融合亦是在这时达到了高潮。在北魏灭亡几十年以后，隋唐时期也迎来了一次音乐的大繁荣，这正是建立在北魏时期音乐融合、发展的基础之上的。

漫步在北魏洛阳城的大街小巷，到处都能听到悦耳的金铎声、僧侣的念经声、佛寺中时不时传来集合的鼓声、开饭的钟声……所有的声音景观中，都能发现佛教的痕迹。它重塑了钟声和鼓声，也带来了铃声。钟声在寺庙中被赋予了新的功能，这些功能一直赓续至今；今天的许多佛塔仍在塔刹和每一层的角上悬挂铃铛，一阵风吹过，叮叮当当的声音便萦绕在整个寺院，让人不禁回忆起曾经的那个佛国盛世。在短短四十一年的时间里，洛阳用她的包容和开放，塑造了独具特色的音乐和声音文化。今天的洛阳，诵经声、伎乐声和交错的铃声已经远去，行像大典的队伍走进了历史的长河中，唯有青山依旧，洛水长流，默默陪伴着这座褪去了荣光的千年古都。

>> 老师点评

李启源同学是我来到湖南大学岳麓书院工作担任学业导师后的第一位本科生，也是我教师职业生涯中全程指导的第一位本科生。他聪明好学、活泼好动、开朗乐观，是一个真正意义上的阳光男孩。从进校伊始，我就特别敦促我的学生们要学习严耕望先生严谨求实、不慕虚名的的治史精神，也特别强调历史学本科生学术规范的养成和训练。一个人的史才、史识，或许需要通过大量的阅读、综合的分析和持续的训练来增进，亦须得一些天赋和运气；但其史德的修养，尤其是职业素养和学术规范的养成，却是应该从入门伊始便坚持坚守，内化为一种史家的习惯。胡适说"有几分证据说几分话，有七分证据不说八分话"，李启源在其有关北魏洛阳声音景观和云冈石窟音乐图像的研究过程中，始终以第一手史料为核心，扎扎实实地开展研究，体现出严谨求实的治史精神。孟子云"尽信书，则不如无书"，罗新也在其近著中反复申说反思力和想象力对于历史学者的重要性。在当下竞争空前激烈（如近来网络流行语之所谓"内卷"）的学术环境之

① 司马光. 过故洛阳城［M］//常熟瞿氏藏宋绍兴本缩印. 温国文正司马公文集：卷六·律诗一. 上海：商务印书馆，1936：93.

中，保持对于既有观点的批判力、反思力，在史料与现有研究的缝隙中探索发现，驰骋史家富于理性的想象力，对于真正意义上的学术创新显得尤为重要。李启源的研究探索虽然还有些稚嫩，但他敢于挑战交叉学科领域的缝隙（如声音景观研究），敢于对既有成说进行明确的辨析（如云冈石窟图像中的诸类乐器），善于将空间研究之所得加以视觉化的呈现，体现出青年人的朝气和锐气。读万卷书，也要行万里路。近年来史学界的变化，提倡我们走出书斋、奔向田野，开展实地考察和调研。李启源在疫情期间克服重重困难，前往云冈石窟展开细致调研，逐一研究记录，可谓"敏于行"；其又善于沟通，与云冈石窟的工作人员结下情谊，争取拍照等细致搜集史料的便利，当可谓"善于言"。2021 年暑假，我有一次机会组织一次关于北魏洛阳都城景观研究的国际工作坊，在哈佛大学汪悦进（Eugene Wang）老师的支持下邀请包括李启源在内的三位书院学子汇报相关的研究成果。李启源作为会场年龄最小的与会者精心准备、毫不怯场，修改框架、打磨字句，展现出书院学子的"国际范"。

论文指导老师、学业老师：谢一峰

6

思想的"低音域"：晚明儒学史脉络新探

2018 级　王纪梁

摘　要：民国以来，学界关于晚明儒学史的探讨一般存在着"片面化"的问题，在此弊端下，或潜藏着晚明儒学史的另一种书写可能。本文通过以《四库提要》存目为中心的考察，尝试分析若干晚明儒学的代表性论著，并以其举证晚明儒学史中存在的思想史线索；复通过这些思想史线索发现晚明儒学史中的两大特征，勾勒出其脉络。同时，本文亦沿此线索，探究晚明儒学史书写当中"片面化"产生的历史成因，对"脉络新探"的必要性进行分析，并总结反思所带来的问题意识。

关键词：晚明；儒学史；思想史；经学

自民国以降，学界关于儒学史的探讨，不外乎沿着两条大致的路径。第一条是在新文化运动对儒学造成巨大冲击、"新儒学"作为回应思潮诞生的背景下出现的路径，是以冯友兰、牟宗三、唐君毅等为代表人物，按照西方哲学，对中国传统典籍进行哲学化分析之后建立起的学术方法。第二条路径是在近些年来基于对第一条路径深刻反思而开辟的路径，代表人物有陈壁生、干春松、曾亦等，主张将因为不符合西方"哲学"范式而被忽略的经学史重新纳入儒学史的研究范畴中，从而为儒学史研究提供更全面的视野。

陈壁生曾批评第一条路径的两点疏漏："第一，是把古代最重要的或曰古代主流思想的经学基本排除在外。第二，是把古代的信仰和价值完全转化成为逻辑与知识，这个问题在对宋学的理解上尤其突出。"[①] 在如今的第二条路径崛起、"经学热"的背景下，第一点疏漏似乎已经有所缓解，两汉经学、晋唐义疏学和清代朴学，尤其是乾嘉考据之学，重新回到了儒学史的视野。但是除此之外时段的经学，则未能得到措意；第二点疏漏仍然没有得到重视，通常被视为"宋学"区域的宋元明之儒学，则在"新儒学"等同

---

①　陈壁生. 经学的新开展：在四川大学哲学系的报告［M］//干春松，陈壁生，主编. 经学研究：第一辑. 北京：中国人民大学出版社，2012：53.

宋学为理学、理学为思辨的惯性思维之下，仍然局限于"哲学"式的研究中。两者交叉之下所形成的研究盲区，即宋元明时期的、除理学当中抽象思辨方面之外的儒学发展轨迹，则鲜少有人述及。

此中又以晚明①儒学的研究最为片面化。学界对明代儒学，尤其是晚明儒学的主流看法，则多有沿袭清儒的刻板印象，认为明代"学风妄诞，人竟不读书"②"自明正德、嘉靖以后，其学各抒心得，及其弊也肆。如王守仁之末派，皆以狂禅解经之类，空谈臆断，考证必疏"③，恪守于宋学末流的窠臼。即使有学者已经注意到晚明时期的儒学改革，也或抱以怀疑态度，"杨慎、王鏊等人既批评朱子学，复考证儒经，推重汉儒经学。但是，汉学终究没有在晚明复兴，反而淹没于明末时期的理学潮流中"④，或仅将儒学改革的时间上限压制在晚明最末端的时刻⑤。

然而，上述研究却存在一个漏洞。虽然明代以《四书》及理学取士，但经学亦未完全湮没不彰，从《四库全书》《续修四库全书》所收晚明"五经"类著作颇多中即可见一斑。纵观上述研究，囿于清儒和现代"新儒学"的双重成见，对于晚明"五经"类论著鲜做探究。这不能不引起笔者的注意：在那个风云激荡、士习攘攘的时代，儒者是否真的满足于宋学（甚至王学）的墨守？在主流的学术话语下，晚明儒学史是否存在另一种书写可能？笔者在此不惮浅薄，试对晚明儒学史的脉络做一新探，抛砖引玉。

一、以《四库提要》为中心的举证

余嘉锡评《四库提要》（简称《提要》）曰："通儒辈出，莫不资其津逮，奉作指南。功既巨矣，用亦弘矣。"⑥道出《提要》作为中国古典学术总结大成者的地位。回溯晚明儒学史时，若欲区别于"新儒学"的哲学化思路而进行新探，则以《提要》为中心的举证必然具备参考价值。在参考时也要谨慎注意：四库馆臣在总叙中给予明儒的评价相当之低，晚明又去清未远，因此除著录部分外，专门收集"寻常琐屑之作""著作时代切近者"⑦的存目部分也应是勘察重点，这在过去的研究中往往被忽略。笔者谨从《提要》中选取数例较有代表性的晚明儒学相关著作，以资管窥。

（一）《周礼注疏删翼》

明人王志长著，撰成于万历年间，其书针对历代《周礼》学著作进行编排与发散，《提要》谓其"于郑《注》、贾《疏》多刊削繁文，故谓之删；又杂引诸家之说以发明其义，故谓之翼"⑧。实则作者有心于贯通《周礼》学史，将汉唐注疏、荆公新学、朱门

① 注："晚明"一词意义较为宽泛。本文则采用《四库提要》的学术史分界方式，以"自明正德、嘉靖"之后至明朝灭亡为"晚明"。

② 顾广圻. 顾千里集 [M]. 王欣夫，辑. 北京：中华书局，2008：228.

③ 永瑢，纪昀，等. 四库全书总目提要：经部一 [M]. 台北：台湾商务印书馆，1983：4-19 下.

④ 罗检秋. 学统观念与清初经学的转向 [J]. 清史研究，2020（2）：45.

⑤ 注：侯外庐《中国思想通史》、葛兆光《中国思想史》、韦政通《中国思想史》等均持此种观点。

⑥ 余嘉锡. 四库提要辩证 [M]. 北京：中华书局，2008：15.

⑦ 永瑢，纪昀，等. 四库全书总目提要：卷首三 [M]. 台北：台湾商务印书馆，1983：3-35 上.

⑧ 永瑢，纪昀，等. 四库全书总目提要：经部十九 [M]. 台北：台湾商务印书馆，1983：22-179 上.

弟子之言，至宋儒所议冬官补亡、未亡、全经之说在书中兼容并举的同时，根据己意，小心裁断；同时旁征与《周礼》相关的各家政论、典制、性理之学，添绘明堂、星象、汉官制等绘图，可知作者之本志除"解经"以外，也包括综合《周礼》之学以用于经济时务之意。总之，是书可谓晚明人集宋明《周礼》学之成的作品。四库馆臣亦罕见地对明代经部论著给予善评，"志长能恪遵古本，力遏横流，临深为高，亦可谓研心古义者矣。"① 可惜在被清儒惠栋误断为"村书"后，此书受人忽略，读者寥寥，日渐不彰于世。

（二）《诸经纂注》

明人杨联芳著，书成于万历年间。《提要》对其语焉不详，仅目为"注字义于旁以便记诵"② 之书。然而实读此书，并非仅是一册简单的经学字典。是书分为君臣、敬天、勤民、节财、用舍、学校、礼制、刑罚、征伐、谋断、父子、兄弟、夫妇、朋友，凡一十四门。本书序中有言："五经者，天地人之奥也。诸经者，五经之翼也。秦灰方冷，汉律初除，得诸师儒之口授，遗壁之残编，字训句释，汉疏之功多焉。宋奎星聚，诸儒辈出，而参互考订。"③ 对汉宋儒者的成就各加肯定，并未如部分惯性认知里那样"抑汉扬宋"。杨联芳还在本书中进一步提道："兹集也，词有显证，取其词意。有冥合，师其意。或主汉疏而茹其精，或主朱注而守其说。蕲于血脉旁通，文意明白而止。"④ 作者明确地表达出对汉宋学说公允持论的意愿，以"血脉旁通、文意明白"为目的，颇具实证派学者之精神风度。同时，在注释的选用上，作者也自有其采择，《诗》《易》则以朱子集传为主，《尚书》《礼记》《周礼》《仪礼》《孝经》则以汉唐注疏为主，《春秋》则兼用四传。为了贴切时学，又在各家注文后自附心得之语。由字解论经义、复论及时事，大有清儒陈澧《汉儒通义》之意。

（三）《四友斋丛说》

明人何良俊著，书成于嘉靖年间。《提要》仅为其立一存目，语曰："是书分十六类，一经、二史、三杂纪、四子、五释道、六文、七诗、八书、九画、十求志、十一崇训、十二尊生、十三娱老、十四正俗、十五考文、十六词曲。又附以续史一类，杂引旧闻而论断之，于时事亦多纪录。然往往流于摭拾传闻，不能核实。"⑤ 但未做进一步的陈述，仅等闲视之。后人言此书亦只取其中谈艺之语，直至近年才有人注意此书的儒学价值："何良俊，是个值得留意而却被忽略的人物。在戏曲方面，提倡北曲，影响深远；在学术上主张经术，批评宋学性理与科举俗学，均为关系时代思潮变迁之大事，而千秋寂寞，实可恨憾。"⑥ 何氏此书"经类"下之语，有创见处甚多，而且相当深刻。如"夫谈理性则玄虚要眇，间有能反观内照，则澄汰之功，于身心不无所补。然其静默之

---

① 永瑢，纪昀，等. 四库全书总目提要：经部十九 [M]. 台北：台湾商务印书馆，1983：22-179 下.
② 永瑢，纪昀，等. 四库全书总目提要：子部四十八 [M]. 台北：台湾商务印书馆，1983：51-236 下.
③ 杨联芳. 诸经纂注：卷首 [M]. 明万历间刻本，9.
④ 杨联芳. 诸经纂注：卷首 [M]. 明万历间刻本，10.
⑤ 永瑢，纪昀，等. 四库全书总目提要：子部五十一 [M]. 台北：台湾商务印书馆，1983：53-115 下.
⑥ 龚鹏程. 晚明思潮 [M]. 北京：商务印书馆，2005：282.

极至于坐忘废务，祸及家国"①，对某些人一昧玄虚静修的行为提出质疑；又"太祖时，士子经义皆用注疏，而参以程朱传注。成祖既修《五经四书大全》之后，遂悉去汉儒之说，而专以程朱传注为主。汉儒去圣人未远，学有专经，其传授岂无所据？况圣人之言广大渊微，岂后世之人单辞片语之所能尽？"② 从此言可以看出，作者虽然认为程朱儒学足资参考，但是激烈反对不读注疏、摆落汉儒的行为，尤其反对将汉儒之学逐出选材之途。他一针见血地指出，"躁竞之徒一切苟且以就功名之会，而体认经传之人，终无可进之阶"③，将"躁竞科考"与"体认经传"两项对立起来评价，强调前者对后者的伤害，颇似清代"汉宋之争"中汉学阵营的先声。然而与汉学阵营中片面反对宋学的攻讦不同之处在于，何良俊在标举汉学的同时，并未将自己放在宋学对立面。一则如前述，其并不反对参考程朱的经注；二则其与心学之间也关系密切，何氏早年曾受业于江右王门的聂豹座下，又与南中王门的薛应旂是莫逆之交。何氏在书中亦曰"心性之学，吾辈亦当理"④，评价王守仁"拈出良知以示人，真可谓扩前圣所未发"⑤。他所反对的，只是部分心学家"创立门户，招集无赖之徒，数百为群，亡弃本业，竞事空谈"⑥ 的不良习性。纵观此书，其儒学思想可谓骎骎有得。可惜馆臣仓促未能发觉，后人遂亦习焉不察。

（四）《朱翼》

明人江旭奇著，书成于万历年间。"朱翼"，据作者言，即"归本于朱紫阳（朱熹），谓是书为其羽翼。"⑦ 这就不得不提及此书成书的背景。"心学在徽州的迅速传播也激发了徽州士人对曾经辉煌的新安理学的怀恋，在一定程度上导致了朱子学的复燃。明代中后期，程瞳……江旭奇……等徽籍士人，以自己的呼声与行为，表达对心学的不满。"⑧ 在如此背景下所产生的《朱翼》，自然也是出于反制心学而护卫朱子学的目的。如此看来，这本书与主流认知中的清代官方思想重合，应如同陆陇其、李光地等人的著作那般得到高度评价。然而，《提要》对此书的评价可谓异常之低，"是书则仅供场屋，故许成智序谓亦名《论策全书》，盖为举业而设。"⑨ 然而察阅许成智序，可以发现《提要》对许序及原书均有较深的误解。许序曰："国家取士首重经义。学者钻研之过，至

---

① 何良俊. 四友斋丛说：卷四 ［M］//季羡林，主编. 四库存目丛书子部：第 103 册，济南：齐鲁书社，1997：311.

② 何良俊. 四友斋丛说：卷三 ［M］//季羡林，主编. 四库存目丛书子部：第 103 册，济南：齐鲁书社，1997：304.

③ 何良俊. 四友斋丛说：卷三 ［M］//季羡林，主编. 四库存目丛书子部：第 103 册，济南：齐鲁书社，1997：306.

④ 何良俊. 四友斋丛说：卷四 ［M］//季羡林，主编. 四库存目丛书子部：第 103 册，济南：齐鲁书社，1997：312.

⑤ 何良俊. 四友斋丛说：卷四 ［M］//季羡林，主编. 四库存目丛书子部：第 103 册，济南：齐鲁书社，1997：311.

⑥ 何良俊. 四友斋丛说：卷四 ［M］//季羡林，主编. 四库存目丛书子部：第 103 册，济南：齐鲁书社，1997：320.

⑦ 江旭奇. 朱翼：卷首 ［M］. 明万历四十四（1616）年刻本，1616：4.

⑧ 刘成群."求真是"与新安理学、皖派考据学问的学术演变 ［J］. 北方论丛，2011（6）：65.

⑨ 永瑢，纪昀，等. 四库全书总目提要：子部四十八 ［M］. 台北：台湾商务印书馆，1983：51-308 上.

于破裂，此之为害，其害在道。其次论策，可以占抱负，可以测蕴蓄，则面墙无见，射覆茫如，此之为害，其害在世。昔之羔雉，今之刍狗；昔之土苴，今之玉谷。学与仕分为两途，岂有固如此哉？"①，明显是谴责"场屋之用"，而绝非赞同以至于欣然为其作序了。之后又补充道："且紫阳户庭，不独明经，原以周务。今经义之旨，令甲所束，颇遵传注，至于论策之场，得凭胸臆，则如无期之射，人人可羿，学之一途，又有岐焉如此哉？人在两间，并为三才，乃志屈于编蠹，气盈于酰鸡，规括帖之残沈，暗天地之大全，托良知以藏拙，投乾竺为渊薮。盖其质缘鄙陋，故文猖狂，歧中之歧，究为一病，此《朱翼》之所由作也"②，很明显，在许的眼里，《朱翼》不是为举业而著，恰恰是为抵触举业而著的，该书是要着力发挥朱子学"原以周务"的实际作用，既将其从科场的鄙陋中挽救出来，又用其以制衡心学末流的空谈风尚。按作者说法，"书分六部，一曰管窥，谈天道也；二曰曝愚，襄君德也；三曰调烛，制未乱也；四曰完瓯，保邦未危也；五曰委质，欲廷献也；六曰志林，谓家修也。"③取程朱理学以经世致用的气息非常明显。在书中作者每举一条事务，首先陈列朱子的言辞观点，然后蒐集宋元明理学家们的观点，最后附以本人的持论；在谈论礼制时，则引《周礼》《明会典》《明集礼》等，相互咨证。

（五）《子史经济言》

明人陈子壮编，书成于天启年间。《提要》对其概括甚略，"是编掇辑诸子名言，自管、韩迄唐、宋，分类标题。以供程试之用，非真为经济作也"④，同样批评该书系为应付科举而作。但查阅此书，编者在凡例中明确标举对于科举式急功近利心态的排斥："一、是集俱摘名贤石画关庙廊经术者汇入纂。若夫骚人墨士，吟咏适志，非当世急务，俱不窜入；一、是集词不必藻绘，意不必惊奇，止取实用，箴砭空虚；一、是集全录者少，删节者多。大抵无取炫观一时，惟薪䜣益当世。"⑤同时，尽管题目广含"子史"，但是作者此书却特以儒学之道作为标榜："是集成，客曰：'得毋字比句栉，借他人齿牙，润经生喉吻，独不有心上经纶，而屑屑事此，不亦迂乎？'余曰：'唯唯，否否。天下事皆吾人事，圣贤言皆吾人言。人不能言圣贤言，安能事天下事？余非敢以经生期天下士也'。"⑥是书主要方向在于广泛搜讨先儒之语以经略时事，《孔丛子》《繁露》《说苑》《韩诗外传》《左传》《家语》《毛诗序》《申鉴》《盐铁论》《韩退之集》《朱子语类》《真西山集》等儒学论著均在书中被作者频繁征引、批读。编者陈子壮亦怀抱儒学经世热情，投身宦海，为国辛劳，直至殉节房帐。由此看来，某些著作借由儒学出入乙丙二部、抒经济言的现象，绝不特需等到顾炎武或更晚的颜李学派才出现。

（六）《荆川稗编》

明人唐顺之编，书成于嘉靖年间。同《周礼注疏删翼》相似，这部书在《提要》内

---

① 江旭奇. 朱翼：卷首 [M]，明万历四十四（1616）年刻本，1616：5.
② 江旭奇. 朱翼：卷首 [M]，明万历四十四（1616）年刻本，1616：6.
③ 江旭奇. 朱翼：卷首 [M]，明万历四十四（1616）年刻本，1616：11.
④ 永瑢，纪昀，等. 四库全书总目提要：子部四十八 [M]. 台北：台湾商务印书馆，1983：51-305 下.
⑤ 陈子壮. 子史经济言：序略 [M]. 复印明天启五年（1625）刻本，上海：伏生草堂，1625：3.
⑥ 陈子壮. 子史经济言：序略 [M]. 复印明天启五年（1625）刻本，上海：伏生草堂，1625：4.

也得到了馆臣"谨慎"的表彰:"其大旨欲使万事万物毕贯通于一书,故巨细兼陈,门目浩博……不失为徵实之学,录备多识之一助,固亦无不可焉。"① 在编排的梯次上,此书采纳了始于六经之元典、终于六官之时务的顺序,可谓以儒学为先导经世。值得注意的是作者在凡例言:"是编多周秦两汉之书,其次则魏晋,再次则六朝。若唐则所掇颇少,而宋则更寥寥矣。元金不过一二条。盖以风会愈流愈弱,而高奇雄古之章,博奥精深之撰,晚近不可多得。"②,其认为汉晋六朝文艺超然唐宋,这通常被人认为是清代文坛乾嘉风气与扬州文派崛起时才出炉的观点③;又曰"诸说中,如连山、归藏、石经、欧阳、大小夏侯、伏生、韩婴、《周礼》《孝经》《家语》《尔雅》石鼓文等,非不各各奇妙,但以经类,未及篡入子史中"④。可见作者也悉心于两汉博士之家学。尽管作者的经学造诣尚待考量,但就其学术观念而言,可以说与所谓"清儒"的形象相当接近了。

综合上述《提要》中收录的代表性著作、馆臣对其题写的评价与复查所得书籍基本线索,我们可以发现有趣的情况:在晚明时期儒学史的主流书写之下,隐隐存在着与"心学末流""空谈臆断""及其弊也肆"皆不相同的另一些潜在脉络。按着脉络继续求索,我们或将拨开成见,发觉晚明儒学史中可能被学界主流认知所忽视的一面。

二、晚明儒学特征的新探讨

以往学界对于晚明儒学的研究资料瀚如烟海,其特征也已被做过许多论调相近的旧探讨——这些旧探讨往往基于引论部分已批评过的"片面化"研究,颇有舛漏处。笔者则意在发散上述《提要》中之举证,以归纳一些往往被忽视的晚明儒学之特征。

(一)气象宏大的经世思维

钱穆有曰:"两汉博士之业,殆世世而有之。即唐代以下,亦复各有其'今学',亦莫不各有其'家法'。举一而反三,是所期于读吾文者。"⑤ 依据原文中提及的两汉今古文经学发展图景,今文经学由民间的简朴传授逐渐成为分立家学,又演化为"专经"的博士之学,以博士家法绳之;在家法日趋僵化的背景下,今文经学出现停滞,经师群体中出现锐意革新的思考,比诸今文经学更博学、博物的古文经学遽起救弊。若将此事抽象:以文质言之,初创者通常主质,后继者通常主文;以顺序言之,先觉者多会分垒立异,后学者多会合参旁通。据此"举一而反三",通过对晚明儒学的观察,笔者发现宋学内部实际上也有这一过程:宋代之宋学经过南宋的数家纷争,到了宋元之交时,程朱理学取得基本优势,但是也因为元代儒学地位的整体下滑、失去思想竞争的场域以及朱子门人的相继离世而受到冲击,后继者如吴澄、许谦等谨慎持守而无所创新。待到明代,国家取士风习皆以宋学为准,宋学中的种种观念、工夫也就有了广泛实践、磨合真知的机会。待到商品经济繁荣、士林异常活跃的晚明,宋学的经世关怀更是在风云激荡

① 永瑢,纪昀,等. 四库全书总目提要:子部四十六 [M]. 台北:台湾商务印书馆,1983:49-114 上.
② 唐顺之. 荆川稗:卷首 [M]//影印文渊阁四库全书,台北:台湾商务印书馆,1983:997-20 上.
③ 注:唐顺之在嘉靖朝即已闻名学林,其人当无湮没不彰之嫌。具体可参考《明史·唐顺之传》。
④ 唐顺之. 荆川稗:卷首//影印文渊阁四库全书,台北:台湾商务印书馆,1983:997-20 下.
⑤ 钱穆. 两汉经学今古文平议 [M],北京:中华书局,2001:261.

中全面展开，其宏大气象遂遽然显现。上一部分举证诸书中，《周礼注疏删翼》即有典型经世气息，以《周礼》、先儒言论与历代政制相互发明。清代经师讥刺明儒"不读书而好炫博，故疏《仪礼》而擅《周礼》"①，是不知明儒之心本不在于考订章句，而恰在切近实用。《仪礼》古奥、疏略，汉儒已觉晦涩，到明代时绝不可能与现实政治进行任何程度的接轨；《周礼》相对《仪礼》来说平易，而且具有更多抽象而受物质条件影响小的政治原理，历代据《周礼》行改革之事（如苏颂、王安石、朱厚熜）不乏其人，甚至外国人也能从《周礼》中汲取改革的方法②，经世意识强的晚明儒者自然会更多参考《周礼》。除此之外，江旭奇《朱翼》一书中所展现的持朱子学以经世济用的面向，恐怕也是前所未有的，这与自清儒以来对朱子学"不切实际"乃至今人认为其只是"心性哲学"的刻板印象相差甚远，值得重新审视。

晚明儒者郝敬在其著作《礼记通解》里面的一段话，恰可以作为我们理解这段历史的注脚："子思忧礼教日衰，繁文日盛，穷思反本而作《中庸》，与《大学》意同。盖礼至叔季，忠信薄矣，不可无《中庸》以为根柢，不可无《大学》以为包络。今欲割此二篇独行，舍礼专谭性命，将有空言无实，若老聃、瞿昙之为者矣。是以宋室南迁，国祚奄奄，诸君子方守诚意正心为理学，而国未治，天下未平，与清言之无救于晋乱，佛法之无补于梁亡，如唯之与阿？夫圣教本无敝，而佛老所以惑世诬民者，正惟其空谭性命，非有他也。郑康成诸人之言礼，文而已矣，密于筹而疏于心，故以《仪礼》《周礼》为礼。宋诸儒之言道，本而已矣，深于心而离其节，故以《中庸》《大学》为道。"③ 尽管郝敬平素工于经学、理学，从汉宋先儒处取法良多，然而其仍脱出窠臼。他从理论与实践、立言与事功的角度分析，认为宋季儒者虽然可称"君子方守诚意正心"，但是由于在挽救国难上无所作为，因此也会害得其学问降为佛老空谈。同时他也不因此就一面倒地强调宋学无用论，反而拈出郑玄批评汉儒"密于筹而疏于心"，有一种以经世气魄为准绳而超然汉宋之精神。无怪乎黄宗羲评曰："疏通证明，一洗训诂之气；明季穷经之士，先生实为巨擘。"④ 这正可谓是晚明儒者"宏大气象"特征之缩影。

（二）宋学风化下对汉学的吸纳

明代官方整体上以《四书》及理学为科举准绳，因此士林也自然带有宋学之风化。虽然晚明时期王学流行，一度出现以阳明之说核定考试答案的情况，但大体上仍不出宋学之范畴。不过，也不能据此即草率认定，明代科举是纯然宋学（至晚明或曰王学）主宰之范围。察阅明代官方的科举读物《五经大全》可见，《春秋大全》中实际上并存四传，首《左传》、次《公羊》、次《穀梁》、次《胡传》，均为官方认可之正解，科场也多有据前"三传"注疏应试而成者，不存在汉学方面攻抵"三传"完全废弃的现象；《周易大全》虽然采用程子《易传》和朱子《易本义》为准，但《易传》取法于王弼易学

---

① 顾广圻. 顾千里集［M］. 王欣夫，辑. 北京：中华书局，2008：226.
② 注：例如法国重农学派的代表魁奈（Francois Quesnay）.《魁奈全集》法文版编者翁肯即曰："魁奈对于中国税制甚有研究，其于《周礼》均田贡赋之税尤是推崇，以为田产既有多寡之分，又有肥瘠之别，不能一概而论。以分别抽税是一理想税制，当令地主纳粮而使耕作之人免税，惟中国历来税制乃自发能具有此数种优点云。"
③ 郝敬. 礼记通解：卷首［M］. 复印明万历年间刻郝氏九经解本. 上海：伏生草堂，16.
④ 黄宗羲. 明儒学案：诸儒学案：上［M］. 沈芝盈，注解. 北京：中华书局，2008：783.

（虽非汉代《易》学，亦《十三经注疏》所本），《易本义》又多留意汉代《易》学卜筮象数方面之学说，很难说与汉学完全断层。此外，在嘉靖年间，儒士李如玉也在会试后"诣阙上所著《周礼会要》十五卷，得旨嘉奖，赐冠带"[①]。连最以宋学是遵的科场都如此吸取汉学，科场之外的汉学为时儒所吸纳应不难想见。当时所涌现出接近汉学而任其能的名家不少，例如精通古学的杨慎（其后至乾嘉讲音韵学一脉，即自杨慎始）、主张"回归六经"的王廷相、在复社主持"古学"的张溥和张采等；受到汉学好古思潮的影响，万历监本和汲古阁本的注疏纷纷出世。如若要提及晚明儒学对清汉学的影响则更为丰富：魏校的《周礼沿革传》，开启东京经学典章以说史之先河；毛奇龄好与前贤立异，就礼学而言，其所论观点宋明儒者都大略涉及，毛氏喜欢引经自证，但是引经以自证也是晚明已开学风；江永以整合朱子学、汉学为志，但他的"新鲜论点"，例如深衣新说、冕无后旒，实际上也有明儒（如郝敬）已经论述过；搜罗汉代纬书的孙毂《古微书》，则开汉学旁支小宗研究之先（尤其是谶纬学），后来的辑佚汉学材料之风（例如《玉函山房辑佚书》），虽然未必即受孙氏启迪，但亦未尝不取其方法。

明人吸取汉学，是否意味着出现了成形的"汉宋兼采"理念？"学界多倾向于认为汉宋兼采思想是清朝中后期兴起的一种兼容考据学与义理学的新型学术思想"[②]，陈澧、朱一新等人作为"汉宋兼采"的代表人物而备受重视。晚明则通常被认为不具有此理论基础。但从实际上看，晚明儒学中已经不乏提倡兼采汉宋者。当时学人治经，就皮锡瑞观察，乃"取汉、唐注疏及宋、元人之说，择善而从"，若在汉、宋门户已分的后人看去，当作"汉、宋兼采一派"。实际上"在诸公当日，不过实事求是，非必欲自成一家也"[③]。例如前文所举证的何良俊《四友斋丛说》《诸经纂注》等书，作者都明显地在文中提出平等看待汉儒与宋儒的学说，不能如"场屋之徒"一般将宋儒、理学等置于过高而虚浮的地位，但也不能因此反过来完全迷倒于饾饤之中。何良俊本人即王门再传，杨联芳对朱子所注《易》《诗》也颇为欣赏，他们的著作尽管有更多的篇幅归属汉学，其折衷汉宋之意，不言自明。概而言之，在晚明儒学中，我们可以看到整合汉宋的学术思路，这是可能重树汉学之威信，而又不抵触宋学之思辨、性理的发展方向。

余 论

综上所论，晚明儒学清晰地呈现出"气象宏大""汉宋兼容"两大特征。限于篇幅，本义在作为"新探"的同时，也仅作"初探"，不再对两大特征下的各种具体事件做更细致的探讨；单是这两种备受人们忽视的儒学史特征的存在，便足以激发我们的思考，也为后来之方家提供一种新的可能性：对晚明儒学史的脉络进行"再书写"。

与此同时，还有一个问题仍值得深究：重探晚明儒学史，知其然更需知其所以然。为何在今天这个思想史学科高度成熟的时代，晚明儒学史中这些现象级的脉络，虽然不至于被全盘否定，但是却隐没不彰？其根源何在？

---

① 张廷玉，等. 明史：儒林二 [M]. 北京：中华书局，1974：2821.
② 杨菁. 清代浙派汉宋兼采研究 [D]. 重庆：西南大学，2019：2.
③ 皮锡瑞. 经学历史 [M]. 北京：中华书局，2008：114.

在王汎森教授《执拗的低音》中，笔者略见端倪。此书的题眼、即书名《执拗的低音》，"是日本上一辈思想史大师丸山真男在他的文章里出现的题目。"① 概言之，"执拗的低音"这一概念，正是出于近代西方思想给日本国内带来巨大冲击，本土思想则沦落为所谓的"低音"，被时人和后人忽略。案丸山真男本人曰："在近代日本，欧美近代思想虽然居于压倒性'主旋律'的位置，但它也常常被低音的某些音律，也就是日本自身的文化思想所修饰，这种'执拗低音'有时成为背景存在，有时被主旋律掩盖，但是它始终存在。"② 晚明时期，有两种不同的旋律——游谈心性、搜徒动众（王学末流）的旋律，以及经世致用、汉宋并包的旋律；经过后世人们的编排和书写，前者显然成为晚明儒学史的"主旋律"，而后者当然屈居其下，成为"低音"。然而，根据历史事实，以及前文中所证种种，我们发现不存在前者给后者造成过某种巨大冲击的情况；恰恰相反，倒是后者在一定程度上冲击和影响过前者，至少在晚明历史现场是如此。那么，按照丸山真男原本的理论，后者当有成为"主旋律"的潜质；但为何最终前者被历史书写成了一种"主旋律"，后者则默默无闻？

对此，我们还可以借鉴王汎森针对"执拗的低音"所提出的"意义倒置"一词。他认为："'意义倒置的谬误'有许多种意涵。这里特别要提的是：意义一层一层像黑板一样写了擦掉、擦了又写，英文又叫做'overwrite'。在这个写和擦的过程中，最后写上的那一层，跟历史上的一层一层往往是有出入的。所以历史的事实，跟现代心理的事实之间不尽相同。"③ 而就是在擦和写之间，今日我们所能熟知的"历史"逐渐被建构。但与现场的历史相比，这种刻意建构的"历史"往往会失真，因为这种"历史"已经经过剪去"杂音"的处理，最甚者连原本的"音域"都已经窜动。再由此探讨晚明儒学史，事情的经历将会更加便于理解：我们今日所习得的晚明儒学史主流认知，最早来自明亡那代遗民的深刻反思——在国破家亡的战乱动荡中，深刻的反思有时也很容易流于过激（正如数百年后的新文化运动之弊）。在愤恨与伤痛之中，这些过激的反思放大了明朝灭亡的"替罪羊"：王学（心学）末流的作用。这种观念又通过师承被清儒接续，清廷出于防范"反清复明"、从文化上压制前朝的目的，亦不反对协助清儒营造明代学术的负面形象。在引论部分，笔者提到今日我们探索儒学史的两条路径，前面的路径虽以西哲为准绳，但其考镜材料仍有依赖清儒之嫌，至少忽略了晚明儒学史的清代书写（不管是汉学阵营还是宋学阵营）可能有偏差；后面的路径则有相当支持者直接以清儒为准绳，更难以发现此弊端。因此，经过长达三百余年"意义倒置"的历史书写，晚明儒学史的脉络也逐渐模糊，从明季彼时鲜活的学术现场，直到成为如今由清儒及民国学者留下的几个符号。

由此，上一个问题乃至晚明儒学史"隐没不彰"成因问题的解决方法，也得以渐渐浮出水面：对于清儒所留下晚明儒学史的几个符号，我们需要做更为认真的审视，不宜全盘接受或变相全盘接受；同时，要注意寻找符号所在范畴之外的材料，回到历史现

---

① 王汎森. 执拗的低音 [M]. 北京：生活·读书·新知三联书店，2014：3.
② 注：参见葛兆光. 谁的思想史？为谁写的思想史？——近年来日本学界对日本近代思想史的研究及其启示 [J]. 中国社会科学，2004（3）：55.
③ 王汎森. 执拗的低音 [M]. 北京：生活·读书·新知三联书店，2014：20.

场。近年以来台北"中研院"文哲研究所提出"经学史重探"项目，即意在突破清代、民国学者造就的固有的儒学史观念，重新对儒学和经学的过往做出更切合历史的研究，可以说既是当前儒学史研究的前沿所在，又与笔者本文的思考偶合。有一不同处在于，该项目更侧重研讨清儒对两汉儒学的书写，而本文则着眼于清儒对晚明儒学史的书写。这昭示着：或许我们还可以发掘出更多的时段和方面，纳入此主题的反思之中，以俟后来之方家研究。

>> 老师点评

王纪梁同学，湖南长沙人，2018 年入读湖南大学岳麓书院历史学本科班，是我作为学业导师带的第三届学生。目前已经毕业，去往人民大学历史学院深造，作为导师，我为他感到十分高兴。

岳麓书院效法先贤故事，对本科生实行导师制培养。作为学业导师，我们主要负责学生的学业，也关注与关心学生的生活状态。纪梁是本地人，为人敦厚和善，基本不需要老师来操心他的生活。大学四年，除了最后一年因为需要准备考研与撰写毕业论文宅家学习外，此前他都一直住校，与老师同学们交流很多。

纪梁成绩不算拔尖，但也属于第一梯队。这是由于他为人豁达，对于分数不甚敏感所致。他的自主学习能力、文献阅读能力都很突出，特别是学术视野非常好。纪梁特别善于学习名著名作的研究方法，并以此为绳墨，打开自己的研究。正因如此，纪梁的论文往往立意高明，视野宏大。我此前参与指导的论文，一篇关于"牛李党争"，一篇关于民初"汉宋之争"，都能反映出这一优势。由于我与他的专业差异，我很难说得更加具体。但我想，作为本科生，这是难能可贵的优点。

纪梁的另一大优势是学术开口大。从我刚刚列举的两篇文章以及此文的论域来看，纪梁在古代史、近现代史领域都有相当的兴趣与积累。事实上，在所有专业课上，他都不满足于教科书上的知识，也不愿局限在知识积累的层面。他善于思考，乐于开展研究，也很有意愿向授课教师请教。同事在和我聊天时，每每谈到给该班级授课情况，都会提起纪梁。我想，他留给老师们的印象是深刻且积极的。

纪梁也很喜欢参与学术讨论，记得两年前有一次他请我指导他修改论文，那篇文章就是投给大学生论坛的。他很想把自己的文章拿给兄弟院校的老师同学们批评，获取意见，也便于了解自己在同专业本科生中的水平定位。我觉得有这样的意识是很好的，学术是在互动中成长的，学者的自信也是在交流中建立的。

很惭愧的是，我对纪梁生活上的关心是不够的。聊闲天通常是在师门聚会上，而每逢节假日，纪梁往往在家陪伴父母。不过令我感到高兴的是，大四的一次谈话中，他告诉我他有女朋友了，而且女朋友也会去北京深造（希望这是可以讲的）。原来他也不是两耳不闻窗外事的孩子呀！是啊，他有那样豁达且专注的性格，生活也一定是丰富多彩的。

很开心能在此写下这么一段话，聊一聊导师眼中的纪梁同学。十分期待看到他在人民大学能学业有成，生活滋润。

学业导师：杨柳岸

7

拨西安事变之迷雾

——读《西安事变新探》小记

2018级　李欣然

　　《西安事变新探》（简称《新探》）是杨奎松教授对于西安事变的新解读之作。以往学者对于西安事变通常着眼于张学良个人经历及其东北军同蒋介石、国民党之间的矛盾关联，而甚少关注到张学良与中共之间的关系，作者在书中提出疑问：身为东北军统帅的张学良，为何放弃蒋介石及南京政府的信任而与自身尚处在危险中的红军联合，甚至提出加入共产党？中共在西安事变中所起到的作用是如何的？毛泽东后来为何说"西安事变把我们从牢狱之灾中解救了出来"？西安事变前后政治环境错综复杂、扑朔迷离，欲要说清其中关系，必须借助于国共苏三方的史料进行逻辑推理与印证。杨奎松教授在史料运用上，不轻信以往被多次运用的回忆录，而是从当时电文、报刊、政府文件等一手史料出发，对中共、国民党与张、杨等重要人物的态度转变以及其中小的转折事件进行梳理，在还原"历史现场感"中把握局势发展之脉络，从而论证张学良、中共间的关系及在西安事变中的作用。西安事变的结局以张学良被囚、杨虎城被杀、蒋介石承诺落空收尾，而在看似悲剧的历史事件背后，又有怎样的"历史真相"，正是《新探》一书带给我们的启发，如陈铁健《西安事变简论——读〈西安事变新探〉札记》评价道："杨著《新探》以其求实求新的治史精神，在西安事变史乃至中国现代史研究领域，为我们提供一个如何进行学术探究的范例。"[①]

一、关于张学良"拥蒋"与"反蒋"

　　在西安事变中，张学良对蒋介石态度尤为重要。《西安事变新探》一书对于张学良"反蒋""拥蒋""联蒋"问题上有别于以往研究认为"张学良当时力主'联蒋抗日'"乃至于认为中共中央同样为此改变策略的说法，认为在延安会议后，张学良态度发生变化。早在1935年以前，日本攻占东北，张学良及其东北军流离失所，而此时蒋介石于

---

　　① 陈铁健. 西安事变简论——读《西安事变新探》札记 [J]. 历史研究，1997（01）：140-163.

抗日无作为却要求东北军攻打红军——这催生了张对蒋的不满。东北军在与红军的交战中逐渐消耗军力，连连失败，加上得知南京政府秘密联共，使张学良确信联共为大势所趋，并再添对蒋之不满。一方面是有苏联为依靠、且战斗力顽强的中共，另一方面是不信任的南京当局，且疑心蒋介石有借刀杀人之意，张学良的态度始终摇摆不定：既担心蒋的怀疑与报复——"他已经感觉到大老板对他开始了恶毒的布置"①，又无法保全东北军实力而进退两难。困境驱使张学良"由反日的决心开始进到决心反党的程度"②。尽管张学良在延安会谈中对蒋态度不明，"多少留一个心眼儿"③，但会后张学良逐渐转向"反蒋"态度，"和大老板打一架"，以停止剿共，保存实力，复土还乡。其中，张学良"反蒋"态度则不彻底，始终以拥蒋、劝蒋抗日为首要。尽管1936年6月份张学良"甚至提出了加入共产党的要求，请求中共中央考虑和接纳"④，却在共产国际指示中共中央改"反蒋抗日"为"逼蒋（联蒋）抗日"并明确拒绝批准中共吸收其本人入党时"对中共新方针极表赞成，并愿进京面蒋，力主和平统一，结力抗日，请为蒋使，冒险说和"。⑤尤其是在对南京政府方面，张学良仅陈述决心抗日之心迹，绝口不提联共及加入共产党一事。发动兵变时，张学良认定其所作所为具有政治合法性，"发动兵变的目标不在除蒋或另立政府，而是希望藉此强力手段能够'迫其释放爱国分子，改组联合政府'""他相信，其兵变之举虽属犯上，并有伤与蒋之间的私人感情，但却是出于解救民族危机和有利于抗日前途的一种政治作为"。⑥西安事变后，张仍然强调"我们对蒋委员长绝没有私仇私怨，我们绝不是反对蒋委员长个人，是反对蒋委员长的主张和办法。反对他的主张和办法，使他反省，正是爱护他"⑦。甚至亲自护送蒋回南京，对蒋领导抗日寄以希望，表现出对蒋极为信任、抱有希望的一面。

　　总而言之，张学良对蒋态度为"假反蒋"而"真拥蒋"，并夹杂着身为东北军统帅的复杂心境。《新探》以此阐发论点："这从一个侧面或可看出，西北发动对于张学良来说，仍属不得已之举。如果蒋介石及南京政府能够实现停止内战，将举国之力用到抗日上，使他得以保存东北军的实力，并有重回东北的可能，他张学良应当并不想去冒挑动国内战争、谋取西北一隅政府首席地位的风险。"笔者赞同此观点：自始至终，张学良的目的在抗日、重回东北上，而非"反蒋"甚至加入共产党。

二、关于中共对蒋介石"卖国贼"称号考辨

　　在中共面向东北军、民众的公开电文中，对蒋介石的态度尤为重要。对蒋不称"卖国贼"而称"蒋介石氏"，这是毛泽东策略手段的体现。《新探》中提到，关于中共中央

---

①　杨奎松. 西安事变新探 [M]. 南昌：江西人民出版社，2012：84-85.

②　杨奎松. 西安事变新探 [M]. 南昌：江西人民出版社，2012：88-89.

③　杨奎松. 西安事变新探 [M]. 南昌：江西人民出版社，2012：79.

④　杨奎松. 西安事变新探 [M]. 南昌：江西人民出版社，2012：115.

⑤　杨奎松. 西安事变新探 [M]. 南昌：江西人民出版社，2012：188.

⑥　杨奎松. 西安事变新探 [M]. 南昌：江西人民出版社，2012：331.

⑦　毕万闻. 张学良文集 [M]. 北京：新华出版社，1992：1069.

实行"逼蒋"方针的时间问题上，1936 年 3 月下旬政治局会议中开始注意到"将抗日反蒋在宣传上改为抗日反贼"① 更容易揭破蒋介石和争取落后群众。根据毛泽东等人建议，中共中央"于 4 月 25 日和 5 月 5 日，接连发布了《中国共产党中央委员会为创立全国各党各派的抗日人民阵线宣言》以及《停战议和一致抗日通电》两个公开文件，第一次不再公开辱骂蒋介石为'卖国贼'，称之为'蒋介石氏'"。为探究书中观点，笔者将西安事变有关对外电文史料② 进行梳理：

1935 年 5 月 11 日《中国工农红军第一方面军告围攻陕甘苏区的各部队官长与士兵书》载："你们名义上虽然还是受蒋介石等卖国贼指挥，实际上已受日本军部的指挥来打抗日的红军，以便日本独占中国！" 8 月 1 日《中国苏维埃政府中国共产党中央为抗日救国告全体同胞书》中称"蒋介石、汪精卫、张学良等卖国贼"③；11 月 28 日《中华苏维埃共和国中央政府中国工农红军革命军事委员会抗日救国宣言》载："以打倒日本帝国主义，以消灭中国有史以来最大的汉奸卖国贼蒋介石，中国民族才能得到最后的澈（彻）底的解放。"④ 12 月 5 日《毛泽东、彭德怀致杨虎城信》载："日本而无蒋介石，则吞并华北灭亡中国之诡计不得售，蒋介石而无日本，则其卖国家戮民众祸军队排异己之奸谋不得逞。"⑤ 12 月 24 日《中国共产党告全国民众、各党派及一切军队宣言》有"在南京政府方面，虽然在对日问题上最近有很多争论，但在实际上仍继续不抵抗政策"一句⑥，全文中未有提及蒋介石；12 月 25 日《中共中央关于目前政治形势与党的任务决议》载："党的策略路线，是在发动，团聚与组织全中国民族一切革命力量去反对当前最主要的敌人：日本帝国主义与卖国贼头子蒋介石。"⑦ 1936 年 1 月 25 日《红军为愿意同东北军联合抗日致东北军全体将士书》称"蒋介石是中国自古以来最大的汉奸卖国贼"⑧；2 月 21 日《中华苏维埃人民共和国中央政府关于召集全国抗日救国代表大会通电》仅提及"（三）取消国民党一切禁止抗日反卖国贼运动的命令"⑨，没有直接将蒋介石和卖国贼等同起来；3 月 1 日《中国人民红军抗日先锋军布告》提及"蒋介石、阎锡山、宋哲元，奴颜婢膝，媚外成性。"⑩ 3 月 20 日《彭德怀、毛泽东关于阎锡山拦阻抗日红军及与东北军共同维护抗日后方等问题致张学良及东北军全体官兵电》中仅提及"卖国贼阎锡山"⑪；3 月 29 日《毛泽东、周恩来、彭德怀为反对蒋介石阻拦一致联合抗日致全国同胞抗日士兵书》载："无如最大卖国贼蒋介石，丧心病狂，不顾民族存亡，甘为日本帝国主义奴隶……"⑫ 4 月 5 日《为反对卖国贼蒋介石、阎锡山阻拦中国人民

---

① 杨奎松. 西安事变新探［M］. 南昌：江西人民出版社，2012：182.
② 中央档案馆. 中国共产党关于西安事变档案史料选编［G］. 北京：档案出版社，1986.
③ 中央档案馆. 中国共产党关于西安事变档案史料选编［G］. 北京：档案出版社，1986：1-6.
④ 中央档案馆. 中国共产党关于西安事变档案史料选编［G］. 北京：档案出版社，1986：7-8.
⑤ 中央档案馆. 中国共产党关于西安事变档案史料选编［G］. 北京：档案出版社，1986：11-12.
⑥ 中央档案馆. 中国共产党关于西安事变档案史料选编［G］. 北京：档案出版社，1986：13-14.
⑦ 中央档案馆. 中国共产党关于西安事变档案史料选编［G］. 北京：档案出版社，1986：15-16.
⑧ 中央档案馆. 中国共产党关于西安事变档案史料选编［G］. 北京：档案出版社，1986：20-23.
⑨ 中央档案馆. 中国共产党关于西安事变档案史料选编［G］. 北京：档案出版社，1986：28-29.
⑩ 中央档案馆. 中国共产党关于西安事变档案史料选编［G］. 北京：档案出版社，1986：30.
⑪ 中央档案馆. 中国共产党关于西安事变档案史料选编［G］. 北京：档案出版社，1986：42-43.
⑫ 中央档案馆. 中国共产党关于西安事变档案史料选编［G］. 北京：档案出版社，1986：44.

红军抗日先锋军东下抗日捣乱抗日后方宣言》载："万恶的卖国贼头子蒋介石则又以上十师的兵力协助阎锡山进攻中国人民红军抗日先锋军，更命令张学良、杨虎臣等部队向北推进，以捣乱我陕甘苏区的抗日后方！"① 4月9日发布《彭德怀、毛泽东关于目前应团结抗日不发讨蒋令给张闻天电》后，4月21日《中央关于对六十七军官兵的态度方针口号等给张浩、朱理治、肖劲光等电》载："我们主要口号如下……反对卖国贼蒋介石命令东北军进攻苏区；反对卖国贼蒋介石阻拦红军抗日去路……打倒卖国贼头子蒋介石……"② 4月25日《中国共产党中央委员会为创立全国各党各派的抗日人民阵线宣言》载："但中国共产党认为只有各党各派的共同奋斗，全中国人民及武装部队的总动员，我们才能给日本帝国主义与汉奸卖国贼以致命的打击，而取得中国民族的彻底解放！"③ 文中未将蒋介石与"汉奸卖国贼"等同；5月5日《中华苏维埃人民共和国中央政府中国人民革命军事委员会停战议和一致抗日通电》称"蒋介石氏""蒋氏"，"为了促进蒋介石氏及其部下爱国军人们的最后觉悟""如仍执迷不悟甘为汉奸卖国贼，则诸公的统治必将最后瓦解，必将为全中国人民所唾弃，所倾覆"④；5月25日在《毛泽东关于联合抗日问题致阎锡山信》中仍有"是蒋氏迄无悔过之心，汉奸卖国贼无与为匹，三晋军民必有同慨。先生如能与敝方联合一致，抗日反蒋……"⑤ 6月1日《中华苏维埃人民共和国中央政府中国人民抗日红军革命军事委员会布告》提及"卖国贼头子蒋介石丧尽天良"⑥；6月12日《中华苏维埃人民共和国中央政府中国人民红军革命军事委员会为两广出师北上抗日宣言》"蒋介石的南京政府不但丝毫没有抵抗的表示，而且处处替日本帝国主义为虎作伥，镇压全中国人民的一切抗日救亡运动……"⑦ 6月20日写于瓦窑堡的《中央关于东北军工作的指导原则》提及"现在一般的他还是卖国贼头子蒋介石指挥下的军队"⑧；同日，发布的《中共中央致国民党二中全会书——提议停止内战一致抗日》⑨ 中，中共首次公开向国民党表达联合一致抗日的想法；8月25日《中国共产党致中国国民党书》后，多称"蒋委员长""蒋氏""蒋先生"等；1936年《毛泽东致王以哲信》中，已不再将蒋氏与"汉奸分子"等同，甚至称国民党内多数为有良心分子："谣传蒋氏解决西南问题后进攻东北军或为蒋氏左右一部分汉奸分子谋划，而非现在开始若干转变之蒋氏及国民党多数有良心分子的意见。"⑩

可以看到，从1935年5月到1936年6月止，中共称蒋介石为"卖国贼"仍是一个连续的过程，虽少数电文中如《中华苏维埃人民共和国中央政府关于召集全国抗日救国代表大会通电》《彭德怀、毛泽东关于阎锡山拦阻抗日红军及与东北军共同维护抗日后

① 中央档案馆. 中国共产党关于西安事变档案史料选编 [G]. 北京：档案出版社，1986：45-46.
② 中央档案馆. 中国共产党关于西安事变档案史料选编 [G]. 北京：档案出版社，1986：59-60.
③ 中央档案馆. 中国共产党关于西安事变档案史料选编 [G]. 北京：档案出版社，1986：63-64.
④ 中央档案馆. 中国共产党关于西安事变档案史料选编 [G]. 北京：档案出版社，1986：66-67.
⑤ 中央档案馆. 中国共产党关于西安事变档案史料选编 [G]. 北京：档案出版社，1986：69.
⑥ 中央档案馆. 中国共产党关于西安事变档案史料选编 [G]. 北京：档案出版社，1986：71-72.
⑦ 中央档案馆. 中国共产党关于西安事变档案史料选编 [G]. 北京：档案出版社，1986：74-76.
⑧ 中央档案馆. 中国共产党关于西安事变档案史料选编 [G]. 北京：档案出版社，1986：79-87.
⑨ 中央档案馆. 中国共产党关于西安事变档案史料选编 [G]. 北京：档案出版社，1986：88-90.
⑩ 中央档案馆. 中国共产党关于西安事变档案史料选编 [G]. 北京：档案出版社，1986：110.

方等问题致张学良及东北军全体官兵电》《中国共产党中央委员会为创立全国各党各派的抗日人民阵线宣言》《中华苏维埃人民共和国中央政府中国人民革命军事委员会停战议和一致抗日通电》与《中华苏维埃人民共和国中央政府中国人民红军革命军事委员会为两广出师北上抗日宣言》中未直接辱骂蒋介石为"卖国贼""汉奸分子"，但仍将蒋介石的身份看作南京政府最高领导人之身份，在对外宣传上仍然把"蒋介石作为'卖国贼'来打"。此外，《中华苏维埃人民共和国中央政府关于召集全国抗日救国代表大会通电》与《中国共产党中央委员会为创立全国各党各派的抗日人民阵线宣言》中均无直接提及蒋介石本人，而《中华苏维埃人民共和国中央政府中国人民抗日红军革命军事委员会布告》中仍然辱骂"卖国贼头子蒋介石丧尽天良"。故笔者个人认为，《新探》中认为"中共中央于4月25日和5月5日，接连发布了《中国共产党中央委员会为创立全国各党各派的抗日人民阵线宣言》以及《停战议和一致抗日通电》两个公开文件，第一次不再公开辱骂蒋介石为'卖国贼'，称之为'蒋介石氏'，表示愿意'促进蒋介石氏及其部下爱国军人们的最后觉悟'"一观点中的"第一次"及其态度的转变是否为"促进……最后觉悟"，至少《抗日人民阵线宣言》是否能作为有此转变的说明还有待商榷。

另外，对于杨奎松教授在论证这一观点时，前文提到"在宣传策略上把蒋介石作为'卖国贼'来打，'是最聪明的一个办法'……这样更容易揭破蒋介石和争取落后群众"，正因如此毛泽东等人不同意在此时机发布"讨蒋令"，与后文提及"并根据毛泽东等人的建议……不再公开辱骂蒋介石为'卖国贼'，称之为'蒋介石氏'"似乎存在矛盾，容易使读者产生这样的疑问：把蒋介石作为"'卖国贼'来打"到底是不是一个最聪明的办法？笔者提出最浅陋的看法，希望能通过更加出色的论证来解决困惑。

三、关于《新探》对延安会谈中"蒋介石的谈论不占重要地位"说法辨析

《新探》中否认通过《忏悔录》与刘鼎回忆录之说就能得出张学良有"联蒋抗日"甚至说服中共向"联蒋抗日"策略转化的这一看法，笔者十分赞成。

但《新探》在延安会谈周恩来与张学良对蒋介石的谈论上，认为"从上面周恩来关于张学良谈话重点的报告中，我们看不到在张学良的《忏悔录》和刘鼎追忆笔记中所记录的劝告中共联合蒋介石的那些情况。很明显，至少在周恩来看来，会谈中关于蒋介石问题的讨论并不占重要地位"[①]。笔者认为，关于中共对蒋问题的讨论，不应认为"不占重要地位"，而是由于张学良对蒋的矛盾与纠结而选择暂时避而不谈。张学良《忏悔录》与刘鼎追忆笔记由于为回忆史料及在特殊环境下写作而成，大部分史实不一定可信。《新探》作者仅由中共一方的电文《周恩来关于与张学良商谈各项问题致张闻天、毛泽东、彭德怀电》中并未提及对蒋的态度而得出对蒋讨论"不占重要地位"的结论，似乎在对史料的论述上较为单一，不能以此证明张学良方面同样不重视对蒋问题的讨

---

① 杨奎松. 西安事变新探 [M]. 南昌：江西人民出版社，2012：78.

论，且张学良对蒋问题一贯较为紧张。实际上，与其说中共认为蒋介石问题的讨论不占重要位置，不如说中共这时的对蒋策略仍属矛盾状态：一方面，共产国际的指示与上文提到的中共由"抗日反蒋"策略开始转向"抗日讨逆"，且中共领导层开始接收到了蒋发出谈判的信号；另一方面，蒋加紧围剿红军，其做法令中共不得不疑惑与提高警惕，且中共一贯坚持"反蒋"方针。由于各方面复杂的原因，中共在对蒋问题上仍不能下定论，且在谈判过程中，欲要说服张学良"反蒋"十分不易，故谈判双方都回避对蒋讨论的话题，以促成其他问题的顺利进行。再者，部分材料认为延安会谈上对蒋一事的讨论"与培养干部问题是这次会谈占时间最多的两个问题"①。事实上，尽管在对蒋问题上没有一致的解决方案，"但这并不妨碍双方在停战抗日的共同目标上结合起来，以西北为准备基地，力图发动全面抗战，从而收复失地，实行民主政治。从此，张学良和中共联合起来了"②。

四、关于《周恩来关于与张学良商谈各项问题致张闻天、毛泽东、彭德怀电》材料

《新探》第七十五至七十六页所引用的周恩来所作报告内容中，对蒋问题的讨论文字如下："四、对蒋问题。他的问题部下确有分化，现在歧路上，他现在反蒋做不到，问题如蒋确降日，他定离开他。"③ 这部分与笔者此前阅读过的文件似乎存在差异，按《西安事变档案史料》记载，此部分文字为："对蒋问题，他认为蒋部下确有变化，蒋现在歧路上。他现在反蒋做不到，蒋如确降日，他决离开他。"杨奎松教授在注释中提及这部分的差异，他认为："从原来的文字看，除最后一个'他'字外，很难认为原文中前半段的'他'字指的一定是蒋介石。实际上，从讨论'对蒋问题'的角度看，'他'多半应该是指张学良自己，所谓'部下确有分化''现在歧路上'等，多半都是指张学良，而非指蒋介石。故这段话的意思可以理解为：张的部下现已分化，而他自己现在却还在矛盾，至少'他现在反蒋还做不到'，但是蒋如真的降日，他定离蒋另干……修改后……成了'蒋现在歧路上'，张因为蒋介石现在还处在抗日与降日之间而不能反蒋。这种修改很难认为是准确的。"④

由于资源有限，杨奎松教授书中原文未能找出，笔者对比注释中给出的其他参考文献，可见：《中共党史资料》⑤ 中此部分与《西安事变档案史料》相同；《周恩来年谱》记载为："C、对苏联为题，他认为蒋部下确有变化，现在歧路上，他现在反蒋做不到，蒋若确降日，他则离开蒋。"⑥《张学良传》记载为："张学良说……'蒋介石的领导力最强，他有民族情绪……蒋介石有抗日的可能……'张又说：'蒋介石是处在歧路上，

① 张魁堂. 张学良传 [M]. 北京：东方出版社，1991：155.
② 王爱萍. 西安事变前后张学良与中共的关系 [D]. 西安：西北大学，2001：16.
③ 杨奎松. 西安事变新探 [M]. 南昌：江西人民出版社，2012：78.
④ 杨奎松. 西安事变新探 [M]. 南昌：江西人民出版社，2012：78.
⑤ 中共中央党史资料征集委员会. 中共党史资料：第33辑 [G]. 北京：中共党史资料出版社，1987：3.
⑥ 中共中央文献研究室. 周恩来年谱（1989—1949）[M]. 北京：中央文献出版社，1997：989.

他错在'攘外必先安内'，把这错误国策扭过来，就可以实现'停止内战一致抗日'。做到这点不容易，要做艰苦的工作，共产党在外面逼，我在里面劝，内外夹攻，定能扭转过来……除非蒋介石投降日本，否则我不能反蒋。'"① 通过部分材料的比照，多数记载应为"蒋在歧路上"云云。此处文字的引用对证明后文于蒋问题讨论上是否占重要地位及中共于何时得知蒋抗日态度转变等问题十分关键，故笔者提出对这部分内容的困惑。

此外，在第二点意见的文字记载上也有稍微不同：《新探》所记录为"全国主力红军集中河北，他完全赞助"，而《中共党史资料》及其他相关文献中记载为"全国主力红军集中河北他完全赞同"。"赞助"较"赞同"更有"帮助""支持"之意，两种文字记载差异较大，因《新探》中未对"原文"出处有所说明，故尚不清楚原文所记就是"赞助"还是编辑时有误。

五、关于西安事变结局喜或悲——西安事变之启示

唐德刚认为，"抗战八年（按：抗战十四年），实是我国家民族历史上最光荣的一页。兄弟阋于墙而外御其侮，这句古训，在抗战初期，真实表现得刻骨铭心，为后世子孙，永留典范。"② 如何看待西安事变结局——是喜剧还是以悲剧收场？《新探》认为，张学良等人发动西安事变的目的，还并不仅仅在于抗日与容共，他们明显地还有更高的政治理想，即试图根本变革国民党一党专政的政治架构与政治制度，来一次政治的"革命"和"解放"。毫无疑问，作为西安事变政治目标的这八项政治要求，大都未能实现。但从另一个方面，即如果我们把这次事变的最终结果同张学良过去"进言"和"净谏"相联系的话，那么，西安事变又可以说是成功的。③ 西安事变最终以兵谏的形式促成了蒋介石及国民党"抗日""容共"政策的形成。回到当时错综万变的政治环境，"兵谏也许是当时张、杨逼蒋抗日唯一有效的方法"④。虽未达成张、杨所提出的政治主张，蒋在西安的承诺没有实行及其力图保存的地方武装力量——东北军和十七路军，也随着他们的统帅被拘与放逐而成为中国现代史上一场重大历史悲剧。以个人的"悲剧"促成了蒋介石安内攘外政策的放弃和大规模内战的停止，进而直接推动了蒋介石和国民党抗日与容共政策的形成，并停止对红军的大规模军事进攻。其采取政治解决的方式使得国内有了短时间内的妥协与和平，最终促成了全力对外这一"喜剧"。西安事变促成了中国国内的团结与统一，加速了中国抗日战争的爆发，它对蒋也有利：抗日战争全面爆发使得蒋在全国的地位再一次上升，"如果没有西安事变，没有全国的大统一，没有惨烈的武装抗战，则人事全非，一个独裁专政的领袖，和一个忍辱含羞的政党，在历史舞台上将以何种脸谱出现，我们写历史的人就很难妄测了。"个人的牺牲换回了局势的柳暗花明，这正是历史复杂性的表征。何为悲剧、何为喜剧，这启示我们如何把握历史的大环

① 张魁堂. 张学良传 [M]. 北京：东方出版社，1991：156.
② 郭冠英. 张学良在台湾 [M]. 北京：中国友谊出版公司，1994：40.
③ 杨奎松. 西安事变新探 [M]. 南昌：江西人民出版社，2012：438.
④ 张魁堂. 挽危救亡的史诗——西安事变 [M]. 桂林：广西师范大学出版社，1994：304-305.

境，从大处着眼历史研究。

此外，在西安事变中，我们可以窥探中共在统战策略与适时调整政策方面的巨大能力，这也是中共何以最终取得成功的原因。如在共产国际下达指示后中共仍坚定"交两个朋友"，"纯粹只是从民族利益和阶级观点看问题的那些莫斯科的决策者，之所以毫不在意张学良和杨虎城所做的牺牲，根本上是因为他们从来都把中国的'军阀'看成是不可信任的投机者。"而中共在处理西安事变问题上，"始终把张学良和杨虎城看成是自己的朋友和依靠，始终想要坚持'三位一体'……坚持不收东北军（也包括十七路军）一人一枪一弹的原则，拒绝收容那些主动要求编入或准备加入红军的友军部队"。西安事变后，中共脱离了孤军奋战的局面，开创了历史新局面，难怪张学良在被软禁后在给中共方面最后一封信中写道"西望云天，不胜依依了。"

余　论

杨奎松教授在著作《西安事变新探》中对西安事变发生前后张学良与中共关系上有多处创新独到的见解，对局势间扑朔迷离的线索的梳理更是精彩绝伦，特别是在关于西安事变史料的筛选上，不借助于口述史料与回忆性材料，而是利用中外一手史料进行历史现场的还原，从过去审视未来。文中还有对诸如中共红军为何选择在长征过程中北上、红军如何选择打通国际路线、张学良对联共态度一再转变的原因、苏联在中国革命中的考虑要素等问题上都有独到的见解，由于篇幅原因，笔者不一一展开论述。虽然在论证过程中，仍有细节及用词精准处有瑕疵，但无疑给读者展现了相对真实的西安事变所涉及的各方。从西安事变中抽离，我们更能体会到历史进程中"利益"的重要性，无利益则无冲突，无冲突则无演进。西安事变的发生与结束令人感慨，同时，也令人惋惜无从得知被软禁的张学良对西安事变后历史的真实看法，这便是历史"喜剧"与"悲剧"的双重性。

>> 老师点评

李欣然同学是我指导的 2018 级本科生。她与人为善，待人真诚，善于为他人着想，学习认真刻苦，勤于思考，也有志于学习历史，目前已通过考研，继续在岳麓书院跟我学习宋史。

从她本科入学开始，我就十分注重她专业知识的培养。大一下学期开始，安排她每两周提交一篇论文缩写，选择名刊名文进行学习。大二上学期，每个月选择一部古代史名著，仔细阅读后提交一篇读书报告给我。经过长期写作训练，她的写作能力有了很大提升。与此同时，为了让她打牢古代史基础，我布置了《资治通鉴》阅读任务；为了提升历史地理知识能力，她描绘了《中国历史地图集》（清代卷）的北方五省行政区划地图，对历史地名有了基本了解；为了掌握繁体字的辨识书写，她抄写了王力《古代汉语》的部分内容，目前能熟练用繁体字写作。经过几年的训练，她的史学基础得到了强化。

　　她的学年论文是《"私撰"入"国史"：〈宋史·郑清之传〉史源与处理方法》，主要追索《宋史·郑清之传》的史源。她发现刘克庄《丞相忠定郑公行状》应为《郑清之传》史源，并仔细比较了二者的异同，在此基础上讨论元人编撰《宋史》的过程。该文虽尚不够成熟，但通过该文的撰写，她对《宋史》及相关史料的认识有了明显提升。

　　她的毕业论文是《科举视域下的北宋国子监》，这个题目是我推荐她做的，是我在阅读《宋史·选举志》时注意到的问题，主要想藉此厘清宋代科举与国子监的关系。她在阅读相关史料的基础上完成该文，并进行了多次细致修改，基本完成了该题目的预设。经过学年论文、毕业论文的写作训练，她的学术能力和学术信心也得到了明显提升，也希望她能在未来研究生三年中继续进步。

学业导师：闫建飞

刘知幾的史书观与《魏书》"秽史"说新论

2018 级　何远山

摘　要：北齐魏收撰《魏书》，虽公认为其为传统"正史"，但自其成书以来，一直深陷"秽史"之说的争议。刘知幾在《史通》中严厉批判了《魏书》，将"秽史"之名深深地烙在了《魏书》之上，后代学者多因而循之。然自清代考据学风行以来，史学界展开了关于"秽史"的再讨论、对《魏书》的再审视。本文从《史通》有关"秽史"的论述出发，重新梳理刘知幾对《魏书》的评价，认为刘氏所言"秽史"并非独指《魏书》一家，探微"秽史"之"秽"。以"秽史"为镜，一窥刘知幾的史书观。

关键词：刘知幾；《史通》；《魏书》；秽史

一、《魏书》"秽史"说的源流与争论焦点的偏离

《魏书》"秽史"之名的缘起，见于唐人李百药所撰《北齐书》的《魏收传》：

> 时论既言（魏）收著史不平，文宣诏收于尚书省与诸家子孙共加论讨，前后投诉百有余人，云"遗其家世职位"，或云"其家不见记录"，或云"妄有非毁"。收皆随状答之。……时太原王松年亦谤史，及（卢）斐、（李）庶并获罪，各被鞭配甲坊，或因以致死，卢思道亦抵罪。然犹以群口沸腾，敕魏史且勿施行，令群官博议。听有家事者入署，不实者陈牒。于是众口喧然，号为"秽史"，投牒者相次，收无以抗之。①

案史所载，《魏书》自成书之时就饱受争议，主要批评者指责其收录不全、妄自评判，此以魏收个人的主观好恶作为书史的主要标准。此后更有传言魏收收受贿赂、阿附权贵，将官修史书作为讨好权臣、打击政敌的工具。因"秽史"风波，魏收在生前两次

---

① 李百药. 北齐书：卷 37 · 魏收传 [M]. 北京：中华书局，1972：489.

奉命删改这部魏史，《魏书》面世之路不甚顺利。北齐统治者粗暴地处理这场由修史引发的政治风波，并没有能洗去《魏书》的"秽史"名号，魏收人品不良、营结权贵、私肆攻讦的标签也随着政治高层的袒护而更加被坐实。

相较于北齐群臣的众口沸腾，刘知幾在《史通·古今正史》中评点唐以前历代正史时，罗列了《魏书》的几项"罪名"，从而沿用了"秽史"的含义：

> （魏）收诣齐氏，于魏氏多不平。既党北朝，又厚诬江左。性憎胜己，喜念旧恶，甲门盛德与之有怨者，莫不被以丑言，没其善事。迁怒所至，毁及高曾。书成始奏，诏收于尚书省与诸家论讨。前后列诉者百有余人。时尚书令杨遵彦，一代贵臣，势倾朝野，收撰其家传甚美，是以深被党援。诸讼史者皆获重罚，或有毙于狱中。群怨谤声不息。孝昭世，敕收更加研审，然后宣布于外。武成尝访诸群臣，犹云不实，又令治改，其所变甚多。由是世薄其书，号为"秽史"。①

以刘知幾的这一段话为宗，支持"秽史"之说的历代学者对《魏书》的评价无一不抓住正统和徇私两个问题加以贬斥。北宋重新收集编订《魏书》，刘恕、刘攽于其《目录叙》言："（魏）收党齐毁魏，褒贬肆情，时论以为不平。文宣命收于尚书省与诸家子孙诉讼者百余人评论。收始亦辩答，后不能抗。范阳卢斐、顿丘李庶、太原王松年，并坐谤史，受鞭配甲坊，有致死者。众口沸腾，号为'秽史'"②；南宋时私家目录兴起，章如愚在其书《群书考索》收录《中兴馆阁书目》条引之云："（魏）收党齐毁魏，褒贬肆情，众号为秽史"③；同为南宋人的藏书大家晁公武言魏收著史之时"多诣讳不平。受尔朱荣子金，故减其恶；夙有怨者，多没其善。党北朝，贬江左为岛夷"④；清代学者赵翼虽是引领乾嘉考据之风的学者，于《廿二史札记》评《魏书》仍不脱唐宋旧路："（魏）收之书趋附避讳，是非不公，真所谓秽史也"⑤；步入近代，梁启超在介绍清人整理旧学的成绩时，也没有再审视《魏书》的"秽史"之名，"魏收《魏书》夙称'秽史'，芜累不可悉指。其于东西魏分裂之后，以东为正，以西为伪，尤不惬人心。"⑥

正式对《魏书》"秽史"之说提出有力质疑的，始于清代四库馆臣。《四库全书总目》针对魏收受贿而美化尔朱荣、攀附权贵而美化其祖传、收录家传不全等指责一一辩驳，最终得出结论，卢斐等人只因自己的祖先没能在书中立传而攻讦魏收，"魏、齐世近，著名史籍者并有子孙，孰不欲显荣其祖父。既不能一一如志、遂哗然群起而攻。平心而论，人非南董，岂信其一字无私？但互考诸书，证其所著，亦未甚远于是非。'秽史'之说，无乃已甚之词乎。"⑦ 此后为《魏书》正名者，无不续《四库总目》之宗旨，

---

① 刘知幾. 史通通释：卷12·古今正史［M］. 浦起龙，通释. 上海：上海古籍出版社，1978：365.
② 刘恕，刘攽. 旧本魏书目录叙［M］//魏收. 魏书［M］. 北京：中华书局，1974：3063.
③ 章如愚. 群书考索·前集：卷14·正史门［M］. 明正德十三年（1518）建阳刘氏慎独书斋刊本：8b.
④ 晁公武. 郡斋读书志：卷2［M］. 四库丛刊三编景宋淳祐本：107-108.
⑤ 赵翼. 廿二史札记校正：卷13［M］. 王树民，校正. 北京：中华书局，2001：264.
⑥ 梁启超. 中国近三百年学术史［M］. 北京：中国画报出版社，2010：195.
⑦ 永瑢，纪昀，等. 四库全书总目：卷45·史部·正史类一［M］. 清乾隆四十五年（1780）武英殿刻本：418.

证诸污名化攻击为伪，说明《魏书》的史料价值仍属坚实可靠。20 世纪中叶之后，《魏书》"秽史"说受到了进一步的质疑。周一良先生从魏收之为人、《魏书》之史源、正统问题、曲笔回护、记载可靠性等方面讨论《魏书》"秽史"之名是否符实。特别是通过梳理史源与对照《北史》《北齐书》等相关记载，说明《魏书》不是魏收个人为所欲为的私人著述，其史料价值绝非历代评"秽史"者所言一般低劣，其结论与四库馆臣基本一致："以余观之，收特不与周旋，故非毁者咸投牒诉之；使收果能尽人而惬其意，岂复有百余人之讼之哉！"① 瞿林东先生基于前人所述，梳理了历代《魏书》"秽史"说的演变源流，主要讨论了"秽史"与"曲笔"的混同和门阀政治对《魏书》遭名"秽史"的重要影响。②

瞿先生的研究可谓一针见血，将《魏书》"秽史"说的产生缘由与魏晋南北朝的门阀政治联系起来，论证了《魏书》史料价值的无可替代性，后学难再有突破。或重申瞿氏之论，呼吁学界摆脱古人偏见，正视《魏书》，如杨必新的硕士学位论文《〈魏书〉"秽史"问题研究》；③ 或发掘细微之处，探究"秽史"之"秽"意，此方面亦有成果，将《魏书》所载淫秽不伦之迹梳理出来，佐证"秽史"之"秽"为淫秽之意，并与鲜卑族的婚姻习俗联系起来，进入社会史的研究范畴，有影响力的研究当推柴芃《〈魏书〉"秽史"问题新证》④ 与张云华《〈魏书〉号为秽史的历史原因》⑤。

综合上述学界成果，可见关于《魏书》"秽史"说的争论焦点在于其记载内容的真伪与政治立场。无论是支持《魏书》为"秽史"者还是为之辩诬者，都重在说明史学受到现实政治的影响。归结到"秽史"之"秽"，则可分诸论为两类：一类关注《魏书》是否污秽肮脏比之野史，也是史学界争论的主流，围绕的核心是《魏书》的史料价值；另一类认为《魏书》淫秽不堪如同黄书，即近年来将"秽史"之说与婚俗等社会史内容相联系的新研究。而作为"秽史"说演变源流中关键人物的刘知幾，学者已疏于探讨其在《史通》中继续将《魏书》冠以"秽史"的本质原因。其实刘知幾所言《魏书》为"秽史"，并非唐后之人所设想的一般，此前有关争论的焦点，并非《史通》所言之全貌，甚至未触及刘知幾所论之重点。刘知幾称魏收所撰之《魏书》为"秽史"，真正的原因是《魏书》记载了大量不应属正史所载之物，内容芜杂繁冗，主次失衡，而此种"秽"迹也非独《魏书》一家所有。

二、"秽史"非独《魏书》一家

在《史通·古今正史》篇专门评价《魏书》的文字中，刘知幾认为魏收著史主要有三个污点，即为了赞颂北齐而对北魏、南朝评论不公，以私人恩怨左右书史善恶，通过美化权贵先祖之传而党附高层政治人物。对比《北齐书·魏收传》的记载，刘知幾的说

---

① 周一良. 魏收之史学 [M] //魏晋南北朝史论集. 北京：中华书局，1963：268.
② 瞿林东. 说《魏书》非"秽史" [J]. 江汉论坛，1985 (5)：70-75.
③ 杨必新. 《魏书》"秽史"问题研究 [D]. 武汉：华中科技大学，2009.
④ 柴芃. 《魏书》"秽史"问题新证 [J]. 中华文史论丛，2017 (4)：101-129＋392-393.
⑤ 张云华. 《魏书》号为秽史的历史原因 [J]. 社会科学战线，2019 (9)：126-137.

法显然扩充了对魏收和《魏书》的指责，并且在最后定论"由是世薄其书"，将"秽史"的名号继续加在《魏书》之上，后人观之，显然会认为刘知幾所言《魏书》之"秽"是从北齐就有的言论，从而固化对《魏书》的认识。从《北齐书》到《北史》，这些唐人修撰的史书均不见刘知幾所言魏收党齐毁魏、厚诬江左之辞。若是此种言论在北齐就已公之于众，北朝都不避讳的评价到了大一统的唐代更无回护的必要，唐代所修的两部北朝官史却都不曾见此种言论，实为怪事，故魏收党齐毁魏、厚诬江左之说难以形成有说服力的定调。由此观之，后人继承的"秽史"说，实际上只能追溯到刘知幾，并非《魏书》成书之时的原始面貌；这也说明刘知幾实乃造成《魏书》"秽史"说流行千年的关键人物，甚至是始作俑者。

然而后人从《史通·古今正史》引出《魏书》"秽史"之论，鲜有进一步挖掘《史通》其他相关论述、探讨"秽史"具体含义者。久而久之，在长期带有先入为主式判断的史评中，《魏书》似乎成为刘知幾在《史通》所言唯一的一部"秽史"。若是深入阅读，不囿于《史通·古今正史》篇中看似盖棺定论的评定，能够发现刘知幾有关"秽史"的更多论述。

刘知幾对于范晔之《后汉书》多有褒奖，以普遍理性而论，难与"秽史"挂钩；实则不然，刘知幾直书《后汉书》之不足，而且指出具体痛处：

> 至范晔增损东汉一代，自谓无惭良直，而王乔凫履，出于《风俗通》，左慈羊鸣，传于抱朴子。朱紫不别，秽莫大焉。[①]（《采撰》篇）

此直言范晔在正史中记载王乔、左慈逸闻的行为，不仅以"秽"评之，而且严重到"秽莫大焉"的程度。又有：

> 范晔博采众书，裁成汉典，观其所取，颇有奇工。至于《方术》及诸蛮夷传，乃录王乔、左慈、廪君、槃瓠，言唯迂诞，事多诡越。可谓美玉之瑕，白圭之玷。惜哉！无是可也。又自魏、晋已降，著述多门，《语林》《笑林》《世说》《俗说》，皆喜载调谑小辩，嗤鄙异闻，虽为有识所讥，颇为无知所说。而斯风一扇，国史多同。至如王思狂躁，起驱蝇而践笔，毕卓沉湎，左持螯而右杯，刘邕榜吏以膳痂，龄石戏舅而伤赘，其事芜秽，其辞猥杂。而历代正史，持为雅言。苟使读之者为之解颐，闻之者为之抚掌，固异乎记功书过，彰善瘅恶者也。[②]（《书事》篇）

刘知幾对《后汉书》的"秽迹"进行了直接的批评，并且将其与魏晋小说之风相比，进而引申出对唐人之近代"国史"（即魏晋南北朝正史）的批评，明了地指出正史记载小说家言的奇闻怪事，与其作为以政治史为主体的传统史学的史料，并无价值；花费大量篇幅收录、书写毫无史料价值的内容，在刘氏看来实不应属正史所为，故有"秽"名；内容筛选不精，导致本应书写军国大事、资参治世要务的正史言辞秽杂，有如一个对过往之事不加分辨乃通而收之的垃圾桶。上文节引《采撰》篇之文，紧接着就

[①] 刘知幾. 史通通释：卷5·采撰 ［M］. 浦起龙，通释. 上海：上海古籍出版社，1978：117.
[②] 刘知幾. 史通通释：卷8·书事 ［M］. 浦起龙，通释. 上海：上海古籍出版社，1978：231.

是对南北朝的两部重要正史的评价：

> 沈氏著书，好诬先代，于晋则故造奇说，在宋则多出谤言，前史所载，已讥其谬矣。而魏收党附北朝，尤苦南国，承其诡妄，重以加诸。遂云马睿出于牛金，刘骏上淫路氏。可谓助桀为虐，幸人之灾。寻其生绝胤嗣，死遭剖斫，盖亦阴过之所致也。①

此段文字，既承接了《史通·古今正史》篇对魏收正统论的批评，体现对《魏书》批评的整体性，也进一步描述了自《后汉书》秽迹之后正史的劣质化。与"秽史"《魏书》相提并论的是沈约所撰《宋书》，罪名均为"谤言"，实从《后汉书》记载诡言怪事的秽杂之失继承而来。这些来源于小说、风言甚至可能是编造的事情，史源不可靠，对王朝政治为主线的历史发展也没有可观的影响，惟肆情好恶之说而已，对只能通过史书认识前代的后世有弊无益，正史的权威和标杆价值因为劣质史事的掺入而弱化。以刘知幾的标准审视之，从《后汉书》到《宋书》《魏书》，史书记载内容的猥杂衍生出不实之言，史官执笔记功过、彰善恶的职业道德被埋没，正史的质量也就从含瑕美玉劣化为完完全全的"秽史"。

三、刘知幾所言"秽史"之"秽"

除了指出史书内容秽杂之外，上一部分所引《采撰》篇的文字还提到了所谓的"正统"问题。刘知幾看似把魏收以北朝为宗、贬低南朝的立场作为一个重大的错误，后世学者也沿袭其论，以"政治立场不正确"而将《魏书》扣上"秽史"帽子。然而需要深入《史通·探赜》篇，才能得知刘知幾关于正统论的完整看法：

> 自二京板荡，五胡称制，崔鸿鸠诸伪史，聚成《春秋》，其所列者，十有六家而已。魏收云：鸿世仕江左，故不录司马、刘、萧之书，又恐识者尤之，未敢出行于外。案于时中原之主，海内横流，逊彼东南，更为正朔。适使素王再出，南史重生，终不能别有异同，忤非其议。安得以伪书无录，而犹罪归彦鸾者乎？且必以崔氏祖宦吴朝，故情私南国，必如是，则其先徙广固，委质慕容，何得书彼南燕，而与群胡并列！爱憎之道，岂若是邪？且观鸿书之纪纲，皆以晋为主，亦犹班（固）《书》之载吴、项，必系汉年，陈（寿）《志》之述孙、刘，皆宗魏世。何止独遗其事，不去其书而已哉！但伯起躬为《魏史》，传列《岛夷》，不欲使中国著书，推崇江表，所移辄假言崔志，用纾魏羞。且东晋之书，宋、齐之史，考其所载，几三百篇，而伪邦坟籍，仅盈百卷。若使收矫鸿之失，南北混书，斯则四分有三，事归江外。非唯肥瘠非类，众寡不均；兼以东南国史，皆须纪传区别。兹又体统不纯，难为编次者矣。收之矫妄，其可尽言乎！②

---

① 刘知幾. 史通通释：卷5·采撰 [M]. 浦起龙，通释. 上海：上海古籍出版社，1978：116. 注："沈氏"即沈约，主撰《宋书》。

② 刘知幾. 史通通释：卷7·探赜 [M]. 浦起龙，通释. 上海：上海古籍出版社，1978：212-213.

此处选文中，刘知幾主要反驳了魏收对崔鸿的不实攻击。魏收言崔鸿在《十六国春秋》中没有把东晋、南朝与十六国并列记载，是因为其家族长期出仕建康政权，心怀故国而私做避讳。刘知幾以简洁利落的举证驳倒了魏收的歪论，指出崔鸿的编史以晋为宗，既是服从于中原无主宰的现实，也是书写政权并立时期历史的通行做法，如此才能保持史书的体例纯正有序，不致混乱。在文字的后半段，即刘知幾对魏收的直接批判，可以发现刘知幾并没有从"不欲使中国著书，推崇江表"句否定魏收崇北魏抑江南的正统观；而是指出魏收在正史中以"岛夷"贱称东晋、南朝从而阻止中原著书之人推崇江南，又将崔鸿为《十六国春秋》确立统一编年的做法曲解成政治上"以晋为宗"，借攻击崔鸿来为北魏立正统、遮羞恶，认为魏收这般举动显然是把史书编撰的技术问题过度解读为一个政治问题，于史德有亏。所以，若是将这一段评论认定为刘知幾尊崇东晋南朝为正统，在正统观上对魏收进行攻击，并无旁证，且不符合逻辑。因刘知幾在承北朝法统的唐代任史官，却于私著《史通》中宣布以南朝为宗，并且该书还在日后得到了唐代官方的认可，显然不能成立。① 刘知幾更重视的实际上是史书"体统"，认为若是按魏收攻击崔鸿之言进行"改正"，在南朝史料多于北方的客观情况下南北混书，北方无主然南方又要立纪传之别，史书的体例就会混乱不堪，难以编次。因而刘知幾批评魏收不顾客观情况一味尊崇北朝、贬低南朝，关键不在于政治法统，而是正史编写与现实产生较大出入，本质上是史书编纂的技术问题。

此外，该处文字还可与当代如前文所提柴芃、张云华所作的新研究相联系。《魏书》不仅记载身为"岛夷"的宋孝武帝刘骏"淫乱无度，蒸其母路氏，秽污之声，布于瓯越"，② 而且对于北魏国内的淫秽之事也多有述及。上至元魏宗室，下至范阳卢氏、太原王氏、荥阳郑氏等大族，闺内祸乱纲常之淫声已非稀罕。③ 但是刘知幾并没有单凭记淫秽之事认定《魏书》为秽史，而是将之归为史书"言辞猥杂"的一种。由此可见，将这一种记载单独拎出来做特殊化研究，于《史通》的评价体系是没有意义的；在由《史通》所引出的"秽史"说争辩中，史载淫秽为"秽史"的说法也有待商榷，难成定论。

"秽史"之秽杂，还可见诸其传记质量。刘知幾对于《汉书》以来的多部正史褒贬不一，但都指出了它们在纪传收录和书写上的不足：

> 至如不才之子，群小之徒，或阴情丑行，或素餐尸禄，其恶不足以曝扬，

---

① 注：刘知幾文集至迟于唐开元十年（722）被收入御府之中，并录入书目，见诸刘昫，等.旧唐书：卷47·经籍志下·丁部集类［M］.北京：中华书局，1975：2076.有关其收录时间的断定，此处采信袁傅章之考证，详见袁傅章.宋人著作五种征引《史记正义》佚文考察［M］.北京：中华书局，2016：32.

② 魏收.魏书：卷97·刘骏传［M］.北京：中华书局，1974：2144.

③ 注：如北海王元详"宠妾范氏，爱等伉俪，及其死也，痛不自胜，乃至葬讫，犹毁墙视之……烝于安定王燮妃高氏，高氏即茹皓妻姊。严禁左右，闭密始末"。范阳卢斐一支，"家风衰损，子孙多非法，帷薄混秽，为论者所鄙"；卢道虔之妻济南长公主"骄淫，声秽遐迩"；卢正通"妻郑氏，与正通弟正思淫乱"；卢元明"次妻郑氏与元明兄子士启淫污，元明不能离绝"。太原王松年一门之王琼，其女"适范阳卢道亮，不听归其夫家。及女卒，哀恸无已。琼仍葬之别所，冢不即塞，常于圹内哭泣。久之乃掩。当时深怪，疑其秽行"。荥阳郑道昭之子郑严祖，"轻躁薄行，不修士业，倾侧势家，干没荣利，闺门秽乱，声满天下。出帝时，御史中尉綦儁劾严祖与宗氏从姊奸通。人士咸耻言之，而严祖聊无愧色。"见诸魏收.魏书：卷21·北海王详传，卷47·卢玄传，卷38·王慧龙传，卷56·郑道昭传.北京：中华书局，1974：561，1045—1062，878，1242.

其罪不足以惩戒，莫不搜其鄙事，聚而为禄，不其秽乎？抑又闻之，十世之邑，必有忠信，而斗筲之才，何足算也。若《汉》传之有傅宽、靳歙，《蜀志》之有许慈，《宋书》之虞丘进，《魏史》之王宪，若斯数子者，或才非拔萃，或行不逸群，徒以片善取知，微功见识，阙之不足为少，书之唯益其累。而史臣皆责其谱状，征其爵里，课虚成有，裁为列传，不亦烦乎？[①]（《人物》篇）

褒善贬恶是古代史书的重要功能，为功臣良人歌功颂德、对逆贼恶徒暴迹笔诛，乃是史官的本职工作。然而刘知幾认为传记体史书在两汉至南北朝的发展过程中出现了重大失误，将良莠不齐的历史人物都收入正史大书特书，以至于向无才德、于历史大进程无关的庸人也在正史中占有一席之地，让本应专记典型的史官为其出入考证一番，不仅浪费了史学资源，也让正史丧失了行儒家伦理教化的功能。

逮魏晋之世，正史甚至向世家大族的谱牒之书靠拢：

夫郡国之记，谱牒之书，务欲矜其州里，夸其氏族。读之者安可不练其得失，明其真伪者乎？至如江东"五儁"，始自《会稽典录》，颍川"八龙"，出于荀氏家传，而修晋、汉史者，皆征彼虚誉，定为实录。苟不别加研覈，何以详其是非？[②]（《采撰》篇）

瞿林东先生在考察《魏书》"秽史"说与魏晋南北朝的门阀政治之间的关系时，在列传体例的家传化特点切入："魏晋南北朝至唐初史书列传体例的这一变化，是门阀地主的社会意识形态在史学上的反映，实为形势使然。"[③]然瞿先生意在说明魏收并非特意将正史的传记写成士族谱牒，而是时代趋势所致，从而指出"秽史"说乃是门阀意识下所产生的偏见，不足以为评判史书价值的依据。刘知幾则主要从史书编纂的技术视角看待门阀地主意识形态的影响，史书列传向世家家传的变化导致大量虚名浮誉之词进入严肃求实的正史，导致在记载前朝史事、为今朝提供借鉴警示的正史之中，充斥着各种无价值的文字，将史书的原有意义淹没。

可以注意到，刘知幾明确冠有"秽"名的史书包括了东汉到南北朝的多部正史，实际上包含了后世学者关于"秽史"说的阐释结论。如持正统立场有失公允，如记载之史不符事实，如以史之体夹书淫行，乃至于现代史学视角下提出的门阀政治影响历史书写，刘知幾都尽已言之，然却并未持为最终结论，而是指出这些表象背后的错误之源，即正史之体在汉代之后的败坏。历代学者讨论的"秽史"表征，实际上都可归结于一个病灶：正史在魏晋南北朝时期一步步从书写国家大事的重典沦为搜刮八卦风谈和梳理世家谱系的杂烩，"秽史"实乃记事芜秽类若小说。

四、刘知幾的"理想正史"与史学理想

有所贬者，则必有所崇，与现实所存"秽史"相对应，刘知幾以《春秋》为宗论述

① 刘知幾. 史通通释：卷8·人物［M］. 浦起龙，通释. 上海：上海古籍出版社，1978：239.
② 刘知幾. 史通通释：卷5·采撰［M］. 浦起龙，通释. 上海：上海古籍出版社，1978：117.
③ 瞿林东. 说《魏书》非"秽史"［J］. 江汉论坛，1985（5）：72.

了正史书写的标准。《史通·书事》详细呈现了刘知幾史学视野之中"正史"应有的面貌：

> 昔荀悦有云："立典有五志焉：一曰达道义，二曰彰法式，三曰通古今，四曰著功勋，五曰表贤能。"干宝之释五志也，"体国经野之言则书之，用兵征伐之权则书之，忠臣烈士孝子贞妇之节则书之，文诰专对之辞则书之，才力技艺殊异则书之。"于是采二家之所议，征五志之所取，盖记言之所网罗，书事之所总括，粗得于兹矣。然必谓故无遗恨，犹恐未尽者乎？今更广以三科，用增前目：一曰叙沿革，二曰明罪恶，三曰旌怪异。何者？礼仪用舍，节文升降则书之；君臣邪僻，国家丧乱则书之；幽明感应，祸福萌兆则书之。于是以此三科，参诸五志，则史氏所载，庶几无阙。求诸笔削，何莫由斯？①

借用荀悦立典五志，言明正史的主要功能，其核心是彰显伦理道义、法规仪式的政治教化功能，其次为博通古今的历史记载功能，再者为留存国家功勋、褒扬贤能士人的珍贵历史记忆，可见正史的功能无不服务于国家上层建筑里的政治生活。参引干宝作史五志，进一步说明修史的技术问题，即记载哪些事情的问题，正史应当收录记载国政大事、征战军事、明儒家伦理道德之人事、政治文书、有杰出才能者事迹。刘知幾自己附上最后三科，即制度沿革、批判恶政、重大的神秘学事件。彰显五种功能，包含八种内容，正史国典已然齐备，架构完整、内容充足而无赘余，达到刘氏所推崇之圣人"约史记以修《春秋》"（《自叙》篇）的境界②。

若以上述标准观诸《魏书》，乃可知其在刘知幾心目中的质量低劣几何。《魏书》以家传为体，原本书写功勋卓著或才能杰出者的列传成为门阀排列第等、罗延传承的谱牒，选择传主并不以其与国家大事有密切关系为第一标准。《魏书》所收录事迹，无所不包，军政国事与街巷风谈、士人逸闻并列，弘扬政治教化、留存国家记忆的功能因此遭受削弱；小说家言，或真或假，不加辨别即入史书，则是史源筛选的重大失误，直接动摇了信史的根本，足以反映史官的史德败坏。以"秽史"为戒，力行《春秋》确立的著史范式，即是刘知幾的史学理想，进而深刻影响着他的史官生涯。

根据《旧唐书》记载，刘知幾于武周长安年间（701—704 年）以左史之职兼修国史，视为其参与正史编纂的起始点。终其一生，刘知幾参与了《则天实录》《中宗实录》和《睿宗实录》等多部国史的编纂。③ 刘知幾在实践过程中深深了解到国史修纂过程的弊病，他本人极度反感史馆制度下唐代国史的著作方式，这无疑是他在《史通》中批判正史向"秽史"发展趋势的重要源头。刘知幾向中书侍郎萧至忠提交请求辞去史职的奏记中，提出国史修撰的"五不可"，其中第四条：

> 古者刊定一史，纂成一家，体统各殊，指归成别。夫尚书之教也，以疏通知远为主；春秋之义也，以惩恶劝善为先。《史记》则退处士而进奸雄，《汉书》则抑忠臣而饰主阙。斯并囊贤得失之例，良史是非之准，作者言之详矣。

---

① 刘知幾. 史通通释：卷 8·书事 [M]. 浦起龙，通释. 上海：上海古籍出版社，1978：229.
② 刘知幾. 史通通释：卷 10·自叙 [M]. 浦起龙，通释. 上海：上海古籍出版社，1978：289-290.
③ 刘昫，等. 旧唐书：卷 102·刘子玄传 [M]. 北京：中华书局，1975：3168，3173.

项史官注记，多取禀监修，杨令公则云"必须直词"，宗尚书则云"宜多隐恶"。十羊九牧，其事难行；一国三公，适从焉在？[①]

第五条：

> 如创纪编年，则年有断限；草传叙事，则事有丰约。或可略而不略，或应书而不书，此失刊削之例也。属词比事，劳逸宜均；挥铅奋墨，勤惰须等。某帙某篇，付之此职；某纪某传，归之此官。此铨配之理也。斯并宜明立科条，审定区域，俾人思自勉，则书可立成。今监之者既不指授，修之者又无遵奉。用使争学苟且，务相推避，坐变炎凉，徒延岁月。[②]

褒贬人物、评价君臣的功能缺失，筛选史料、书写史实的详略失当，是国史馆下刘知幾的真实体验，也是他在《史通》中批评"秽史"之"秽"的两个重要方面。受制于杨再思、宗楚客等上级官员，刘知幾无法在修撰国史的过程中践行自己的修史标准，故而请辞，转而将全部精力投入《史通》的撰写之中。中宗复辟之后，刘知幾重返史馆，参与多朝实录编修，多处于主导地位或是与友人吴兢等有相近旨趣者合作，少了许多掣肘，所修之史既未如第一次兼修国史时与刘氏自己的史学理想冲突，也得到了官方的认可而得以颁行，成为日后正史的根本史源。然今刘知幾参与编修的唐代实录已经散佚，已无法觅见其最核心的目次布置和文字书写的原貌。但从继承唐代原始材料的正史即《旧唐书》来看，《魏书》以家传为列传的形式大为改观，几乎不再有一人传后附有其子孙数代、兄弟及其后人的情况，传主都在政治、文化等领域产生了一定的影响力，更无大量讨论名士逸闻或者闺中伦常的窥癖。唐史相较于魏晋南北朝正史的可观改变，自然脱离不了奠定正史史料基础的实录编修者的影响。

余论：继承前人史学批评的风险

刘知幾对于"秽史"的定义与批评，与其所处的时代背景有密切关系。唐代为魏晋南北朝混乱终结之后的治世，从东汉到南陈的历史对于隋唐社会意识的影响十分深刻，实为唐人的近代史。唐代在政治上恢复集权大一统国家的建设、门阀政治影响弱化，思想上推动南北儒学合流、脱离玄学，对于魏晋南北朝的历史以反思取戒为主流。刘知幾借北齐所遗"秽史"之名，对整个魏晋南北朝的史学发展做出了自己的评判，痛斥汉代以后官修正史的劣质化趋势。

然而刘知幾之后，学者读史发论，却免不了先入为主之痛。刘知幾与《史通》影响力之大，导致其对各部史书的评价也给史书本身打上了深深的烙印。单论《魏书》一部，刘知幾在《史通·古今正史》篇沿用"秽史"之名，不仅固化了世人对《魏书》的印象，而且误导后人将"秽史"的含义窄化，不再深入阅读《史通》的其他篇章，而是仅凭《史通·古今正史》的一段"定论"就大加阐发，对《魏书》进行彻底的批判。

---

① 刘昫，等. 旧唐书：卷 102·刘子玄传 [M]. 北京：中华书局，1975：3170.
② 刘昫，等. 旧唐书：卷 102·刘子玄传 [M]. 北京：中华书局，1975：3170.

《史通》作为中国历史上第一部史学理论专著的光环，也让后学缺少对书籍本身的思辨，忽视这是刘知幾一家之言的客观事实。继承刘知幾的史学批评，仅出于刘知幾自己的观点和先入为主的读史感想，显然有失公正。《魏书》"秽史"说千年以来的攻驳互辩，也因这种风险的放大而偏离了方向，以至于《魏书》脱去"秽史"名号、史料价值重新得以重视的道路坎坷重重，刘知幾的本意也未得完整解读，仅留片语供后人曲意发挥。此种史学史的变异现象，今人当引以为戒。

>> 老师点评

2021 年春季学期行将结束之际，何远山向我汇报了他关于魏收《魏书》之所以被称"秽史"这一问题的新想法：刘知幾所说"秽史"实指史书内容繁冗秽杂，收录了许多对政治得失和伦理教化无关的内容，而非现今学术界所论的史书内容淫秽、正统观不公允、人物评判不公等方面。我认为其想法有道理。于是，我鼓励他搜罗学界已有观点和史书相关材料，尤其是刘知幾关于正史内容的论述，以及他参与编撰的《中宗实录》《睿宗实录》《则天实录》等史书，将其中关于史书内容的思想与实践互相印证，以证实自己的观点。

暑假里，他通过电子邮件将成稿发送给我，我指导他进行了三轮修改。主要的观点是他提出的，论证也是他完成的，我主要指出其文字晦涩不明、结构安排不合理、题目不明晰、论证不充分等问题。现在见到的论文，就是其改后的最终稿。

《刘知幾的史书观与〈魏书〉"秽史"说新论》一文，有几个优点：

1. 清晰地梳理了《魏书》"秽史"说的源起，彰显了刘知幾《史通》在此说上的关键地位。李百药《北齐书》透露了北齐人目《魏书》为"秽史"，刘知幾的《史通·古今正史》沿用"秽史"之名，评价魏收之书。宋人刘恕、刘攽、章如愚、晁公武、清人赵翼、近人梁启超又循刘知幾之旧，仍以"秽史"视《魏书》。清代四库馆臣、今人周一良、瞿林东、柴芃、张云华等，为魏收书所作的辩护，也是针对刘知幾所论问题进行辩驳。

2. 作者指出，刘知幾所论的"秽史"，并非专指《魏书》，并全面考察了刘知幾的"秽史"标准。范晔《后汉书》和沈约《宋书》也被刘知幾认为有"秽"处，从政治立场和记事淫秽方面理解《魏书》之秽，都不恰当。刘知幾目《魏书》为秽史，真正的原因是：《魏书》将良莠不齐的，于历史大进程无关的庸人也写进正史；《魏书》列传向世家家传的变化，导致大量虚名浮誉之词进入严肃求实的正史；《魏书》将正史由书写国家大事的重典，沦为搜刮八卦风谈和梳理世家谱系的杂烩。

3. 论证了刘知幾的秽史观，与他"理想正史"思想的关系。作者指出，刘知幾的"理想正史"，是荀悦的"立典五志"和干宝"五志"的综合，加上刘知幾自创的"叙沿革、明罪恶、旌怪异"三目。作者还认为，继承唐代原始材料的正史《旧唐书》，在传记写法、入传标准、内容取舍等方面都和《魏书》大异其趣，或可印证刘知幾参与编修的唐代实录贯彻了其"理想正史"思想。

全文问题意识较强，观点较新颖，论证较严密，写作符合学术规范，允为一篇比较优秀的学术论文。

本文的美中不足之处：

1. 有些细节之处不够严谨。如文章开头部分说"此后更有言魏收收受贿赂、阿附权贵，将官修史书作为讨好权臣、打击政敌的工具"，但所引材料没有体现这一内容，也没有注明别的出处。又如，《北齐书》作者李百药，是与刘知幾同时代的史学家，《北齐书》和《史通》成书的先后，有必要稍作说明，这样更有利于梳理《魏书》"秽史说"的源起。

2. 有些论证需要加强。如宋人、清人等目《魏书》为秽史，四库馆臣等辩《魏书》非秽史，这些观点与刘知幾论定《魏书》为秽史之间的关系，有加强论证的必要。又如，刘知幾参与编纂的《则天实录》《中宗实录》和《睿宗实录》等多部国史，由于现在难窥原本，是否真正体现了刘知幾的"理想正史"思想，缺乏论证。

通观全文，观点鲜明且有一定创新，逻辑清晰，论证充分，写作符合学术规范，是一篇比较优秀的学术论文。但由于刘知幾自撰的几部史书现已无从见到原貌，将刘知幾史学思想与其史学实践相印证的初衷不免打了折扣，这一定程度损伤了本文的论证力度。

论文指导老师、学业导师：陶新华

9

从"宣统"到"康德"：
溥仪正统来源的建构

2018 级　董孙阳杰

摘　要：1908 年，溥仪在光绪帝驾崩后即位，次年改元"宣统"，成为清朝以及中国封建王朝时代最后一位皇帝。1934 年，溥仪又在日本扶持下改伪满政权为帝国，改元"康德"，第三次登基为帝。从"宣统"到"康德"，溥仪年号的变化过程实际上反映的是建构其正统性的过程，与晚清帝王世系以及东北现实政治等各方面因素都存在着不可忽视的关联。

关键词：溥仪；伪满洲国；宣统；康德；正统性

作为中国的"末代皇帝"，溥仪一生中有着三次登基、三次退位的独特经历。第一次登基在光绪三十四年十一月初九日（1908 年 12 月 2 日），奉光绪帝及慈禧太皇太后遗诏继位，后辛亥革命浪潮起，在袁世凯操作下于宣统三年十二月二十五日（1912 年 2 月 12 日）退位；第二次登基在 1917 年短暂的张勋复辟期间；第三次登基则是受日本人扶持，于伪满"大同三年"（1934 年）3 月 1 日改伪满政权为帝国，即"大满洲帝国皇帝"之位，1945 年 8 月 17 日在日本宣布投降后继而退位。在这三次"皇帝"经历之中，除张勋复辟过于短暂之外，溥仪的登基都伴随着改元的行为。其中，光绪三十四年登基于第二年改元为"宣统"，伪满"大同三年"登基改元为"康德"。这种改元的行为与溥仪登基所具有的特殊性是分不开的，"宣统"与"康德"年号的选取，其背后蕴含着丰富的政治文化意义，值得我们对其展开进一步的考察和探究。

在正式展开我们的研究之前，不妨先对题目中的两个年号所具有的象征意义作一个预备性的认识。究其字眼，"宣统"之"宣"，代指清宣宗道光皇帝旻宁；"康德"二字，则由清圣祖康熙皇帝的年号以及清德宗光绪皇帝的庙号合并而成。援引祖宗尊号而提出自己的年号，既是对清朝列祖列宗的崇敬，也是对溥仪正统性的彰显。我们接下来的论述，就将细究如此建构溥仪正统性的具体原因。

想要看出"宣统"年号背后的政治意义，就必须首先对晚清帝王的世系进行简要的梳理，目的是厘清溥仪与光绪、同治二帝在法理上以及血缘上的继承关系，从而看出晚清诸帝正统性的来源与传递方向。

在光绪帝即位之前，道光、咸丰、同治三帝的继承属于"父死子继"的传统模式，并未出现需要澄清的过继关系。因此，为了梳理光、宣二帝正统性的来源，考察的切入点就应当放在同治帝驾崩而光绪帝即位的历史时刻。按照《清史稿·穆宗本纪》记载，同治帝驾崩时的情况为：

> 十二月……上（同治）疾大渐，崩于养心殿，年十九。慈安皇太后、慈禧皇太后召惇亲王奕誴、恭亲王奕䜣、醇亲王奕譞……入奉懿旨，以醇亲王之子承继文宗为嗣皇帝。[1]

《穆宗实录》记载的同治帝遗诏中，有关继承人的部分内容如下：

> 乃逾日以来，元气日亏，以致弥留不起，岂非天乎？顾念统绪至重，亟宜传付得人。兹钦奉两宫皇太后懿旨，醇亲王奕譞之子载湉著承继文宗显皇帝为子，入承大统，为嗣皇帝。[2]

可以看出，在光绪帝载湉被确认为清朝皇位的继承人时，他在名义上是咸丰皇帝的嗣子，与同治帝载淳从事实上的堂兄弟关系转变为法理上的兄弟关系。

溥仪的即位，也是与光绪相似的情况。《德宗实录》对光绪帝遗诏的记载中有：

> 自去年秋间不豫，……日以增剧，阴阳俱亏，以致弥留不起，岂非天乎？顾念神器至重，亟宜传付得人。兹钦奉慈禧端佑康颐昭豫庄诚寿恭钦献崇熙皇太后懿旨，醇亲王载沣之子溥仪入承大统，为嗣皇帝。[3]

具体的承继关系，则见于《德宗本纪》：

> （光绪）遗诏醇亲王载沣之子溥仪入承大统，为嗣皇帝。皇太后懿旨，命嗣皇帝承继穆宗（同治）为嗣，兼承大行皇帝之祧。[4]

因此，溥仪在名义上成为同治帝载淳的嗣子。则我们可以将溥仪在法理上的继承关系总结为：

> 清宣宗（旻宁）——清文宗（奕詝）——清穆宗（载淳）——清德宗（载湉）——溥仪

从血缘上看，则光、宣二帝同出醇亲王奕譞一脉。奕譞为道光帝第七子，其长子载瀚早夭，次长子即光绪帝载湉，第五子载沣袭醇亲王位，生长子溥仪即宣统帝。因此，溥仪在血缘关系上的传承为：

> 清宣宗（旻宁）——醇亲王（奕譞）——清德宗（载湉）

① 赵尔巽，等. 清史稿：卷22·穆宗本纪 [M]. 北京：中华书局，1977：848.
② 清实录：第51册 [M]. 北京：中华书局，1987：948.
③ 清实录：第54册 [M]. 北京：中华书局，1987：893.
④ 赵尔巽，等. 清史稿：卷22·穆宗本纪 [M]. 北京：中华书局，1977：965.

——醇亲王（载沣）——溥仪

可以看到，载湉和溥仪都可以说是承继了道光帝旻宁的血脉；而在法理上，则分别继承自咸丰帝奕詝与同治帝载淳。也可以说，载湉和溥仪的一个共同点在于，使他们正统性的法理来源和血缘来源可以保持一致的最晚近的先祖都是道光帝旻宁。也即，在某种程度上，他们由道光帝继承而来的正统性是毋庸置疑的。体现在年号上，即"光绪"之"光"来自道光年号，"宣统"之"宣"来自宣宗庙号，这也使得载湉与溥仪的年号在实际上表达的意义是相同的，即继承道光帝的正统。

值得注意的是，在同治帝遗诏中，曾有"顾念统绪至重"之句，与光、宣二帝年号的第二个字暗合。虽不至于认为这句话影响了光绪帝年号的选定，因为"绪"表达继承、承续之意，本是一个常见的用法，如光绪帝即位后的诏书中即有"惟念大行皇帝，以祖宗丕绪，传付朕躬，勉从所请，以明年为光绪元年"① 之句，相似地，宣统帝诏书中也有"惟念大行皇帝，以祖宗丕绪，传付朕躬，勉从所请，以明年为宣统元年"② 之句。可见，"祖宗丕绪"之类的说法，只是一个固定格式，并非"光绪"之"绪"的一个有意识的来源。然而，对于"宣统"之"统"，将穆宗遗诏看作一个有可能的来源，则是有一定道理的；或者，既然"统绪"作为"世系""传承"之意来使用也是一个常见的用法，我们至少也可以认为，"宣统"这一年号中两个单字的选定都具有很强的意向性，即与先帝"光绪"相呼应，既彰显出来自宣宗的正统性，又组成"统绪"之对，流露出延续祖宗世系的愿景。

然而，到了伪满洲国时期，溥仪的第二个年号"康德"，则表现出完全不同的意义。需要说明的是，在伪满政权成立之初，就带有一抹政治上的暧昧色彩，即前清废帝（溥仪）在前清遗老的簇拥下重新统治清朝故地（东北）所造成的若有若无的"复辟"意味。在伪"东北行政委员会"请求溥仪出任伪满"执政"的第一次推戴书中，首先便说起前清故事：

> 伏维有清，圣贤递作，垂三百年，深仁厚泽，浃于民心。辛亥逊位，以不忍涂炭生灵，而争一家一姓之私。遽以政权公诸天下，让德光昭。尤为中外国人同所顶仰。讵自共和成立以来，纪纲日堕，争战频仍，军阀党徒，迭为消长，祸国殃民，于今弥烈。而我满蒙各地，既为残暴所凭，更受沦胥之苦，水深火热，呼吁无门。今幸一旦廓清，亟应与民更始。爰建新国，名曰满洲。③

而在溥仪就多次"推戴"所作的答词中，也有这样的句子：

> 我东北三千万民众，自满洲独立国成立宣言发表以来，再四请余摄行新国之执政。惟满洲为余祖宗发祥之地，兹重受推戴，乃不获辞退，敬谨就职。④

---

① 清实录：第 52 册 [M]. 北京：中华书局，1987：89.

② 清实录：第 60 册 [M]. 北京：中华书局，1987：25.

③ 伪"东北行政委员会"第一次推戴书 [M] //辽宁省档案馆，编. 溥仪私藏伪满秘档. 北京：档案出版社，1990：1.

④ 执政答词 [M] //吉林省档案馆，编. 溥仪宫廷活动录（1932—1945）. 北京：档案出版社，1987：3.

溥仪虽未明确流露出复辟之意，但仍以"满洲为余祖宗发祥之地"作为出任执政的重要理由，就说明不可能离开前清余绪这样的观点来看待伪满洲国的成立。

这种暧昧体现在溥仪在伪满改制称帝的全过程。虽然溥仪在"即位诏书"中表示：

> 朕以藐躬，乃承天眷，……其以大同三年三月一日即皇帝位，改为康德元年，仍用满洲国号，世难未艾，何敢苟安。①

并未提到什么与清朝有关的字眼，但是，在即位伪帝的当天，溥仪先设"郊祭之仪"：

> （三月一日）于国都新京郊外杏花村之顺天广场设立天坛，举行古礼之郊祭典礼。……皇帝陛下着满洲古式之礼装，升天坛，南面即位。

又举行"登基大典"：

> 皇帝陛下正午十二时于宫内府勤民楼，举行严肃之祭基大典。皇帝身着壮丽之陆军式大礼服，于诸员恭迎中驾临式场，升正面御坐，乃以玉玺钤于诏书，玉音朗朗。②

从这里看到的溥仪在典礼服饰上的变化，正是伪满在政治上暧昧色彩的表现。所谓"满洲古式之礼装"，实际上应是前清龙袍，而"陆军式大礼服"，则与日本天皇穿着大元帅服饰的惯例相一致。可以想见，对于民国官民而言，与满洲经日本一手扶持私自独立相比，前清的复辟将更是无法忍受。以至于伪满政府在《皇帝即位对外说明书》中表示：

> 顾我满洲帝国皇帝奉天承运，新创满洲帝国而为第一代之皇帝，自与清国之复辟，迥然不同；且与中华民国之国民，毫无猜嫌之意味。③

此时，溥仪为自己所选取的新年号"康德"，正是这种暧昧意味的体现。一方面，正如我们先前提到的，"康德"代指清朝的康熙、光绪二帝，属于溥仪所念及的"祖宗"之列；另一方面，溥仪又无法公然在满洲实现复辟，而只能借助服龙袍、改年号这样的手段来为"满洲帝国"的伪政权赋予一些承继清朝的若有若无的正统性。

需要注意的是，此时的伪满政权，所期望建构的正统性，已不是来自既已覆灭的前清王朝，而是倾向于通过"一国一族""民族独立"的现代式民族国家原则来寻求合法性。"满洲国"《建国宣言》所试图构建的是一个有关"满蒙人民经受国民政府暴政，继而选择建立独立自主的民族国家"的叙事：

> 想我满蒙各地，属在边陲，开国绵远，……乃自辛亥革命，共和民国成立以来，东省军阀，乘中原变乱之机，攫取政权，据三省为己有，……内则暴敛横征，恣意挥霍，……外则蟣弃信义，开衅领邦，……以我满蒙三千万之民

---

① 即位诏书［M］//伪满洲国政府公报：第 12 册（影印本）. 沈阳：辽沈书社，1990：1.
② 吉林省档案馆. 溥仪宫廷活动录（1932—1945）［M］. 北京：档案出版社，1987：3.
③ 皇帝即位对外说明书［M］//吉林省档案馆，编. 溥仪宫廷活动录（1932—1945）. 北京：档案出版社，1987：299.

众，托命于此残暴无法区域之内，待死而已，何能自脱。……蒙满旧时，本另为一国，今以时局之必要，不能不自谋树立，应即以三千万民众之意向，即日宣告与中华民国脱离关系，创立"满洲国"，兹特将建设纲要，昭布中外，咸使闻知。①

就上述"宣言"来看，与其说伪满政权具有复辟色彩，不如说，它更期待着树立起一个积极的革命政权的形象。究其意图，首先，"民族国家"的旗号更能为现代国际政治所接纳，有助于提高国际社会承认伪满政权的可能性；其次，与前清相比，"满洲国"是一个更具有地方化色彩的国号，更符合日本分裂中国的政治图谋，也更方便对其进行政治、军事、经济等各方面的傀儡化控制；最后，如果考虑到稳定南京国民政府的需要，"满洲独立"所带来的刺激就将远远小于"前清复辟"所带来的刺激。因此，可以想见，复辟将难以得到来自日本、国际、民国等各方面的允许，而只能成为存在于前清"遗老"们或者溥仪本人心中的一个幻想。

实际上，伪满政权内部并非完全放弃了复辟清国的想法，相反，这种意图时常在伪政权的台前幕后出现。例如，在日本谋划"华北事变"之际，就曾有人向溥仪提出过"入关""统一"的主张：

> 逮满洲帝国成立之后，华北民众私相度慰，金以为二十年前宽宏之气象，复目睹于今生矣！……满洲现处一隅之地，不于此时做进一步之发展，恐将来决不足以图生存于其间。……届时，满洲帝都南迁，以避两大（日俄）之间，而建统一之基。②

所谓"二十年前宽宏之气象"，无非是指前清时期。而"南迁""统一"之事，则无非是指望伪满政权实现清朝复辟。这封"密信"未有署名，仅通过其内容判断，尚不明确该信出自华北政府内某些官员抑或民间乡绅遗老之手。需要注意的是，在此"密信"中，也暗含着在日俄两国之间斡旋之意。而事实已经证明，即使在华北实现"入关"，日本也并无帮助溥仪等清朝子遗在此实现复辟的打算。

可以看出，"复辟前清"，至少在伪满政权内外一部分"遗老"心里，是一个存在着的想法，并且于溥仪本人而言，应该也抱有这样的意图。"康德"年号正是这些幻想的产物，它一方面代表了清朝功业最鼎盛的皇帝之一——康熙，另一方面代表了在溥仪之前持有清朝正统的皇帝——光绪，象征着清朝遗存的正统，反映着不现实的复辟愿景。从"宣统皇帝"到"康德皇帝"，前者是传统的政治文化考究宗法源流之后的结果，后者则是在"新国"面孔之下暗含着的复辟故国的图谋。作为溥仪在"皇帝"身份下仅有的两个年号，"宣统"与"康德"具有一般年号所不具有的强烈意向性，其政治意义都与清朝正统的存续愿景存在关联，也生动地显示出溥仪这个人物所具有的复杂性。

---

① "满洲国"建国宣言［M］//吉林省档案馆，编. 溥仪宫廷活动录（1932—1945）. 北京：档案出版社，1987：295-296.

② 关于策划华北叛乱，迎接伪满入关的密信［M］//辽宁省档案馆，编. 溥仪私藏伪满秘档. 北京：档案出版社，1990：52.

>> 老师点评

本人担任董孙阳杰的学业导师，为期四年之久。长时间的密切互动，宛如一同经历一场旅程。过程中，我们一起阅读《老子》《庄子》和《周易》，并在每次读书会后，讨论学习进度和生活经验。本人对阳杰有着深刻了解，并观察其间的学习和成长，留下"自主学习"和"专注深入"的印象。以"自主学习"的特质来说，有两项表现可以佐证：其一，阳杰身处在历史系，但是对于思想哲学具有浓厚的兴趣，除了请教师长，尝试自我摸索外。大二之后，在累积中国哲学的一定基础后，将兴趣拓展至西方哲学，奠定相关领域的基础；其二，我们一同阅读经典时，阳杰会自己练习解读文本的本领。以"专注深入"的特质来说，在每个阶段的摸索，阳杰都能有序和确实地建立基础。在两项特质的影响之下，阳杰于本科生中的思考和表达能力均堪称出色。但由于本科阶段仍以通才学习为目标，阳杰的自主和专注，一度让本人担心造成他学习的偏废。不过书院课程安排尽可能满足广博之效，阳杰在大四时，也期许自己扩大视野，让本人放心在旁陪伴和见证成长。

在《岳麓史学——湖南大学岳麓书院本科生优秀论文集（第三辑）》中收录的《从"宣统"到"康德"：溥仪正统来源的建构》一文，由董孙阳杰所撰写，此文撰写源于修习刘会文老师"中国现代史"的课程报告，可以视为尝试思想史研究的佳作。目前海内外的思想史研究讲求探讨思想活动与外在世界的互动关系，"以剑桥学派"为例，反思政治思想史研究方法，凸显语境的历史意义。该学派强调每一位行动者的思想活动和论述，回应所处现实面对的问题，即是一种政治行动，甚至留下"言论即是行动"（Words are also deeds）的名言。本文体现此一方法所期的目标，阳杰选择中国最后一位皇帝溥仪作为研究对象。面对着风雨飘摇的局势，溥仪、清廷或日本扶持力量苦心孤诣塑造其正当性。年号由皇帝公告于世，其间包含皇帝的权力合法性和自我期许，用字遣词即是一种政治宣示。溥仪逊位又复辟，各以"宣统"和"康德"为年号，阳杰梳理出该年号对于溥仪当下处境的贴切意义。并透过对比"光绪"年号，凸显"宣统"年号对于溥仪初登帝位的特殊性。阳杰撰写此文找寻到一个理想视角，值得鼓励。但毕竟悲剧性的溥仪政治经历短暂，此一问题值得扩大讨论范畴，综观有清一代的年号更迭，或许可以持续挖掘出深刻的历史价值。

学业导师：袁承维

10

沈毓桂与中西书院

2019 级　张庆滢

摘　要：中西书院是美国监理会来华传教士林乐知创办的一所教会学校，因"中西并重"闻名于当时。沈毓桂在 1896 年辞去中西书院掌教前，参与了中西书院创办和发展的全过程，包括与林乐知共同筹办中西书院，并作为掌教司理院务。同时，他在中西书院的发展过程中逐渐总结出"中学为体，西学为用"的人才培养理论，对中西书院的发展起到促进作用。沈毓桂的双重性身份在中西书院走入传统社会的过程中也起到了积极作用，对中国社会产生了重要影响，而他本人在西学东渐过程中也扮演了重要角色。

关键词：沈毓桂；中西书院；林乐知；中西并重

　　中西书院是由美国监理会传教士林乐知（Young John Allen，1836—1907）于 1882 年在上海创办的一所教会书院，因倡导"中西并重"而显得与众不同，从而引起学界的关注和研究。但以往成果的关注点多集中于中西书院本身及其创办者林乐知。学界或着力于研究中西书院的教学、管理等方面，或将其置于中西文化交流的框架中，分析其在西学东渐过程中的作用，或以林乐知的个人经历和思想为主线，凸显其在中西书院筹建和办学中的作用和影响，而相对忽视了在其中起过重要作用的沈毓桂。① 实际上，沈毓桂不仅参与了中西书院的筹办，而且与林乐知一道，揭橥"中西并重"的宗旨，并在长期办学过程中，提出了"中学为体，西学为用"的思想，展现了那一时代游离于中西之间的边缘人对中西学关系的认识。

---

　　① 注：易惠莉在《西学东渐与中国传统知识分子——沈毓桂个案研究》一书第九章"掌教中西书院（1882—1896）"中论述了沈毓桂与林乐知创议设立中西书院、中西书院的初创、沈毓桂在中西书院发展中的作用以及中西书院与近代新式教育之间的关系，但其内容却是将沈毓桂与林乐知之间的关系作为主体，并未跳出以往研究的框架，没有突出沈毓桂在掌教中西书院过程中的重要作用，且各部分之间也较为分散。于醒民《沈毓桂与林乐知》一文中有"沈、林办学议"一节，主要从沈毓桂参与中西书院创办、任中西书院掌教兼总司院务、提出中西书院办学方针三个方面展开探讨，但其文章有扬沈抑林之倾向。参见易惠莉. 西学东渐与中国传统知识分子——沈毓桂个案研究［M］. 长春：吉林人民出版社. 于醒民. 沈毓桂与林乐知［M］//中国社会科学院近代研究所近代文化史研究室，编.《中国文化》研究集刊：第四辑，上海：复旦大学出版社.

一、沈毓桂与中西书院的创办与发展

沈毓桂（1807—1907），字寿康，号赘翁，江苏吴江人。据吴炳所作《匏隐庐诗文合稿》序言称，沈毓桂家族为"吴江世胄"①，但自幼丧父，家道中落，由祖母抚养成人，他遵循着传统士大夫的人生轨迹，为博取功名而在科举场上沉浮多年，却屡次失意。1849年因江苏大水，沈毓桂辞馆到上海谋生，结识了麦都思，并成为麦都思的助手，参与协助《圣经新约》的翻译。1850年沈毓桂"忽不辞而行"②，回归传统社会。1859年沈毓桂再次来到上海，与英国传教士艾约瑟（Joseph Edkins）相识，受洗成为一名新教教徒，从此与19世纪来华的著名社会福音派传教士建立了密切的联系，沈氏后来先后担任他们的中文教习、中文翻译、中文秘书，是他们在华的传教、办学、办报、译书、出版、学会等等的参与者和合作者③。

在众多传教士中，沈毓桂尤与林乐知有着密切的合作关系。中西书院创办前，沈毓桂先后担任林乐知创办的《中国教会新报》（1874年始更名为《万国公报》）的编辑、主笔、主编，并协助林乐知译书，几乎参与了林乐知的所有在华事业，是林乐知的得力助手。可以说，他们互相成就了对方的事业，二人的默契也是在中西书院事业中继续合作的重要原因。

中西书院建于1882年，即光绪八年，此时正值洋务运动时期，社会急需大量西学人才，"出使需才，海防需才，南北边备需才，制造舟械亦需才"④，因此"近今中朝之于西学极为重视，或命幼童出洋，或设立同文、方言等馆"⑤。在此情况下，社会风气大开，中国社会日渐重视西学，"近来洋务需才，我华人究心西法，固已风气大开"⑥，西塾创办日多，时人也乐意求学于西人所创办的学堂以习得西学，"凡商宦家有聪俊子弟，盖速行送入，俾致力有用之学，为他日洋务英才也。"⑦ 中西书院正是在这一西学热潮的背景下创建。

在中西书院创办前，沈毓桂就参与其中，与林乐知商议创办书院一事。林乐知在《中西书院规条》中这样记载到："余拟上海设立书院，意在中西并重，特为造就人才之举，遂与沈寿康别驾名毓桂商议，沈君欣然对曰：'先生既有意培植中华子弟，仆敢不竭力相辅，襄成善举。'凡事难莫于初创，规划多时，始有成见，颜其名曰：中西书院。"⑧ 沈毓桂也多次在文章中提到与林乐知创设中西书院一事："以故美国进士林乐知先生与仆商立中西书院于沪上"⑨，"光绪壬午（1882）岁，与余商设西学于沪上，颜其

---

① 吴炳. 序［M］//沈毓桂. 匏隐庐诗文合稿. 上海，1896：1.
② 王韬. 序［M］//沈毓桂. 匏隐庐诗文合稿. 上海，1896：6.
③ 夏东元. 一个不该遗忘的近代"奇人"——《沈毓桂个案研究·序》［J］. 学术月刊，1993（10），46.
④ 古吴居士. 学校宜广说［N］. 万国公报，1889-7（6）：7.
⑤ 林乐知. 设立中西书院启［N］. 万国公报，1881-9（657）：55.
⑥ 创办西塾［N］. 申报，1882-9-24（2）.
⑦ 古吴居士. 学校宜广说［N］. 万国公报，1889-7（6）：7.
⑧ 林乐知. 中西书院规条［N］. 万国公报，1891-2（25）：19.
⑨ 沈毓桂. 西学必以中学为本说［N］. 万国公报，1889-3（2）：6.

名曰'中西书院'，实欲为中国开风气之先"①，"与仆议设立中西书院于吴淞江北"②。在辞去中西书院掌教一职时，沈毓桂又提到："先于壬午岁与鄙人参中西之宜，酌核院章，订厘课则，就法、美两租界创立分院者二，以为大书院之先声。"③ 在他人所写文章中也大量提到此事。如张镜濂所写《论上海中西书院之益》④ 就提及林乐知与沈毓桂商议创设中西书院之经过；江苏巡抚端方上奏朝廷，"恳恩褒扬"沈毓桂。折云："光绪五年（1879）与美国儒士林乐知在上海创建中西大书院，前后掌教十有八年。"⑤ 林乐知书于其后曰："余奉币致聘，商创中西两分院，复合建中西大书院于美界崑山路，前后掌教十有三年。"⑥ 因此，沈毓桂与林乐知在中西书院创办前就已商议办学事宜，这是不可否认的。

根据上述记载，林乐知在提出创办中西书院构想之时，便很快与沈毓桂达成共识。易惠莉将两人的这种默契追溯至1879年所撰《养贤能论》，认为这是他们合议创办中西书院的思想基础。⑦ 在《养贤能论》中，林、沈通过对科举制度的批判，提出"必变科目之法，从事实学，方能收实效"⑧。至于林乐知为何要与沈毓桂共同商议创办中西书院，并在书院建立后任沈毓桂为掌教、总教习，除了二人在《万国公报》上的密切合作之外，可能还有更深层的考虑。当时西方传教士在中国开办了许多教会学校，但由于由传教士主办，宗教色彩较为浓厚，而时人大多对基督教也比较反感，因此中国传统社会家庭并不乐意让自己的子弟进入教会学校读书，教会学校学生多出自当时的教徒家庭，办学情况并不乐观。于醒民曾描述圣约翰书院办学初之惨淡状况："它开院时竟然一个新生都招不到，全部学生均来自该会的培雅、度恩两校，仅有三十九名（一说四十九名）。"⑨ 相比起来，中西书院开院时则为另一番景象，"现在肆业院中者有四百余人之多，……尚有数百生欲进不得，未免有望洋之叹。"⑩ 林乐知在《监理会创立大学堂之历史》中也提及中西书院之盛况："（第一分院）未及竣工，报名之学生已有一千余人。"⑪ 足以见得中西书院于众教会书院中的特殊性。中西书院的开办在社会上产生如此大的反响，与沈毓桂不无关系。如前所述，教会书院遭到中国社会排斥主要是因为由传教士主办，且宗教色彩过于浓厚，中西书院却不同。中西书院虽也为传教士主办，但却还有沈毓桂这样一个可以说是十分彻底的中国传统知识分子作为"代言人"，以《万国公报》为阵地为中西书院作了大量宣传，沈又多受沪上人士敬重，因此他的宣传无疑产生了积极影响。有赖于沈毓桂兼有中国传统知识分子与基督教徒的双重身份，打通了

---

① 沈毓桂. 华美俄三国将兴论 [M] //沈毓桂. 匏隐庐诗文合稿. 上海，1896：73.
② 沈毓桂. 兴复《万国公报》序 [N]. 万国公报，1889-2 (1)：2.
③ 赘翁沈毓桂. 力辞中西书院掌教暨总司院务启 [N]. 万国公报，1896-12 (95)：33.
④ 张镜濂. 论上海中西书院之益 [N]. 万国公报，1889-9 (8)：11-12.
⑤ 注：转引自林乐知. 褒扬耆儒奏折书后 [N]. 万国公报，1906-12 (215)：73.
⑥ 注：转引自林乐知. 褒扬耆儒奏折书后 [N]. 万国公报，1906-12 (215)：73.
⑦ 易惠莉. 西学东渐与中国传统知识分子——沈毓桂个案研究 [M]. 长春：吉林人民出版社，1993：167.
⑧ 续养贤能论 [N]. 万国公报，1879-9 (557)：58.
⑨ 于醒民. 沈毓桂与林乐知 [M] //中国社会科学院近代研究所近代文化史研究室，编. 《中国文化》研究集刊：第四辑，上海：复旦大学出版社，1987：285.
⑩ 赘翁. 中西书院议 [N]. 万国公报，1882-5 (691)：362.
⑪ 林乐知. 监理会创办大学堂之历史 [N]. 万国公报，1907-4 (219)：22.

传教士、教会书院与中国传统阶层之间的壁垒，使耶稣会士增进对中国传统社会的了解，也使中国士绅阶层减少对中西书院作为教会书院的抵触心理，使中西书院得到了传统社会的认可，这对于中西书院进入中国传统社会极为重要。易惠莉谈到："中西书院自创办之初到日后长期的办学中，一直依赖沈毓桂与学生家长及中国社会周旋，不能不认为其中有这种考虑。"① 可以想见，如果沈毓桂并未参与进中西书院的筹办之中，那么它很可能同其他教会书院一样不被中国传统社会所接受。

在中西书院创办之初，沈毓桂还参与了"酌核院章，订厘课则"② 的工作，即书院办学宗旨与课程规划的确立。林乐知在《设立中西书院启》中明确提出：

> 教以浅近之学，肄业二年，然后拔至大书院，渐习天文、地理、格致、理学、化学、重学、数学等，以驯至于精熟而后已。现已商定先于西门外法租界八仙桥三一堂之东隅经营制造，业已开工矣。计所造房屋一如泰西学堂之制，长六丈二尺，阔三丈八尺，屋宇高敞，其内可容三百人。两分院延请中西名师教授，半日教西学，半日读儒书。③

中西书院在设立之初就体现出其不同之处，并非全盘西化，专习西学摒弃中学，而是"中西并重""半日教西学，半日教中学，是不欲其偏习也，可知是并欲其兼精也。"④ 关于课程设置，在《中西书院课程规条》中也详细说明：

> 第一年：认字写字，浅解辞句，讲解浅书，习学琴韵，年年如此；
> 第二年：讲解各种浅书，练习文法，翻译字句，习学西语，年年如此；
> 第三年：数学启蒙，各国地图，翻译选编，查考文法；
> 第四年：代数学，讲求格致，翻译书信等；
> 第五年：考究天文，勾股法则，平三角，弧三角；
> 第六年：化学、重学、微分、积分，讲解性理，翻译诸书；
> 第七年：航海测量，万国公法，全体功用，翻书作文；
> 第八年：富国策、天文测量、地学、金石类考，翻书作文。
> 中学课程因诸生年岁大小不同难以预拟，因材而施，各分班次。⑤

《中西书院课程规条》中虽只列出了每年的西学课程规划，但同时也指出中学课程将根据学生的水平因材施教，书院之后的课程确实也实现了这一点。中西书院的办学宗旨与课程规划都体现了西学与中学的贯通，这种"中西并重"的宗旨与课程的设置由沈毓桂与林乐知二人共同确定。沈毓桂的参与，也是中西书院"从一诞生起就表现出的独具一格的风貌"⑥ 的重要原因。

中西书院创办后，林乐知为监院，沈毓桂为掌教、总教习，总司院务，院内大小事

① 易惠莉. 西学东渐与中国传统知识分子——沈毓桂个案研究 [M]. 长春：吉林人民出版社，1993：168.
② 赘翁沈毓桂. 力辞中西书院掌教暨总司院务启 [N]. 万国公报，1896-12 (95)：33.
③ 林乐知. 设立中西书院启 [N]. 万国公报，1881-9 (657)：55.
④ 古吴居士. 书设立中西书院启后 [N]. 万国公报，1881-10 (661)：92.
⑤ 林乐知. 中西书院课程规条 [N]. 万国公报，1881-11 (666)：136.
⑥ 易惠莉. 西学东渐与中国传统知识分子——沈毓桂个案研究 [M]. 长春：吉林人民出版社，1993：167.

宜主要由沈毓桂掌管。中西书院的学生王良佐在《中西书院志略》中论及此："夫中西书院创自林进士乐知先生，而成于沈别驾寿康先生者也。……迄今八易星霜，而精益加精，务求实济者，皆监院林君之善于创，而尤赖司事沈君之善于因也。"① 由沈毓桂之友山左介眉氏所撰刊登于《申报》上的《游中西书院记》记载："余往岁闻美国进士林乐知于沪滨拟设中西书院，每事必与吾友沈寿康别驾斟酌而行。"② 同为书院教习的张书绅也评价："公为中西书院总教习，每日进院讲书，亹亹不倦，其人遥望若神仙。"③ 沈毓桂有时发表在《万国公报》上的文章也署名为"中西书院司理院务"。于醒民认为林和沈"在职权上存在着微妙的'林监沈管'关系"④，为了使中西书院能够得到更大发展，"（林乐知）不得不交给沈（毓桂）以较多的权利，默许沈'总司院务'，而克制着自己，不做太多太大的干预"⑤。尤其"在1887年后，林乐知的主要精力转向广学会和办报纸，对中西书院过问较少"⑥，所以沈毓桂在司理院务、掌管诸事时实际上有着很大的自主权。因此，沈毓桂在中西书院的发展过程中起着至关重要的作用。

沈毓桂在辞去《万国公报》主笔一职时，提及作为中西书院掌教，"余为之酌立院规，详定课塾，俾承学之士咸有所遵守。"⑦ 院规在前已有述及，即为"中西并重"。至于"详定课塾"，则是根据学生的不同等次进行具体课程设置。中西书院招生时已对八年学制大致的西学课程设置作了说明，但入学后还须根据学生的中学与西学水平进行分班，"因材而施，按读书多少、文理深浅分列班次"⑧，根据中学与西学水准拟定每日课程。刊登于《万国公报》的《中西第一分院每日中学分列课程单》⑨ 和《中西第一分院每日西学分列课程单》⑩ 对中西学课程安排作了详细说明。作为总教习兼书院中学教习，中学课程应为沈毓桂所安排：

> 超等：每逢礼拜一请教习讲文一篇，熟读三十遍；礼拜二自温五经；礼拜三由教习向监院请题作文；礼拜四请教习讲诗一首，并自温熟文；礼拜五由教习向监院请题作诗，每课诗文俟教习改正，后诸生另誊一纸，以备监院校阅。

> 一等：每逢礼拜一请教习讲尺牍一篇，熟读三十遍；礼拜二自温熟书；礼拜三由教习向监院请题作尺牍一篇；礼拜四讲还礼拜一所讲之尺牍；礼拜五请教习出对。不能作尺牍者逢礼拜三请教习讲书，礼拜五讲还。礼拜一不读生书，总理上一礼拜内所读之书经教习背熟，行有余力习学楷书。每课尺牍俟教

---

① 王良佐. 中西书院志略 [N]. 万国公报，1890-8（19）：1-2.

② 山左介眉氏. 游中西书院记 [N]. 申报，1886-1-26（10）.

③ 张书绅. 杂事：张少芸明经题沈赘翁独立图 [N]. 万国公报，1882-6（694）：19.

④ 于醒民. 沈毓桂与林乐知 [M] // 中国社会科学院近代研究所近代文化史研究室，编.《中国文化》研究集刊：第四辑，上海：复旦大学出版社，1987：286.

⑤ 于醒民. 沈毓桂与林乐知 [M] // 中国社会科学院近代研究所近代文化史研究室，编.《中国文化》研究集刊：第四辑，上海：复旦大学出版社，1987：286.

⑥ 李喜所. 林乐知在华的文化活动 [J]. 社会科学研究，2001（1）：108.

⑦ 沈毓桂. 辞万国公报主笔启 [N]. 万国公报，1894-2（61）：2.

⑧ 林乐知. 中西书院课规 [N]. 万国公报，1882-2（676）：227.

⑨ 中西第一分院每日中学分列课程单 [N]. 万国公报，1882-4（687）.

⑩ 中西第一分院每日西学分列课程单 [N]. 万国公报，1882-4（687）.

习改正，后诸生另誊一纸以备监院校阅。

二等：每逢礼拜一不读生书，总理上一礼拜内所读之书经教习背熟；礼拜二请教习讲书；礼拜三讲对；礼拜四讲还礼拜二所讲之书；礼拜五请教习出对；礼拜六讲还礼拜三所讲之对；诸生行有余力习学楷书。

三等：每逢礼拜一、三、五请教习讲字义；礼拜二、四、六请教习讲对，每日温熟书、习楷字。①

由此可见，中西书院的中学课程设置与中国传统教育方式相似，主要教授"五经""讲书""作文""作诗""尺牍""作对""书法"等，中学课程并不轻松，这也是沈毓桂希望保证中学在中西书院不被学生轻视的具体表现。而中西书院中学的发展也靠沈毓桂得以维持。1888年冯昌黎在《中西书院报告》中称："在春季期间，由于宋先生②持续几周的重病，中文部在纪律和发展方面遭受了相当的损失，并有所退步；但自从他恢复后，往常良好的秩序和勤奋现象又回来了。"③ 在中西书院，沈毓桂德高望重，颇受学生尊敬，因此在日常教学中，沈毓桂不仅负责课程学习，也负责管理学生纪律、加强学风建设等。经中西书院毕业的学子大都进入洋务相关的企业，"凡所造就，如海关及电报、招商等局、南北洋水师、诸学堂咸乐取材，其游庠食饩者亦有多人，是皆众所素知"④，这些肄业生的去向也在很大程度上吸引了士绅富商阶层，为中西书院的进一步发展起到宣传作用，使其"超出乎沪上之诸书院哉"⑤。中西书院之所以能够培养出如此多的洋务人才，沈毓桂作为总教习，其中作用不言而喻。

在扩大中西书院办学规模一事上，沈毓桂也有参与。中西书院一经创办，便吸引了很多学生，报名人数远超招生之名额，"尚有数百生欲进不得"⑥，因此开设两分院后，林乐知与沈毓桂便商榷再办一所更大规模的学校，即中西大书院。中西大书院的开办使中西书院得到了更进一步的发展。沈毓桂在《中西书院议》中记载："昨与美国林进士谈论此事……急欲购地数十亩，建立大书院，宏开讲席，俾诸生俱可入院肄业。"⑦ 但由于当时经费紧缺，并不足以支撑中西大书院的建设，因此希望"我中国之富绅巨贾当亦有闻风兴起，慷慨捐资，以成善举"⑧。林乐知也发表《中西书院捐启》一文，希望得到中国官绅富商的支持。沈毓桂随后以"识时务者"为笔名发表《书中西书院捐启后》附和林乐知，两人在《万国公报》上的多次呼吁无疑起到了作用。据林乐知所记录，共"劝募中国官绅富商助洋一千四百零元"⑨，这一数额虽不算多，但中西书院作

---

① 中西第一分院每日中学分列课程单［N］.万国公报，1882-4（687）：328-329.

② 注：此处有误，根据后文所述"这名老先生是一个虔诚的基督徒；但年龄已达81岁"，沈毓桂于1807年出生，1888年正为81岁，且沈毓桂担任中文部总教习，而中西书院相关史料也未见有姓宋之人担任相关负责人，因此可判断"宋先生"实为沈毓桂。

③ 王国平.东吴大学史料选辑［M］.苏州：苏州大学出版社，2010：6.

④ 赘翁沈毓桂.力辞中西书院掌教暨总司院务启［N］.万国公报，1896-12（95）：33.

⑤ 海滨隐士.上海中西书院记［N］.万国公报，1894-1（60）：11.

⑥ 赘翁.中西书院议［N］.万国公报，1882-5（691）：362.

⑦ 林乐知.中西书院规条［N］.万国公报，1891-2（25）：19.

⑧ 林乐知.中西书院规条［N］.万国公报，1891-2（25）：19.

⑨ 林乐知.中西书院规条［N］.万国公报，1891-2（25）：19.

为教会书院，能得到士绅阶层的支持已实属不易，这其中不能忽视沈毓桂的身份所起到的特殊作用。据冯昌黎在监理会《中西书院报告（1888 年）》中称："中文部……主要由威望高的中国教师和指导教师宋先生①主持，这个部门已经赢得了一定的声誉，也获得了不少赞助。"②沈毓桂自己也记述："向本国裒集巨款，我华达官富商之不惜解囊慨然伙助者，鄙人与有力焉。"③据此可知，因沈毓桂所起到的"宣传代言"作用，中西书院收到不少捐款。此外，中西大书院的创办所需钱款数额颇大，仅购地、建造就花费六万余元，林乐知在《中西书院规条》中记载："特于美界吴淞口路购地三十三亩零，计契价银三万九千二百十一元，建造大书院一座，并住宅一所，及围墙垫地，后连学生坐房并厨房、下房共数十间，计工料洋二万一千一百四十一元九角五分。"④ 但书院实际购地价格与市场价相比已较低，据易惠莉研究："书院占地原属买办徐润所有，徐润与林乐知熟识，与沈毓桂更是朋友，徐润在出手这块地产时要价比社会上时价便宜。"⑤中西大书院建成后，书院经费更加紧张，而监理会实际上并未对书院日常开支拨款，书院收入大都来自学费以及社会捐款，因此 1883 年沈毓桂与林乐知拟定一种特殊的募捐方法，即"无论官商士庶捐助书院洋五百元"⑥，其子弟可世代在中西书院读书，或由其宗族、姻戚子弟享受。但由于五百元在当时实在是一笔巨款，因此并没有个人直接捐款五百元。根据 1883 年公布的《中西书院年捐名单并启》⑦，捐款数额最大的也不过是一百元，且只有苏松太兵备道刘瑞芬、江南制造局、招商局总办唐廷枢和广方言馆翻译舒高第，其次捐款数额较大的有六十元一人、五十元四人，其余数额皆较小。据梁元生《林乐知在华事业与〈万国公报〉》书中总结："中国官吏及官府机构的捐款有六百余元，中国绅商、买办及教友的捐款约有四百五十元，西国官绅商行的捐款则有四百八十元。按其职业区分，则以买办阶级捐款最多，如洋行账房、栈房代理等人。"⑧《中西教学原始论》也称："今观中西书院学生中贫者为少，而富家子弟为多，俱乐效力助捐。"⑨"富家子弟"主要就是买办阶层。中西书院之所以受到买办阶层的支持，一方面因为在洋务时兴的背景下，以"中西并重"为办学宗旨，教授西学，符合当时社会需求；另一重要原因则在于中西书院的宗教色彩始终不太浓厚，几乎没有强制性的宗教学习要求，学生自愿参加宗教活动。但这一情况持续到 1895 年监理会免去林乐知监院之职、潘慎文（A. P. Parker）接任后有所改变。沈毓桂在《力辞中西书院掌教暨总司院务启》中称"院中诸事大有更张"⑩，书院在日常教学中增加了宗教课程及宗教活动，

---

① 注：此处有误，根据后文所述"这名老先生是一个虔诚的基督徒；但年龄已达 81 岁"，沈毓桂于 1807 年出生，1888 年正为 81 岁，且沈毓桂担任中文部总教习，而中西书院相关史料也未见有姓宋之人担任相关负责人，可判断"宋先生"实为沈毓桂。

② 王国平. 东吴大学史料选辑 [M]. 苏州：苏州大学出版社，2010：6.

③ 沈毓桂. 力辞中西书院掌教暨总司院务启 [N]. 万国公报，1896-12 (95)：33.

④ 林乐知. 中西书院规条 [N]. 万国公报，1891-2 (25)：19.

⑤ 易惠莉. 西学东渐与中国传统知识分子——沈毓桂个案研究 [M]. 长春：吉林人民出版社，1993：179.

⑥ 中西书院存款永远肄业启 [N]. 万国公报，1883-1 (724)：100.

⑦ 中西书院年捐名单并启 [N]. 万国公报，1883-1 (724).

⑧ 梁元生. 林乐知在华事业与《万国公报》[M]. 香港：中文大学出版社，1978：58.

⑨ 局外人. 中西书院原始论 [N]. 万国公报，1882-12 (718)：156.

⑩ 沈毓桂. 力辞中西书院掌教暨总司院务启 [N]. 万国公报，1896-12 (95)：33.

沈毓桂虽仍担任掌教，但却难以排除宗教在教育中的影响，这也是他 1896 年辞去掌教暨总司院务一职的重要原因。实际上，林乐知被罢免的主要原因就是其在办学过程中不注重宗教，监理会无法扩展其教会势力。但院中事宜又多靠沈毓桂推进，因此中西书院宗教氛围较淡可以说是林乐知和沈毓桂二人为谋求书院发展而达成的共识，事实证明这的确使中西书院在发展过程中广泛受到中国传统社会欢迎。

1907 年沈毓桂辞世后，林乐知的女婿刘乐义撰写《百龄耆硕沈君毓桂传略》，总结了沈毓桂一生之功绩，其中提到："助林君（林乐知）创设中西书院、中西女塾于上海，复创东吴大学堂于苏州，并掌教中西书院，总理一切，循循善诱。后进受其教育成材，出而应世者，不下数百人。"[①] 总而言之，自 1881 年筹建中西书院至 1896 年辞职，沈毓桂积极参与了中西书院的创办和发展。作为林乐知的华人助手，中西书院的总教习、总司院务，他为中西书院做了大量工作，他的参与使中西书院逐渐走入士绅阶层并得到认可，在中国传统社会占有一席之地，极大地推动了中西书院的发展，扩大了书院的影响力。沈毓桂为中西书院所作的贡献是应当给予肯定的。

二、从"中西并重"到"中体西用"

张华腾在《1882—1895 中西书院诸问题的考察》一文中说："林乐知办学的指导思想和中西书院体现出来的办学特点和沈毓桂的思想有着直接的关系。"[②] 前文提到，中西书院肄业生多进入洋务企业任职，而中西书院之所以能够培养出经世致用、极受洋务企业欢迎的人才，与沈毓桂在教学过程中贯彻"西学以中学为本"的宗旨有密切关系。其友人翰林龚心铭在《匏隐庐诗文合稿》序中称："所创建中西书院，经泰西诸名宿尊先生主讲席，毓秀培英，成才甚重。西学以中学为本，旨哉言乎！"[③] 盛康也言："沈寿康先生之言曰'西学必以中学为本'，斯诚破的之论，非途为中西学者作调人也。"[④] 中西书院在办学过程中一直以"中西并重"为教学宗旨，这也使得书院一直保持着良好氛围和独特性，为社会培养了大批西学人才。在中西书院的发展过程中，沈毓桂逐渐将这一培养人才的方法和对中西学的认识总结为"中学为体，西学为用"，这一思想对中西书院的发展和社会都产生了重要影响。

沈毓桂并不是一个传统意义上的纯粹的士大夫。他出生于传统社会，从小熟读儒书，受儒家文化浸染。沈毓桂早年有着和传统士大夫一样的抱负，而实现抱负的第一步便是参加科考获取功名。但显然沈毓桂的科考之路是坎坷的，困于科场几十年，多次应考却一无所成。但正是这些经历使沈毓桂明白中国科举制度对中国传统知识分子的禁锢，并对科举制度感到失望，认识到在科举制下并不能培养出国家、社会真正需要的人才，并在之后对科举制展开批判。1879 年沈毓桂与林乐知合撰《养贤能论》，揭示了科

① 刘乐义. 百龄耆硕沈君毓桂传略 [N]. 万国公报，1907-9（224）：37.
② 张华腾. 1882—1895 中西书院诸问题的考察 [J]. 史林，2004（5）：92.
③ 龚心铭. 序 [M] //沈毓桂. 匏隐庐诗文合稿. 上海，1896：4.
④ 盛康. 序 [M] //沈毓桂. 匏隐庐诗文合稿. 上海，1896：5.

举制的危害，因国家"重之以科名，赏之以爵禄"①，所以科举制带有浓重的功利色彩，考生更是被八股束缚、为"美官"而读书，在这种制度压迫下自然难以选出经世济民之才，"病国病民莫八股为甚"②，因此"必变科目之法，从事实学，方能收实效"③。可以认为这是沈毓桂之后教育思想形成的基础。但值得注意的是，即使对科举制展开批判，沈毓桂并没有对中国文化绝望，也没有完全抛弃中学，认为中学中仍有值得学习和发扬的部分。自1882年始至1883年公报停刊，沈毓桂以"悟道居士"为笔名在《万国公报》上连载系列文章《觉觉言》，文章所谈皆为中国传统伦理道德，如"孝亲""忠君""夫议妇顺""敬老"等，从这一系列文章可以看出沈毓桂并不盲目鄙夷中学。正因为他有着深厚的中学根柢，因而能够全面洞察中学之利弊，并以一种十分客观、辩证的态度看待它，即中学并不完全都是封建糟粕，也有其精华部分。这也代表沈毓桂作为传统文人逐渐摆脱了封建传统礼教的束缚与禁锢，但他的这种认识却也超越了当时社会，因此难以被理解支持并获得实践反馈。

同时需要注意的是，沈毓桂对中学的这一认识不是完全自觉形成的，而与他五十多岁时皈依基督教，此后从事于西学传播工作有关。易惠莉说："他是在中西两种文化、两种社会的对比中完成文化与社会的关系、变革社会必先变革文化这一命题的思考和探索。"④沈毓桂离开江苏来到上海后，与西方传教士相识，这些传教士彻底改变了他原本的人生道路，他后半生的生活轨迹几乎都与传教士有关。第二次来沪后，沈毓桂很快便受洗入教，多与艾约瑟、慕维廉、伟烈亚力、林乐知等人交游，并受雇于他们。19世纪，西方传教士是西学东渐的主体，因此沈毓桂在与传教士交往过程中接触到了大量西方文化知识。沈毓桂后又与林乐知紧密合作，先后担任《中国教会新报》《万国公报》的编辑、主笔、主编。报刊作为文化传播的媒介，多刊载时事、评论等，因此沈毓桂在这一过程中吸收了大量先进知识，对各国新闻、政体、文化等都有所了解，这也使他对西学的认识更加全面，而不是没有选择性地全盘吸收西学。

沈毓桂对传统社会的叛逆并不是出于偶然。他有着和传统文人一样的修身齐家治国平天下的理想，但由于个人境况的凄凉以及国势的颓唐，逐渐发觉传统并不能够挽救时局，同时在接触西学的过程中认识到西学确有现实之大用，因此逐渐克服夷夏之辨的传统儒家伦理观念，转而从事与西学相关的工作。由于有着深厚的中学根基，沈毓桂在了解中西方文化后更能够窥其全貌、深中肯綮，而不刻意鄙视或抬高。对沈毓桂来说，中学、西学早已突破了意识形态层面的分歧，中学、西学都是道学，"夫利益者未之有也"⑤，它们都是开启民智、使国家富强的工具，"中华与洋各有短长，各有优绌"⑥，当择善而从，"推广夫道学以启迪夫斯民，且以中国之道立其基，以西国之学效其法"⑦。

① 养贤能论［N］. 万国公报，1879-9（554）：29.
② 续养贤能论［N］. 万国公报，1879-9（555）：38.
③ 续养贤能论［N］. 万国公报，1879-9（557）：58.
④ 易惠莉. 西学东渐与中国传统知识分子——沈毓桂个案研究［M］. 长春：吉林人民出版社，1993：51.
⑤ 匏隐氏. 近事要务衍义：广道学以利朝野（第一）［N］. 万国公报，1882-12（719）：164.
⑥ 古瀛扫云居士. 华洋一体论［N］. 万国公报，1882-4（686）：194.
⑦ 古瀛扫云居士. 华洋一体论［N］. 万国公报，1882-4（686）：194.

它们没有中西之别和高下之分，"学问之道天下皆通，又何分乎中西耶?"① 对待中西学应融会贯通，不可怀夷夏之防而拒绝西学，也不可因国势衰颓而抛弃中学，"中、西两学可以并行不悖"②。他对中学、西学的认识也是提出"中学为体，西学为用"观点的基础。

沈毓桂提出的"中学为体，西学为用"与张之洞等一批人所论不同，他提出这一观点并非出于政治目的的考量，而是一种培养人才的方法。这一方法根据中西书院的实际教学逐渐成形。中西书院的教学宗旨是"中西并重"，由林乐知与沈毓桂共同确立，也是中西书院创办的重要原因。之所以选择这样一种办学方向，一方面是林乐知注意到留洋幼童因中学根柢不深而终被西化，最终难以成为具有全面知识的能够经世致用、变革社会的人才。另一方面与沈毓桂兼具传统文人与基督教徒的双重身份有关，他对于中学和西学皆有极深研究，并能够融会贯通。又因曾禁锢于科举而深知科举之弊，故积极支持教育之变革，倡导新式教育。沈毓桂之后提出的"中学为体，西学为用"也是以"中西并重"为雏形发展而来的。

"中学为体，西学为用"这一论点的形成原因主要有二。一方面与沈毓桂个人经历有关，传统社会与文化对他的影响和塑造毕竟长达五十多年，因此他后半生虽走上了"离经叛道"的道路，但却始终难以完全与传统社会割裂，无法彻底舍弃中学带给他的影响。同时，中西书院在办学过程中仍需与传统社会有联系，书院学生也多出自传统社会之官绅、买办阶层，因此"依赖沈毓桂与学生家长及中国社会周旋"③。出入于两种文化之间，沈毓桂在两种文化的冲突与对比中便自然而然寻求一条中间道路，在耶、儒之间进行调和。在寄希望于和林乐知的合作中实现其作为中国传统士大夫的社会理想、改造传统社会的同时，也使其内心中两种文化的纠结冲突得到慰藉。

更重要的原因则与中西书院的办学有密切关系。"中学为体，西学为用"是沈毓桂针对中西书院学生偏重西学而轻视中学的问题提出的。中西书院虽注重中西并重，在中学、西学的课程分配上也采用"半日习中学，半日习西学"的方式，并反复强调"中西并重"，"书院章程，舍西法而专重中法不可，舍中法而专重西法亦不可，本书院中西并重，毋稍偏枯，惟冀诸生努力前修副余厚望。"④ 但在实际教学中，仍出现了"西学到塾而中学不到塾"⑤"西学克奋而中学苟且塞责"⑥ 的情况，究其原因主要有二，"一则似嫌西学之迂缓，一则似病中学之怠荒"⑦。为让学生明白中西书院设立的目的及其宗旨"中西并重"的重要性，中西书院在 1882 年春季专门设置课题，分别为"中西书院之益""中西通商之益""中西往来之益"⑧，并在《万国公报》上刊出前几名的文章，以鼓励学生贯彻书院宗旨。同时针对这一现象，林乐知发表《中西书院肄业诸生当自期

---

① 古吴居士. 书设立中西书院启后 [N]. 万国公报，1881-10 (661)：92.
② 古吴居士. 书设立中西书院启后 [N]. 万国公报，1881-10 (661)：92.
③ 易惠莉. 西学东渐与中国传统知识分子——沈毓桂个案研究 [M]. 长春：吉林人民出版社，1993：168.
④ 林乐知. 中西书院课规 [N]. 万国公报，1882-2 (676)：228.
⑤ 林乐知. 中西书院肄业诸生当自期远大启 [N]. 万国公报，1882-12 (720)：173.
⑥ 南溪居士. 续中西往来有益论 [N]. 万国公报，1882-12 (717)：147.
⑦ 南溪居士. 续中西往来有益论 [N]. 万国公报，1882-12 (717)：147.
⑧ 南溪居士. 续中西往来有益论 [N]. 万国公报，1882-12 (717)：147.

远大启》以告诫学生中学、西学不可偏废，"勿图近功，勿逐小利，勿半途自废，以期西学、中学并进乎高明"①。后《申报》刊载《书林乐知告诫中西书院肄业生宜以远大会期文后》，文章虽未署名，但根据内容判断应为沈毓桂所作。该文述及林乐知以桃、梅之质性作比，"夫以华人而兼西学，桃之根、梅之干也，苟三其桃、七其梅，桃化为梅，不自知其本为桃矣；七其桃、三其梅，梅返为桃，不自知其曾为梅矣；梅、桃各半，不桃不梅，两无所居矣；欲其亦桃亦梅，其为桃四梅六，质化为梅，而桃犹存其性乎。余聆其论而善之。"②即中西学水平需大致相当，既要有四分的中学根柢，也要有六分的西学知识，而不可相差过大，如此才能成为参与国家变革的人才，"有造于我中国也"③，以此来勉励中西书院学生重视中学学习。此外，针对书院存在的上述现象，沈毓桂也多次在《万国公报》上发表相关文章以劝勉学生中学、西学并进。如选录于《申报》的《论教习西学良法》，提出要注意中学与西学之间的平衡，否则"其性情风俗与中国究有格格不入"④ 而终不能为我所用，并提及中西书院的建立使诸生无需远渡重洋便可兼习中西之学，"则西学精而中学亦不废矣，岂不美哉"⑤。1889 年，沈毓桂发表《西学必以中学为本说》，更旗帜鲜明地指出"假西学为中学之助，即以中学穷西学之源"⑥，并因中西书院学生重西学轻中学而劝诫诸生："然仆与监院林君之私心，尤期承学之士中而无偏进，而益上不使燕石乱玉、鱼目混珠，而或偏重西学尤必以中学进之，盖不明中国之字义文法，于西学终不能出人头地。"⑦ 要真正学习、了解西学，需以中学为入道之门，以中学为立足点，结合中西，才能对中西学都有深刻的理解。"则西学自当以中学为本，而提纲挈领，固亦有道也。务愿有志西学者，勿视中学为具文，由绎中国之文辞以旁通西国之义蕴，同此心性，同此知能，即同此觉悟。……由中学以触类而引申……荟萃中西两学以尽其精微。"⑧ 专习西学或专习中学都有其弊端，对解决中国的现实社会问题无益。若要精通西学则需以中学为本，"窥其藩篱"⑨，期望诸生能够既精中学、亦通西学，以参与国家变革，"无负创设书院之苦心也夫"⑩，这也是中西书院建立初衷。同时，沈毓桂在《学箴六首（并序）》序中称："余应美国进士林乐知先生之聘掌教中西书院，于兹八年矣，先后从游诸子几及千人……爰不揣鄙陋，采择前贤遗旨，作为学箴六章用以自儆，兼为诸生儆尔。"⑪ 箴言以"立志""植心""砥行""稽经""练务""属文"六条规谏诸生，劝诫他们要重视中学学习。1890 年，沈毓桂作《务求实学论》一文，文章并未提及西学，而是论述了中学之益。对于中学，沈毓桂认

① 林乐知. 中西书院肄业诸生当自期远大启［N］. 万国公报，1882-12（720）：173.
② 书林乐知告诫中西书院肄业生宜以远大会期文后［N］. 申报，1883-1-20.
③ 论教习西学良法［N］. 万国公报，1882-10（711）：92.
④ 论教习西学良法［N］. 万国公报，1882-10（711）：92.
⑤ 论教习西学良法［N］. 万国公报，1882-10（711）：92.
⑥ 沈毓桂. 西学必以中学为本说［N］. 万国公报，1889-3（2）：6.
⑦ 沈毓桂. 西学必以中学为本说［N］. 万国公报，1889-3（2）：7.
⑧ 沈毓桂. 西学必以中学为本说［N］. 万国公报，1889-3（2）：7.
⑨ 沈毓桂. 西学必以中学为本说［N］. 万国公报，1889-3（2）：7.
⑩ 沈毓桂. 西学必以中学为本说［N］. 万国公报，1889-3（2）：7.
⑪ 沈毓桂. 学箴六首（并序）［N］. 万国公报，1889-5（4）：8.

为"儒生胸中当必有古今数百卷之诗书"①以"广智识"②，也希望通过这一方式使书院学生重视中学学习。1891年他又作《论西学为当务之急》，首次将中学、西学与"体""用"联系在一起，认为"西学不可离乎中学"③是时势所要求。西学虽为时务要事，但中学学习亦为紧要，"中西并重，皆知其有利无弊，有益无损"④。同时强调中学与西学并非如枘凿、冰炭之不可相容，西学也不全是益处，应客观对待，不应偏废中学或西学。针对中西书院学生所存在的问题，提出要"习中学以培其体，通西学以达诸用"⑤，才不至于成"不学无术之身"⑥，于社会无用。沈毓桂尖锐地指出多数人学西学只为"贪一己之利"⑦，因此希望学生不为眼前利益所诱惑，"毋安于小就，必蕲其大成，于西学既极专精，于中学亦不怠弃，然后可备国家他日之用"⑧。1894年，沈毓桂以"海滨隐士"为笔名发表《上海中西书院记》，文中再次强调"有利于今之势者，专尚中学固不可也，要必赖西学以辅之；专习西学亦不可也，要必赖中学以襄之。二者得兼，并行不悖乃可以施非常之教化矣"⑨。如前所述，沈毓桂对中西学的认识突破了政治上意识形态的冲突，而重视它们本质的文化功用，书院学生也应融会中西学塑造自我以成教化。1895年，沈毓桂于《救时策》中提出"中学为体，西学为用"⑩，仍是对书院学生的劝诫。联系《上海中西书院记》的内容，他所提出的"体用说"并不是将中学置于西学之前，也非以此来捍卫传统和封建统治，而是要达到兼通中学、西学的境地。中学、西学都只是工具，它们是平等的，且"互有得失"⑪。因此沈毓桂所讲的"中学为体，西学为用"也可理解为通过中西学结合的方式，取彼之长补我之短。这一认识真正超出了当时社会，这不能不看作是沈毓桂思想的进步之处。

中西书院创办的出发点正是力图纠正社会上存在的偏重中学或西学的极端现象，因此以"中西并重"为宗旨。虽然在办学过程中学生们仍渐渐偏离了办学宗旨，并未完全如林乐知、沈毓桂二人所设想的那样做到兼通中西之学，但由于中西书院承载着沈毓桂的教育理想，他希望培育出使中国富强的人才，因此当书院在发展过程中出现偏离办学宗旨的迹象时，就需要沈毓桂来进行纠正，"中学为体，西学为用"便在这一过程中形成，这也是他教育思想成熟的体现。

从"中学为体，西学为用"这一思想确立的过程来看，沈毓桂始终在用发展的眼光看待中学、西学之间的问题，并试图摆脱封建传统的束缚，在"出入两种文化、两种社会之间"⑫，完成了从传统文人到近代知识分子的转变。

---

① 沈毓桂. 务求实学论 [N]. 万国公报，1890-8 (19)：1.

② 沈毓桂. 论西学为当务之急 [N]. 万国公报，1891-5 (28)：6.

③ 沈毓桂. 论西学为当务之急 [N]. 万国公报，1891-5 (28)：4.

④ 沈毓桂. 论西学为当务之急 [N]. 万国公报，1891-5 (28)：6.

⑤ 沈毓桂. 论西学为当务之急 [N]. 万国公报，1891-5 (28)：6.

⑥ 沈毓桂. 西学必以中学为本说 [N]. 万国公报，1889-3 (2)：6.

⑦ 沈毓桂. 论西学为当务之急 [N]. 万国公报，1891-5 (28)：5.

⑧ 海滨隐士. 上海中西书院记 [N]. 万国公报，1894-1 (60)：10.

⑨ 海滨隐士. 上海中西书院记 [N]. 万国公报，1894-1 (60)：10.

⑩ 南溪赘叟. 救时策 [N]. 万国公报，1895-3 (74)：8.

⑪ 海滨隐士. 上海中西书院记 [N]. 万国公报，1894-1 (60)：10.

⑫ 易惠莉. 西学东渐与中国传统知识分子——沈毓桂个案研究 [M]. 长春：吉林人民出版社，1993：52.

结 语

中西书院是在西学热潮的背景下创办的，这是中西书院能够成功的时代原因。但同时更不可忽视的是沈毓桂在中西书院创办与发展过程中所作的贡献。对中西书院来说，沈毓桂是与林乐知同等重要且必不可少的角色。他参与了中西书院的筹办、书院宗旨的确立以及课程的设计，后又作为掌教、总教习、司理院务掌管院内大小事宜，使中西书院逐渐被中国人所接纳、走入传统社会，他提出的"中学为体，西学为用"的思想更与中西书院的发展有不可分割的关系。

但由于沈毓桂这类"隐藏"在传教士身后的中国人"敢于冒中国传统社会之大不韪，甘当儒士阶级的叛逆，为传教士作助手"①，因此往往被视为"边缘人"而不被重视，相关研究中也常和传教士"绑定"在一起，甚至相当隐讳。但如若不对他们的事业、思想进行恰当研究和分析，便会进入"历史的无知状态"②，不能正确认识传教士们"对中国的真实思想以及他们在中国的全部活动"③，虽然"参与传教士事业的儒士，就其数量的相对值来说，在整个儒士阶级中更是微乎其微。但是，这两种人一旦结合，能量却是相当大的，对中国社会的影响也是难以估量的"④。从沈毓桂与林乐知在中西书院事业上的合作便能理解。

我们不能够否认中西书院对中国近代新式教育发展的重要意义，但同时需要注意，沈毓桂的思想也有其局限性。因长期与传教士交往，并囿于时代观念，他并没有认识到西方国家对华的侵略性，也没有意识到传教士在华的传教活动实际上是一种文化侵略，未能觉察教会和传教士们开设教会学校的本质目的是"传教和扩展教会势力"⑤。虽然中西书院最初并未展现强烈的宗教倾向，但也因此引起了监理会的不满，于1895年撤去林乐知监院之职，由"素重宗教"的潘慎文接任⑥，此后便增加了大量的宗教活动和课程，显露了教会学校的真正目的，直接导致1896年沈毓桂辞去掌教之职。这也可以看作是沈毓桂的一种反抗。但这种反抗并不代表他意识到了西方对华的文化侵略，而是因寄予中西书院的理想破灭产生的遗憾。正如易惠莉所说："沈毓桂由于特殊的西学道路导致他与中国社会存在着根深蒂固的感情隔阂，这一方面使他的思想发展超越于中国社会，另一方面也使他的西学宣传始终难以与中国社会相合拍，存在着距离感，当19世纪90年代中后期中国社会近代化运动面临激变转折之际，这种距离感就使他的西学宣传完全游离于中国社会之外了。"⑦

沈毓桂在《九十自述六律》中称："九龄天锡快何如，磨蝎偏嗟志未舒。白简思弹

---

① 易惠莉. 传教士、儒士与西学东渐［J］. 学术月刊，1993（4）：58.
② 费正清. 剑桥中国晚清史：上［M］. 北京：中国社会科学出版社，1985：1.
③ 易惠莉. 传教士、儒士与西学东渐［J］. 学术月刊，1993（4）：33.
④ 易惠莉. 传教士、儒士与西学东渐［J］. 学术月刊，1993（4）：58.
⑤ 顾长声. 传教士与近代中国［M］. 上海：上海人民出版社，2004：214.
⑥ 易惠莉. 西学东渐与中国传统知识分子——沈毓桂个案研究［M］. 长春：吉林人民出版社，1993：188.
⑦ 易惠莉. 西学东渐与中国传统知识分子——沈毓桂个案研究［M］. 长春：吉林人民出版社，1993：232.

前史事，青灯爱习少年书。候蛰身世增凄咽，腐鼠功名等唾余。只说重光悬日月，升平及见我生初。"① 沈毓桂晚年似乎并未对自己进行肯定，认为自己"志未舒"。但客观来说，在他与林乐知执掌中西书院期间，中西书院的确取得了较好的发展，使中西书院对中国社会、近代新式教育的变革产生了重要意义，"在整体的西学东渐的历史进程中也留下不可磨灭的印迹"②，而他本人也在这一西学东渐的浪潮中，以《万国公报》为思想传播载体，对国人产生了重要影响。

>> 老师点评

张庆滢同学是湖南大学人文科学试验班首届招收的学生。进校后，她选我担任其学业导师。按照书院本科生学业导师的规定，每两周一次的交流，她一次都没有落下。人文科学试验班学生可以分流到学校其他所有文科专业，也可以留在人文班继续学习。庆滢同学留在了人文班，并表示了以后想学习历史的愿望。大概是因为我本人所学专业的缘故，也更有可能是她本人的兴趣，交流过程中的主要内容也就围绕着中国近现代史方面的一些问题展开。

2021 年，庆滢同学联系我，说想申报大学生创新创业项目，但找不到一个题目。我非常支持她的想法，建议她将"《匏隐庐诗文合稿》整理与研究"作为选题，按照要求填写申报书。经过院内专家的评审，"《匏隐庐诗文合稿》整理与研究"得到了比较高的分数，并被评为国家级大学生创新创业项目。得知这一消息，她非常高兴，当天发信息给我，喜悦之情溢于言表。

《匏隐庐诗文合稿》是晚清百岁老人沈毓桂的诗文集，由盛宣怀父亲盛康题写书名。篇数虽然不多，但须具备一定的古文阅读能力和相关的知识基础。申请获批后，她和另外的几位同学开始着手整理，整理好一部分就发给我看。刚开始，句读、异体字辨认等等存在的问题还不少，我一一加以指正。到后来，随着阅读的篇数越来越多，这种情况就好了不少。

《匏隐庐诗文合稿》整理完成后，还有一个研究方面的问题需要解决。今年 3 月份，我在 19 级历史班上的"近代中西文化交流史"课程下课后，她找到我，说班导师布置了任务，要求提交学年论文的题目，是否可以写沈毓桂？我给予了肯定的答复，同时告诉她，易惠莉老师专门研究沈毓桂，写了一本《西学东渐与中国传统知识分子——沈毓桂个案研究》。台湾一位老师的硕士论文是以沈毓桂为研究对象的。如果以沈毓桂作为学年论文的考虑题目，建议探讨他与中西书院的关系。毕竟他参与了中西书院的创建，并任中西书院掌教，且在执教中西书院过程中，提出了"中学为体，西学为用"。以"沈毓桂与中西书院"为题，《匏隐庐诗文合稿》中的材料远远不足，还要查阅《万国公报》，将所有与此相关的文章加以收集。同时阅读《西学东渐与中国传统知识分子——沈毓桂个案研究》，弄清沈毓桂的笔名等。另外，探讨沈毓桂与中西书院的关系，不仅

① 沈毓桂. 九十自述六律［M］//沈毓桂. 匏隐庐诗文合稿. 上海，1896：21.
② 易惠莉. 西学东渐与中国传统知识分子——沈毓桂个案研究［M］. 长春：吉林人民出版社，1993：185.

仅在于厘清他在书院所作所为、所思所想，还要考虑到另外一个问题，即沈毓桂是一名基督徒，处在当时社会的边缘地位。晚清时期如沈这一批人物，在西学东渐的历程中又作出了重要贡献。如何认识这批人？如何予以评价？也要认真加以考虑。她听从了我的建议，最后完成了《沈毓桂与中西书院》的学年论文。

这篇论文以《沈毓桂与中西书院》为题，试图揭示沈氏在中西书院的所作所为，并进而探讨晚清时期一批"边缘人"在中西文化交流过程中所起的作用，选题有一定的价值。

论文通过对《匏隐庐诗文合稿》和《万国公报》上材料的阅读与分析，探讨了沈毓桂在中西书院初创时期所起的作用，分析了其"中西并重"思想对书院的影响，并由此进一步探讨沈毓桂的"中体西用"论。

论文征引史料较为丰富，谨守学术规范。

若能在现有基础上进一步探讨晚清时期如沈毓桂这样一批游走于中西文化之间的"边缘人"的身份认同等问题，则论文的价值和深度将得以进一步提升。同时，论文的逻辑结构、语言锤炼等方面也还需进一步加强。

论文指导老师、学业导师：杨代春

11

朝堂上下
——试论唐代国史修撰制度的变迁

2019 级　杨知乐

摘　要：对于唐代国史修撰制度，学界一般将其概括为史馆制度或集体修史制度。然而，这些泛化的概念实际上湮没了国史修撰制度在有唐一代的演变过程，导致了静态、刻板的认识。事实上，在唐代贞观朝所创建并实行的集体修史制度仅维持到永徽时期。永徽之后，由于记注官不预"仗下事"，而时政记又时行时废，记录决策过程的任务更多地落在了史馆史官的身上，逐渐形成在史馆外修史的传统，简称"外修"。为了维护原有制度，朝廷又以"日历"这种新形式来控制修史，是为"内审"。由此，集体修史制度在唐中后期形成了"外修内审"的新运行模式。

关键词：国史修撰；集体修史制度；外修内审；史馆

引　言

到了唐代，历史修撰开始系统化、规范化，当朝史的修撰中出现各种新的史书种类，如时政记、日历；并形成了记注、编集、纂修的阶段性划分，开启了后代王朝完整严密的官修史书制度；前朝史的修撰也被纳入官修轨道；同时还出现了以《史通》为代表的总结前代史学得失，为现实修史提供指导的史评类作品。此诚古代史学之一大变局，而这些变化无不与唐代的国史修撰制度有关，对此制度的理解是打开唐代史学奥秘的一把钥匙。唐代"国史"一词实有三层含义：一是与前朝史相对，泛指本朝官修史书；二是与本朝记注相对，指已成为正式定论的官修史书，包括实录与第三种意义的"国史"；三是一种区别于实录的本朝纪传体史书。本文探讨的唐代国史修撰制度是指第一种，为行文方便，且以"修史制度"称之。

对于唐代修史制度，前人成果已经汗牛充栋。首先是宏观性的综合讨论，以专著为主。20 世纪 30 年代，金毓黻出版了《中国史学史》一书，奠定了中国史学史研究的基础。① 之后的一段时间，关于唐代史学史的研究有所消沉，直至改革开放后有所改观。1984 年，台湾学者张荣芳《唐代的史馆与史官》一书出版。② 此书是第一部深入探讨唐代修史制度的力作，该书从史官与史馆的渊源及其成立背景等方面入手，对唐代史馆与史官进行了多维度的探讨。自此以后，唐代修史制度研究领域风气大开。瞿林东在《唐代史学论稿》的相关篇章中说明了修史制度对唐代史学撰述的影响。③ 雷家骥在《中古史学观念史》一书中对司马迁编写《史记》以来直至唐初的历史观念进行了系统性的论述。④ 著名汉学家杜希德（Denis Twitchett）也在这一时期关注到了唐代的官修制度，他的著作《唐代官修史籍考》（*The Writing of Official History under T'ang*）系统梳理了唐代的修史机构以及官方修撰的史籍，可谓是研究唐代史学史的门径之书。⑤ 谢保成在综合前贤的研究成果上更进一步，对有唐一代的史学风貌进行了描绘。⑥ 之后还有一些大陆学者在此领域不断开拓，但大多局限于前辈学者的框架下，少有创新。⑦

其次是较为细节的专题性研究，以论文为主。因其数量庞大，此处仅简要论述。第一类是针对修史机构的研究，主要是关于史馆的研究，如王林善与罗元贞的《唐代的史馆修史制度》⑧、商慧明的《中唐史馆探微》⑨、刘蓉与高锦花的《唐代史馆制度略论》⑩、王晓麟的《唐代的图书编纂机构及史馆历史发展》⑪、何树娟的《论唐代"史馆"的建造对保护珍贵藏书的作用》⑫、赵小花的《唐代史馆制度研究》⑬ 等等。第二类是针对史官的研究，有关于史馆史官的研究，如孙永如的《唐代史馆官员设置初探》⑭、翟麦玲的《"监修国史"与"兼修国史"考》⑮、伏传伟的《唐代的史官制度与史学》⑯、岳纯之

---

① 注：此书首次出版于 1938 年，由商务印书馆进行排印。之后又多次再版，最新一版见金毓黻. 中国史学史 [M]. 北京：商务印书馆，2010.

② 张荣芳. 唐代的史馆与史官 [M]. 台北：私立东吴大学，1984.

③ 瞿林东. 唐代史学论稿 [M]. 北京：北京师范大学出版社，1989.

④ 雷家骥. 中古史学观念史 [M]. 台北：学生书局，1990. 注：此书在 2018 年于大陆再版，增添了讨论先秦古史学的篇章，见雷家骥. 中国古代史学观念史 [M]. 北京：北京师范大学出版社，2018.

⑤ Denis Twitchett. *The Writing of Official History under T'ang* [M]. Cambridge：Cambridge University Press，1992. 此书译本于 2010 年出版，2015 年再版，见 [英] 杜希德. 唐代官修史籍考 [M]. 黄宝华，译. 上海：上海古籍出版社，2015.

⑥ 谢保成. 隋唐五代史学 [M]. 厦门：厦门大学出版社，1995.

⑦ 注：此类作品如牛润珍. 汉至唐初史官制度的演变 [M]. 石家庄：河北教育出版社，1999；岳纯之. 唐代官方史学研究 [M]. 天津：天津人民出版社，2003；徐慧. 唐朝史官制度研究 [D]. 石家庄：河北师范大学，2012.

⑧ 王林善，罗元贞. 唐代的史馆修史制度 [J]. 山西大学学报（哲学社会科学版），1986（3）：85-88.

⑨ 商慧明. 中唐史馆探微 [J]. 人文杂志 1986（3）：93-97.

⑩ 刘蓉，高锦花. 唐代史馆制度略论 [J]. 延安大学学报（社会科学版），2002（4）：118-121.

⑪ 王晓麟. 唐代的图书编纂机构及史馆历史发展 [J]. 兰台世界，2013（2）：142-143.

⑫ 何树娟. 论唐代"史馆"的建造对保护珍贵藏书的作用 [J]. 兰台世界，2013（8）：88-89.

⑬ 赵小花. 唐代史馆制度研究 [D]. 西宁：青海师范大学，2006.

⑭ 孙永如. 唐代史馆官员设置初探 [J]. 扬州师院学报（社会科学版），1986（4）：135-139.

⑮ 翟麦玲. "监修国史"与"兼修国史"考 [J]. 湛江师范学院学报，2001（4）：74-76.

⑯ 伏传伟. 唐代的史官制度与史学 [D]. 广州：中山大学，2003.

的《唐代监修国史制度考》① 与《论唐代史馆的人员设置和史料来源》②、赖瑞和的《唐代史馆史官的使职官名》③ 等等；有关于记注官的研究，如余行迈的《唐宋记注官制度初探》④、伏传伟的《论唐代起居郎与起居舍人的职责之分》⑤、张国静的《论唐代起居舍人与起居郎》⑥、李福长与马玉萃的《唐代记注官仕途轨迹管窥》⑦ 等等。第三类是针对唐代修史过程中产生的制度性问题的研究，如高自友的《唐代官方修史中的漏泄问题研究》一文探讨了唐代朝廷对修史过程中产生的漏泄问题的处理，并以此为线索展现了唐代皇帝、宰相、史官以及其他朝臣在修史问题上的互动及其形成的政治默契⑧；谭必勇的《从史馆制度看唐代档案文献编纂》⑨、王影与王敏超的《史馆制度对档案工作的影响》⑩、褚洵的《论唐代史馆制度与档案管理利用》⑪ 以及任洁的《唐代史馆及其对档案收集与利用》⑫，皆以唐代档案管理制度与修史体制的关系为突破口，对唐代修史过程中的史料搜集、分类、管理、保存等问题进行了研究。

综合来看，学者对唐代修史制度的研究呈现以下两个特点：一是研究成果多集中于修史制度演变过程中表面现象的描述，而未能对更深层次的原因展开讨论。虽然有史学观念、漏泄问题、档案制度等诸多方面的尝试，但总体上仍缺少能够梳理唐代修史制度发展脉络的结构性研究。二是现有研究大多局限于史馆制度的范围内，而对其与记注制度之间的关系和张力尚未关注，导致对唐代修史制度的认识处于静态观察的状态。

正是鉴于现有的研究现状，本文的目的在于梳理修史制度在有唐一代的阶段性变化，并试图打破学界对唐代史馆制度运行的固有印象，揭示出集体修史制度在唐中后期的新发展。

一、集体修史制度的平稳运行——贞观时期

（一）史馆制度的建立与史馆方位

武德四年（621），令狐德棻为保存史迹，同时宣示正统，提议修前代史。次年，高祖下诏正式开始修史。但由于军事倥偬、缺乏统一的组织机构等原因，"历数年，竟不

---

① 岳纯之. 唐代监修国史制度考［J］. 史学史研究，2002（1）：27-31.
② 岳纯之. 论唐代史馆的人员设置和史料来源［J］. 烟台师范学院学报（哲学社会科学版），2003（3）：38-46.
③ 赖瑞和. 唐代史馆史官的使职官名［J］. 史学史研究，2015（1）：12-19.
④ 余行迈. 唐宋记注官制度初探［J］. 西北师大学报（社会科学版），1984（2）：70-77.
⑤ 伏传伟. 论唐代起居郎与起居舍人的职责之分［J］. 中山大学研究生学刊（社会科学版），2004（3）：29-38.
⑥ 张国静. 论唐代起居舍人与起居郎［M］//杜文玉，主编. 唐史论丛：第十辑. 西安：三秦出版社，2008：120-130.
⑦ 李福长，马玉萃. 唐代记注官仕途轨迹管窥［J］. 西部学刊，2017（6）：24-26.
⑧ 高自友. 唐代官方修史中的漏泄问题研究［D］. 武汉：华中师范大学，2020.
⑨ 谭必勇. 从史馆制度看唐代档案文献编纂［J］. 山西档案，2003（5）9-11.
⑩ 王影，王敏超. 史馆制度对档案工作的影响［J］. 兰台世界，2010（5）：70.
⑪ 褚洵. 论唐代史馆制度与档案管理利用［D］. 济南：山东大学，2012.
⑫ 任洁. 唐代史馆及其对档案收集与利用［J］. 兰台世界，2014（8）：22-23.

能就而罢。"①

太宗即位后，对修史制度进行了一系列改革。贞观二年（628），"省起居舍人，移其职于门下，置起居郎二员。"② 次年，"置史馆于门下省，以他官兼领，或卑位有才者亦以直馆称，以宰相莅修撰；又于中书省置秘书内省，修五代史。"③ 有学者认为秘书内省的记载过于简略，从而怀疑它的存在，或者认为秘书内省与史馆是同一机构。④ 但其实并非如此，隋代也有秘书内省一司，有藏书、校理和著述之职能。⑤ 据《大业杂记》，隋东都也置秘书内省，与内史内省相邻。⑥ 内史内省即中书内省前身，由此推断长安的秘书内省也应与其相邻。是知贞观于中书设秘书内省实承隋之旧制。张荣芳认为两汉魏晋南北朝的官方修史机构有两途：一是汉晋以来以天子宫掖藏书机构兼掌修史的东观、秘书系统，二是北魏以来出现的专以修史为任的著作系统。⑦ 显然，就执掌来说，唐初的秘书内省继承的是汉晋系统。而北魏以来的传统则是设置专门的修史机构，如北魏的著作局、西魏的史阁、北周的史局、北齐的史馆等等。可知，史馆继承的是北魏系统，与秘书内省有明显的区分。秘书内省在贞观十年（636）五代史基本修成后便在史籍记载中消失了，无法确知其何时被裁撤，而史馆作为修国史的专门机构一直保留至唐亡。可以说至贞观朝，唐代修史制度已经形成了前朝史与当朝史分离，起居注与国史⑧分离的模式。那么，太宗为何要在门下设置史馆，而不将修史职责保留在禁外的著作局呢？

关于这个问题，学者的讨论已经十分详备，此处仅略补充之。首先，我们要明白史馆的功能。一个独立的修史机构，其最基础的功能便是资料的搜集与整理。而这些资料正来源于日常的政治决策——唐代中央决策层次。唐代中央决策层次主要有二：其一为皇帝的御前决策，其二为宰相机构的政务决策。记注系统与第一层次对接，而史馆系统与第二层次对接，以搜集补充史料。

唐初，由于制度仍处于草创阶段，史馆制度并不完备，此时很有可能并未对诸司系统的上报进行规定。理由如下：其一，根据岳纯之的研究，《唐会要》所载《诸司应送史馆事例》应为开元之后的规定⑨，而这条材料是现存唯一一则对诸司向史馆上报的系

① 刘昫. 旧唐书：卷 73·令狐德棻传［M］. 北京：中华书局，1975：2598.

② 李林甫. 唐六典：卷 8·门下省［M］. 北京：中华书局，1992：248.

③ 欧阳修，宋祁. 新唐书：卷 47·百官二［M］. 北京：中华书局，1975：1214.

④ 参见 William Hung. *The T'ang Bureau of Historiography Before 708*［M］// *Harvard Journal of Asiatic Studies*：vol. 23. Cambridge：Harvard-Yenching Institute，1960：96-98；［英］杜希德. 唐代官修史籍考［M］. 黄宝华，译. 上海：上海古籍出版社，2015：18；赖瑞和. 唐代高层文官［M］. 北京：中华书局，2017：231.

⑤ 赵永东. 谈谈唐代的秘书省［J］. 文献，1987（1）：269.

⑥ 杜宝. 大业杂记辑校［M］. 辛德勇，辑校. 西安：三秦出版社，2006：8.

⑦ 张荣芳. 唐代的史馆与史官［M］. 1984：17-24.

⑧ 注：此处"国史"指与本朝记注相对，包括实录与本朝纪传体史书的本朝官修当代史，也就是开头所说的第二种含义。

⑨ 岳纯之. 论唐代史馆的人员设置和史料来源［J］. 烟台师范学院学报（哲学社会科学版），2003（3）：43.

统规定。其二，太宗向房玄龄索阅起居注后①，"玄龄等遂删略国史为编年体，撰高祖、太宗实录各二十卷，表上之。"② 可知当时史馆修撰实录所凭借的材料主要依靠起居注，而不见诸司报送之记载。其三，刘知幾在论述当时修史之弊时言："前汉郡国计书，先上太史，副上丞相。后汉公卿所撰，始集公府，乃上兰台。由是史官所修，载事为博。爰自近古，此道不行。史臣编录，唯自询采。"③ 刘知幾既未举圣朝明君太宗时例，又言"爰自近古，此道不行"，则很可能至中宗时仍未出台特别规定。此皆说明至少贞观年间无此类报送史馆的规定，因此，史官的"自采"便十分必要。

唐初的门下省在三省制下的中央决策过程中具有枢纽作用。学者关于门下省对上下行文书的审署申覆已有研究，兹不赘述。④ 正是它的这些职能，使其成为中央决策与政务运行的中转站，是中央信息的汇集之处，如筛子一般不断过滤向上向下流动的信息，从而推动三省制的运转，所以"自武德以来，常于门下省议事，即以议事之所，谓之政事堂"⑤。

另外，监修国史作为史馆的最高领导自贞观三年（629）便由宰相房玄龄担任，从此便形成了宰相监修国史之故事。监修国史有奉诏引进史馆修撰人员、负责史书编修、裁断疑难、审正史稿的职责。⑥ 而将史馆设置于宰相聚集议政之所，则便于宰相在处理军国大事的同时履行以上职责。

综上可知，除了"重其职而秘其事"⑦ 的原因，太宗将史馆设于门下省，实有便于史官搜集资料与监修国史宰相履行职责之考量。虽然在现实中因为贞观注记十分详备，史官并未在采访史事的问题上有太多压力，但不可否认其制度设计上对此已有考虑。而之后大明宫史馆从门下省转到中书省、东都史馆设于中书省也有相同的缘由。只不过由于政事堂的迁移与三省地位的变化，史馆设置的方位不同而已。

（二）起居注的修撰

关于记注官的职责，《唐六典》卷8《门下省》与卷9《中书省》载：

> 起居郎掌录天子之动作法度，以修记事之史。凡记事之制，以事系日，以日系月，以月系时，以时系年。必时书其朔日甲乙以纪历数，典礼文物以考制度，迁拜旌赏以劝善，诛伐黜免以惩恶。季终则授之于国史焉。⑧

> 起居舍人掌修记言之史，录天子之制诰德音，如记事之制，以纪时政之损

---

① 注："太宗观国史"事见吴兢. 贞观政要集校：卷7·论文史第二十八［M］. 谢保成，集校. 北京：中华书局，2009：391.

② 吴兢. 贞观政要集校：卷7·论文史第二十八［M］. 谢保成，集校. 北京：中华书局，2009：391.

③ 刘知幾. 史通通释：卷20·忤时第十三［M］. 浦起龙，通释. 上海：上海古籍出版社，2020：555.

④ 刘后滨. 唐代中书门下体制研究：增订版——公文形态，政务运行与制度变迁［M］. 北京：中国人民大学出版社，2022：96-111.

⑤ 李华. 中书政事堂记［M］//董诰. 全唐文：卷316. 北京：中华书局，1983：3202.

⑥ 岳纯之. 唐代监修国史制度考［J］. 史学史研究，2002（1）：27-29.

⑦ 刘昫. 旧唐书：卷98·李元纮传［M］. 北京：中华书局，1975：3075.

⑧ 李林甫. 唐六典：卷8·门下省［M］. 北京：中华书局，1992：248.

益。季终，则授之于国史。①

《旧唐书》与之所载略同。又，《史通》卷11《史官建置第一》载：

> 夫起居注者，编次甲子之书，至于策命、章奏、封拜、薨免，莫不随事记录，言惟详审。凡欲撰帝纪者，皆称之以成功。即今为载笔之别曹，立言之贰职。②

《通典》与之所载略同。《唐六典》强调左右史记事记言的区分，但实际操作上二者的区分并不明显，更多情况下是像《史通》所载，起居郎与起居舍人共同"随事记录"。但无论哪一种记载，都表明了起居注的性质是以记录皇帝言行为中心的编年体文献，同时也指出起居注的内容包括两大方面：一是制诰、策命、章奏、封拜、薨免等文书材料，即决策的结果；二是这些文书材料背后的朔日甲乙、典礼文物、迁拜旌赏、诛伐黜免等事情与变化，即决策之过程。那么，记注官记录以上内容的方式其实就是记注系统与皇帝御前决策对接的手段，起居注质量的高低便取决于二者对接的紧密程度。

贞观年间，君明臣贤，起居注与皇帝决策结合紧密，形成了"贞观故事"：

> 贞观中，每日仗退后，太宗与宰臣参议政事，即令起居郎一人，执简记录。由是贞观注记政事，称为毕备。③

关于这一时期史事记载详备、集体修史制度正常运行的原因，学者一般归于唐太宗"史学经世"的思想以及其发挥"以史制君"的精神以自律。④ 但笔者认为此处应看到太宗"以史制臣"的一面。《旧唐书》卷71《魏征传》载：

> （魏）征又自录前后谏诤言辞往复以示史官起居郎褚遂良，太宗知之，愈不悦。先许以衡山公主降其长子叔玉，于是手诏停婚，顾其家渐衰矣。⑤

唐太宗愤怒的原因不仅是魏征将谏言泄露，还有他私下结交史官以塑造自身的良好形象，在两种因素影响下太宗才做出了"手诏停婚"的决定。太宗欲保持史笔之公正，以约束臣僚。太宗使史官参与仗下谋议，也是为了对重臣形成皇帝、同僚以外的第三方监督，促使其言行端正，做出正确决策。

在贞观年间，太宗创设了史馆系统与记注系统组成了集体修史制度，得益于君臣间的和洽关系，这一制度运行尚佳。在记注完备的情况下，史馆史官在平时并不需要花费太多精力去采访史事，而当皇帝下诏纂修实录或国史时，史官们仅需按照监修国史的指示，利用史馆中保存的起居注等文献在馆内集中修撰即可，总体上呈现出一种集体性项目化的修史模式。

---

① 李林甫. 唐六典：卷9·中书省 [M]. 北京：中华书局，1992：278.
② 刘知幾. 史通通释：卷11·史官建置第一 [M]. 浦起龙，通释. 上海：上海古籍出版社，2020：297.
③ 王溥. 唐会要：卷56·起居郎起居舍人 [M]. 上海：上海古籍出版社，2006：1127.
④ 雷家骥. 中国古代史学观念史 [M]. 北京：北京师范大学出版社，2018：544-567.
⑤ 刘昫. 旧唐书：卷71·魏征传 [M]. 北京：中华书局，1975：2562.

二、外修内审的新发展——永徽之后①

（一）围绕时政记的拉锯战

永徽年间，发生了一场动摇集体修史制度的根本性变革，《唐六典》卷9《中书省》载：

> 自永徽已后，起居唯得对仗承旨，仗下之后，谋议皆不得预闻。②

也就是说，记注官与皇帝核心的御前决策会议分离了。其原因史书皆归为奸臣弄权：

> 及高宗朝会，端拱无言，有司唯奏辞见二事。其后许敬宗、李义府用权，多妄论奏，恐史官直书其短，遂奏令随仗便出，不得备闻机务，因为故事。③

但其实这种解释并不准确。学者在理解这段话时常常忽略了"及高宗朝会，端拱无言，有司唯奏辞见二事"一句。既然李义府、许敬宗二人是"其后"用权，那么之前用权者又是谁呢？显然是太宗钦点的以长孙无忌为代表的辅政团体。《旧唐书》卷65《长孙无忌传》载：

> 高宗尝谓公卿："朕开献书之路，冀有意见可录，将擢用之。比者上疏虽多，而遂无可采者。"无忌对曰："陛下即位，政化流行，条式律令，固无遗阙。言事者率其鄙见，妄希侥幸，至于禅俗益教，理当无足可取。然须开此路，犹冀时有谠言，如或杜绝，便恐下情不达。"帝曰："又闻所在官司，犹自多有颜面。"无忌曰："颜面阿私，自古不免。然圣化所渐，人皆向公，至于肆情曲法，实谓必无此事。小小收取人情，恐陛下尚亦不免，况臣下私其亲戚，岂敢顿言绝无。"时无忌位当元舅，数进谋议，高宗无不优纳之。④

高宗欲承贞观之遗风，开建言之路，但群臣并不配合，长孙无忌更是以"政事无阙"为由搪塞，与李林甫所谓"野无遗贤"颇为相似。高宗显然并不满意，于是又问"颜面"之事，不料长孙无忌竟直接反将一军，不仅不以为然，还以"恐陛下尚亦不免"相驳，让高宗进退两难。而最后对长孙无忌元舅地位的强调以及高宗对其言听计从的态度皆说明此时朝廷的主导权更多掌握于长孙无忌之手。这一记载与"及高宗朝会，端拱无言，有司唯奏辞见二事"恰好呼应——并非高宗不欲言，而是因为朝中已有一股势力堵塞君主耳目，使之受限。

---

① 注："外修内审"一词最早由商慧明提出，他认为：由于"集体修史制度限制了史家个人才能的发挥"与"史馆中盛行的'告发'风气影响了史实的记载"，史官们提出了"外修内审"的方案。他对"外修内审"产生的原因解释十分透彻，但未考察"外修内审"模式下的史料搜集问题，未辨明其传统来源问题，更未介绍这一模式下的修史制度运行的流程。参见商慧明. 中唐史馆探微 [J]. 人文杂志, 1986 (3)：95-96.

② 李林甫. 唐六典：卷9·中书省 [M]. 北京：中华书局, 1992：278.

③ 王溥. 唐会要：卷56·起居郎起居舍人 [M]. 上海：上海古籍出版社, 2006：1127.

④ 刘昫. 旧唐书：卷65·长孙无忌传 [M]. 北京：中华书局, 1975：2454.

永徽年间本应是皇帝逐渐掌权，辅政团体逐渐放权以实现权力平稳过渡的时期，但长孙无忌拒绝放权，与皇帝产生矛盾，并最终以废王立武的形式得到解决。而李义府、许敬宗二人在朝廷高级官员皆被长孙无忌掌握的情况下，向高宗表示支持，使高宗意识到朝臣中仍存在欲与长孙无忌相抗衡的势力。孟宪实认为李义府等人的出现成为了高宗与长孙无忌斗争中的转折点。① 李、许改变贞观故事必须要得到高宗的同意，而在当时长孙势力遍布朝廷，高宗势力偏弱的情况下，高宗为了与自己所信任的官员进行仗下谋议，作出这样的决定是完全有可能的。

若从制度与权力结构的角度进一步深挖，记注官不预"仗下事"更有决策特质的原因。皇帝为了更好地控制朝中官员及其所运转的国家机器，在进行重大决策时愈来愈注重其私密性。而禁密化的决策方式如"入阁"廷议、延英奏对等更适应于皇帝统御朝廷、维持权威的需要。从这个角度来说，李义府、许敬宗驱逐记注官其实是顺应了时代大势。②

由于记注官无法参与皇帝更为机要的仗下"入阁"廷议，与中央决策核心分离，起居注的内容也随之发生变化，仅剩下对众人皆知的决策结果的抄录。《册府元龟》卷560《国史部七》载：

> 国朝自永徽已后，起居唯得对仗承旨，仗下后谋议皆不得闻。其事注记，但出于已制敕内采录，更无他事。③

而原本关于决策过程的部分为时政记所取代。④《唐会要》卷63《史馆上》载：

> 长寿二年（693），修时政纪。先是，永徽以后，左右史唯得对仗承旨，仗下后谋议，皆不闻。文昌左丞姚璹，以为帝王谟训，不可遂无纪述。若不宣自宰相，即史官疏远，无从得书。是日，遂表请仗下所言军国政要，即宰相一人撰录，号为时政纪。（原注：每月封送史馆，宰相之撰时政纪，自璹始也。）⑤

自此以后，皇帝与宰相围绕时政记展开的拉锯战便不曾停歇。现有记载表明时政记总共被恢复了8次，但几乎每次都因宰相群体的抗拒而失败。从表中（见附表）我们可以发现，（1）时政记的记录范围已经不仅仅是姚璹时的仗下入阁会议，而是逐渐扩大为一切君臣奏议，尤以延英会议为重。（2）在前5次恢复时政记的努力中，虽然每次皇帝批准了提议，但在实际操作上都因宰相团体的消极态度而无法实行。要解释这两个现象产生的原因，则必须诉诸当时的决策体制。

第一种现象与唐代中后期皇帝御前决策会议的变化有关。安史之乱以后，正常的上朝制度被打破，皇帝与宰相大臣的正常沟通受到阻隔，许多军国大政的决策都在内廷进

---

① 孟宪实. 武则天研究［M］. 成都：四川人民出版社，2021：149-160.

② 注：高自友也注意到了李、许二人的"因势而为"。参见高自友. 唐代官方修史中的漏泄问题研究［D］. 武汉：华中师范大学，2020：51-52.

③ 王钦若. 册府元龟：卷560·国史部七［M］. 南京：凤凰出版社，2006：6415.

④ 注：虽然玄宗与文宗时皆曾恢复过"贞观故事"，但其解决这一问题的主流还是时政记。因为仗下入阁会议的地位在唐中后期越来越低，取而代之的是"贞观故事"未涉及的延英会议。

⑤ 王溥. 唐会要：卷63·史馆上［M］. 上海：上海古籍出版社，2006：1302-1303.

行，所谓"深谋密诏，皆从中出"①。到代、德时期，入阁议政也成为一种礼节性的活动，而不拘常规的延英奏事越来越受到重视。德宗贞元年间，出现了"每宰相间日于延英召对"的情况。②贞元十八年（802年），因为有官员在上朝时"自理逋债"，德宗决定"勿令正牙奏事，如有陈奏，宜延英门请对"③。延英奏对成为宰相与皇帝之间主要的沟通渠道。宪宗时，延英议事深层化和经常化。可以说德、宪之后，延英会议已经成为皇帝御前决策最重要的形式。因此，时政记修撰也必须紧密与之结合，方能记录重大决策的全貌。

第二种现象与宰相决策团体的内部关系有关。唐代中后期实行以中书门下为中心的群相制，委宰相一人记录的方法实质上打破了这一制度下宰相之间的平衡。文宗时就曾发生过杨嗣复、李珏与郑覃、陈夷行因史权争论之事，《旧唐书》卷176《杨嗣复传》载：

> （开成）四年五月，上问："延英政事，逐日何人记录？"监修李珏曰："是臣职司。"陈夷行曰："宰相所录，必当自伐，圣德即将掩之。臣所以频言，不欲威权在下。"珏曰："夷行此言，是疑宰相中有卖威权、货刑赏者。不然，何自为宰相而出此言？臣累奏求退，若得王傅，臣之幸也。"郑覃曰："陛下开成元年（836）、二年政事至好，三年、四年渐不如前。"嗣复曰："元年、二年是郑覃、夷行用事，三年、四年臣与李珏同之。臣蒙圣慈擢处相位，不能悉心奉职。郑覃云'三年之后，一年不如一年'，臣之罪也。陛下纵不诛夷，臣合自求泯灭。"……嗣复数日不入，上表请罢。帝方委用，乃罢郑覃、夷行知政事。自是，政归嗣复，进加门下侍郎。④

监修国史宰相李珏记录延英政事招致同为宰相的陈夷行的不满。陈夷行看似为皇帝着想，"宰相所录，必当自伐，圣德即将掩之"，但实际上他是怕其"自伐"损害自身形象与利益。与其说陈夷行是"不欲威权在下"，不如说是"不欲威权不在己"。而这也牵扯出两人的支持者杨嗣复与郑覃以及之后一系列关于政事美恶的讨论，最终以"政归嗣复"收尾。可见，委宰相一人记录实际上也是赋予其一种"威权"，对宰相间的相互制衡颇为不利，这也是为什么时政记经常遭其他宰相反对而罢的原因所在。

时政记对修史制度造成了根本性的影响，它本质上是对记注官原有职权的侵夺。永徽以后，"起居郎犹因制敕，稍稍笔削，以广国史之阙。起居舍人本记言之职，唯编诏书，不及它事。"⑤ 其实，无论是"因制敕"还是"编诏书"，二者的差别并不大，其实质上都是根据已经公开的决策结果来编修起居注。因此，时政记是作为对起居注无法记录的决策过程的补充而产生的。既然时政记所记载内容的私密性远高于起居注，其重要性也就比起居注要高。而且起居注的来源既已是公开的人尽皆知的制敕诏令，它便失去

---

① 刘昫. 旧唐书：卷43·职官二 [M]. 北京：中华书局，1975：1854.
② 刘昫. 旧唐书：卷136·窦参传 [M]. 北京：中华书局，1975：3747.
③ 司马光. 资治通鉴：卷236·唐德宗贞元十八年七月乙亥 [M]. 北京：中华书局，1956：7599.
④ 刘昫. 旧唐书：卷176·杨嗣复传 [M]. 北京：中华书局，1975：4558-4559.
⑤ 欧阳修，宋祁. 新唐书：卷47·百官二 [M]. 北京：中华书局，1975：1208.

了"凡欲撰帝纪者，皆称之以成功"①的独特性。同时，负责记录时政记的宰相群体在修史制度中的地位逐渐提高，有代替记注官、掌控记注之趋势。直至武、宣时期，这一趋势成为现实：

> 会昌三年（843）十月……（时政记）并请依国朝故事，其日知印宰相撰录，连名封印。至季末，送史馆。……向后起居注记事，望每季初，即送纳向前一季文书，与史馆纳讫，具状申中书门下。史馆受讫，亦申报中书门下。其起居改转，望以注记迟速为殿最。如有军国大政，传闻疑误，仍许政事堂都见宰相等，临时酌量。②

> （大中）六年（864），进同中书门下平章事，即奏言："宰相论政上前，知印者次为时政记，所论非一，详己辞，略它议，事有所缺，史氏莫得详。请宰相人自为记，合付史官。"诏可。③

相比于之前时政记的修撰，会昌年间的时政记最大的变化便是适应中书门下制度，采用知印宰相撰录，其余宰相联署名封印的方式。这意味着之后的时政记代表的是中书门下的意志，而非宰相个人。与之相应的是中书门下对起居注的掌控——起居注的内容与送纳皆要申中书门下而不得独立决定。自此，修史制度的两大环节——记注系统与国史系统，在制度上皆为宰相机构掌握。④大中时期对时政记的批评也与之前不同，之前皆是宰相以漏泄机密为由罢废，但此时只是因"所论非一"而改革，说明这种制度的合理性已经得到肯定，只不过宰相团体内部仍有"撰录"与"连名"之别，大中改革使每个宰相皆有平等的撰录权力，因此不会出现宰相抗议的现象。可以说，此时宰相团体对记注系统已形成稳定的、制度化的控制。⑤

（二）外修内审模式对集体修史的改造

馆外修史之例始自开元年间，《唐会要》卷 63《史馆上》载：

> 开元八年（720）十二月二十日诏：右羽林将军检校并州大都督府长史燕国公张说，多识前志，学于旧史，文成微婉，词润金石。可以昭振风雅，光扬轨训。可兼修国史，仍贵史本就并州随军修撰。⑥

> （开元）十四年（726）七月十六日。太子左庶子吴兢上奏曰：……即皇家一代之典，尽在于斯矣。既将撰成此书于私家，不敢不奏。又卷轴稍广，缮写

---

① 刘知幾. 史通通释：卷 11·史官建置第一 ［M］. 浦起龙，通释. 上海：上海古籍出版社，2020：297.

② 王溥. 唐会要：卷 64·史馆下 ［M］. 上海：上海古籍出版社，2006：1314.

③ 欧阳修，宋祁. 新唐书：卷 182·裴休传 ［M］. 北京：中华书局，1975：5371.

④ 注：国史系统有宰相监修制度，虽然唐中后期有许多监修国史的宰相并未很好地履行职责，但其奉诏引进史馆修撰人员、裁断疑难、审定史稿的权力却一直是实权。张荣芳认为："中唐以后，党争激烈，宰相可以利用监修国史的权力，打击异己，在修史时肆意丑诋，并将己方的人安置于史馆担任史官，盘踞政治、学术重镇，控制史馆。"《顺宗实录》《宪宗实录》的修撰过程足以说明这一点，其对国史系统控制之深可见一斑。参见张荣芳. 唐代的史馆与史官 ［M］. 1984：160.

⑤ 注：现在并无唐末存在时政记的记载，很可能由于政治动荡以及宦官用事阙而不修，也有可能因为群相制下"人自为记"相互矛盾导致久而无功。但是毫无疑问，制度上宰相对起居注的掌握与对时政记的认可已经确立。

⑥ 王溥. 唐会要：卷 63·史馆上 ［M］. 上海：上海古籍出版社，2006：1296.

甚难。特望给臣楷书手三数人，并纸墨等，至绝笔之日，当送上史馆。于是敕兢就集贤院修成其书。①

张说与吴兢虽同为馆外修史，但所修内容存在不同。张说在外修史仅言"修国史"，是仅有玄宗当朝史还是包含睿宗等朝并不清楚。但据现存史籍记载，并无张说参与前代实录或国史编修的记载；又，杜元颖以张说为例时，言"元（玄）宗国史，张说在本镇兼修"②。则知张说所撰为玄宗当代史，与吴兢所撰"断自隋大业十三年（617），迄于开元十四年（726）春三月"的唐家大典并不相同。而张说所开之外修当代史之传统则直接影响了日历的出现：

> 贞元（笔者注：为"永贞"之误）元年（785）九月，监修国史、宰臣韦执谊奏："伏以皇王大典，实存简册，施于千载，传述不轻。窃见自顷已来，史臣所有修撰，皆于私家纪录，其本不在馆中。褒贬之间，恐伤独见。编纪之余，或虑遗文。从前已来，有次乖阙。自今已来，伏望令修撰官，各撰日历，凡至月终，即于馆中都会，详定是非，使置姓名，共同封锁。除已成实录撰进宣下者，其余见修日历，并不得私家置本，仍请永为常式。"从之。③

顺宗一朝并没有为前朝修实录的记载，而且通过韦执谊的奏议，可以认定日历是针对史官在外修撰当代史的问题而设的。从中可以看出，史官外修之风已经相当流行，"史臣所有修撰，皆于私家纪录，其本不在馆中。"因此不得不设置日历以统一说法。如果说张说外修时，正值宋璟恢复"贞观故事"，"复诏修史官非供奉者，皆随仗而入"④，因此起居注记载详备，有充分的修史材料，那么"故事"荒废的顺宗时期是凭借什么实现外修的呢？

永徽年间开启记注官随仗出之先例。武后时姚璹提出时政记之制以补阙，但并未实行多久便废。直至开元五年（717）宋璟为相，"欲复贞观之政"，记注官才得以"自依故事"⑤。但至开元后期李林甫专权，其事又废。此后直至贞元十二年（796）赵憬再复时政记，但其卒后又废。现今《旧唐书》仍能存有这些记载实是因为史馆史官对史事的采访。起居注内容的变化导致其独特性消失，引发了史馆史官对记注官职权的侵夺。由于记注官不预机要后，时政记制度并未成型，而是有一个漫长的时行时废的形成期，所以在这期间记录机密决策过程的任务便落在了史馆系统的身上。既然平日需要常态化的外出采访记录，那其活动与记述范围自然无法被限制于史馆之中，更有可能是采访之时草草记录后，每归于私家整理形成草稿。

馆外修史也正是凭此实现：史官将每日采访所得之史事进行私下常态化的记录，然后日积月累，成为史馆所存诸司记录外的又一大史料来源。在永徽之前，自然也有史官自采所得的史料，但与此不同的是，此时史官访求所得的史料已非起居注的从属，而是

---

① 王溥. 唐会要：卷63·史馆上 [M]. 上海：上海古籍出版社，2006：1296-1297.
② 王溥. 唐会要：卷63·史馆上 [M]. 上海：上海古籍出版社，2006：1297.
③ 王溥. 唐会要：卷63·史馆上 [M]. 上海：上海古籍出版社，2006：1294-1295.
④ 欧阳修，宋祁. 新唐书：卷47·百官二 [M]. 北京：中华书局，1975：1208.
⑤ 司马光. 资治通鉴：卷211·唐玄宗开元五年九月 [M]. 北京：中华书局，1956：6729.

具有独立地位的文献。依靠这种私家记录，再辅以抄得的史馆材料，史官的馆外修史才得以实现。

这种新现象并未有制度的统一规范，导致"褒贬之间，恐伤独见。编纪之余，或虑遗文。从前已来，有次乖阙"。严重威胁了集体修史制度下记载的权威性、统一性。因此，为了维护原有集体修史制度，永贞元年（805）创设日历，增加了"内审"的新环节以弥补"外修"的缺点，这也标志着集体修史获得了"外修内审"的新发展。这一阶段的修史制度运作流程大致为：史官平时于私家记录采访所得史事，再综合史馆中抄录所得的档案文献，形成"一家之言"，月终各史官在史馆集合，相互对比自己的记述，得出一个定本并署名，形成日历。在此基础上，在皇帝下诏修实录时，结合家状、行状等其他记载，形成实录。这种模式与标准集体修史的最大不同在于原本集体性项目化的修史体制增加了个体性常态化的记述环节，是集体修史制度下产生的新运作机制。这不仅有益于发挥史官的创造力，调动起积极性，杜绝"每欲记一事，载一言，皆阁笔相视，含毫不断"以及"五始初成，一字加贬，言未绝口，而朝野具知"的现象①，更使抄录文献与私家记述形成风气，利于更多史料的保存以及再生产。

然而，这种新的运作机制也会带来问题。在唐代前期，国史编修中存在的问题主要以史官的史德败坏为主，如许敬宗"或曲希时旨，或猥饰私憾，凡有毁誉，多非实录"②；武三思"立性邪佞，不循宪章。苟饰虚词，殊非直笔"③。但唐中后期的国史编修出现了新的现象——漏泄禁中之事。事实上，修史过程中产生的漏泄时常发生，高宗咸亨元年（670）就有《简择史官诏》：

> 修撰国史，义在典实，自非操履贞白，业量该通，谠正有闻，方堪此任。所以承前纵，居史官，必就中简择，灼然为众所推者，方令著述。如闻近日以来，但居此职，即知修撰，非唯编缉踈舛，亦恐漏泄史事。自今以后，宜遣史司于史官内，简择堪任修史人，录名进内，自余虽居史职，不得辄令闻见所修史籍及未行用国史等事。④

是知此时皇帝已意识到防止漏泄的重要性，但这与唐中后期的漏泄情况并不相同。前期的漏泄是指漏泄史官所编修的史稿所记载的史事，而之后的漏泄强调禁中事遭漏泄后载入史书。这在文献中多有体现：

> 初，韩愈撰顺宗实录，说禁中事颇切直，内官恶之，往往于上前言其不实，累朝有诏改修。⑤

> 臣等伏见近日实录，多云禁中言者。伏以君上与宰臣及公卿言，皆须众所闻见，方合书于史策。禁中之语，向外何由得知。或得于传闻，多出邪佞，便

---

① 刘知幾. 史通通释：卷20·忤时第十三 [M]. 浦起龙，通释. 上海：上海古籍出版社，2020：554-555.
② 刘知幾. 史通通释：卷12·古今正史第二 [M]. 浦起龙，通释. 上海：上海古籍出版社，2020：247.
③ 王溥. 唐会要：卷63·史馆上 [M]. 上海：上海古籍出版社，2006：1296-1297.
④ 宋敏求. 唐大诏令集：卷81·简择史官诏 [M]. 北京：中华书局，2008：467.
⑤ 刘昫. 旧唐书：卷159·路泌传 [M]. 北京：中华书局，1975：4192.

载史笔，实累鸿猷。向后日录中如有此类，并请刊削。①

这种现象的出现源于"外修内审"的运行机制。既然记注官与皇帝御前决策分离，史官便需更多地在平时访求史事，加上唐中后期重要决策多由强调直接与个别的禁内延英会议做出，则国史修撰中出现越来越多"众未闻见"的禁中事也是情理之中。实际上，这些禁中事与贞观年间起居注中内容的性质大概率是相同的，只不过此时的起居注仅记录决策结果，因此有关决策过程的这一部分便成了"非法"的禁中事。

结　语

邓小南曾指出在制度史研究中，应关注制度的"非正式运作"，它"一方面是对当时多变环境的应对，它会给制度带来扭曲；另一方面，它也可能是对正式制度的补充，是一种润滑剂"②。在一般学者的印象中，唐代国史修撰制度似乎仅仅被"史馆"二字所概括了，但其实我们应关注到概念的名实对应问题。唐代真正符合禁密化修史精神与集体修史制度的"史馆制度"仅存在于贞观时期，之后则是这一制度的变态运行。虽然制度条文上规定记注官有固定的职能，但在实际运行的过程中，由于记注官"随仗退"无法实现自身职能，促使集体修史制度产生了"外修内审"这种"非正式运作"。这就体现在制度与非正式的"故事"之间的张力，在硬性规定与实际操作中形成一种"空间"，从而对整个制度产生影响。

通过考察，可以发现这种"非正式运作"的起点便是永徽时期的"起居不预仗下事"，使起居注缺失了最重要的决策过程部分。由此产生了三大变化：首先，因起居注仅记人尽皆知的决策结果，其地位下降，最后连起居注记载延英决策传闻也成为不法之事。③ 其次，时政记这类弥补起居注缺点的新形式出现，宰相掌控记注之势渐显，只不过因为时政记付于宰相一人记录导致宰相群体内部矛盾重重，时政记也时行时废，武、宣时期时政记制度才得以稳定。最后，因为起居注阙载而时政记常废，史官不得不自己加大平时采访力度，由此形成了更重个体性常态化记述的（"外修"）、以日历为标志（"内审"）的"外修内审"运行机制。这三点对国史撰修程序的影响十分深远，其大端在于促使贞观时期确立的集体修史体制获得了新的运作机制，提高了个体常态化记述的地位并产生了为了统一各种记述的中介性环节（见附图），直接开启了宋代完备的"记载—编集—纂修"④ 修撰模式。

---

①　王溥. 唐会要：卷64·史馆下［M］. 上海：上海古籍出版社，2006：1314.

②　邓小南. 走向"活"的制度史——以宋朝信息渠道研究为例［M］//邓小南，主编. 多面的制度——跨学科视野下的制度研究. 上海：生活·读书·新知三联书店，2021：109.

③　王溥. 唐会要：卷64·史馆下［M］. 上海：上海古籍出版社，2006：1314.

④　Charles Hartman. *The Making of Song Dynasty History：Sources and Narratives*，960-1279CE［M］. Cambridge：Cambridge University Press，2021：4，6.

附　表

唐代时政记撰修情况表

时间	提议人	记录范围	记录者	报送周期	接收者	文献来源	备注
长寿二年（693）正月戊申	文昌左丞相姚璹	仗下入阁会议；军国政要	宰相一人	每月	史馆	《唐会要》《旧唐书》《册府元龟》《唐六典》	1. 及璹罢而事废。 2. 时政记自此始也。
贞元十二年（796）正月	宰相赵憬	仗下入阁会议；军国政要	宰相一人	每月	史馆	《唐会要》《旧唐书》《册府元龟》	无何，憬卒，时政记亦不行。
元和十二年（817）九月	起居舍人庾敬休	每坐日，宰臣及诸司对后，如事可备劝诫、合记述者	承旨宰相	每季	宣示左右起居后报送史馆	《唐会要》《册府元龟》	1. 承旨宰相先向记注官汇报，再以起居注的形式报送史馆。 2. 既而宰相以事关机密，不以告之，事竟不行。
长庆元年（821）四月	宰相崔植、杜元颖	每坐日，所有谋议事关政事者，便日撰录	不明	每岁	史馆	《唐会要》《旧唐书》《全唐文》	1. 仅言"许臣等每坐日，所有谋议事关政事者，便日撰录"。不知具体是几人撰录，但因前举姚璹例，推测是宰相一人撰录 2. 号为圣政纪。 3. 从之，事亦不行。
大和五年（831）夏四月	不明	宰臣奏事，有关献替及临时处分稍涉政刑者	中书门下丞一人	每季	史馆	《旧唐书》《全唐文》	1. 不知"中书门下丞"是何官，疑其为衍文，可能还是委中书门下宰相一人记录之意。 2. 虽未记载结果，但从开成年间再议此事来看，仍然未行。

续表

时间	提议人	记录范围	记录者	报送周期	接收者	文献来源	备注
开成三年（838）二月	宰相杨嗣复	延英会议；对宰臣往复之词、关教化政刑之事	委中书门下直日纪录	每月	史馆	《唐会要》《册府元龟》《全唐文》	杨嗣复的奏议得到皇帝认可，但之后又因为"它宰相议不同，止。"
会昌元年（841）六月	不明	每坐日	宰相	每月	史馆	《旧唐书》	从两年后李德裕再次奏请来看，其事亦不行。
会昌三年（843）十月	宰相李德裕	尔后坐日，每闻圣言，如有虑及生灵、事关兴替、可昭示百代、贻谋后昆者，及宰臣献替谋猷、有益风教	知印宰相	每季	史馆	《唐会要》《全唐文》	1. 其日知印宰臣撰录，其余宰相联署名封印。2. 从大中六年（852）裴休状文可知其制一直实行至裴休改革。
大中六年（852）	宰相裴休	每合（阁）内奏事及延英对回，陛下所降德音，宰臣所奏公事	所有宰相各自为记	未载	史馆	《新唐书》《樊川文集》	1. 人自为记，共成一篇，合付史馆。2. 因其是在李德裕所定之制基础上的改革，报送周期既未言，则应与前一致。

附　图

唐代国史修撰制度演变趋势示意图

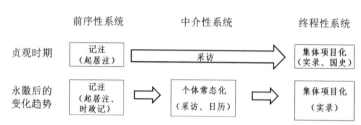

注：图中方框代表形成了制度化的环节，而箭头仅代表有过程性。

>> 老师点评

　　杨知乐是我指导的 2019 级本科生。他为人诚实，做事踏实认真，喜欢运动，积极参加校运动会、男足新生杯、男羽新生杯、男足校联赛、男乒校联赛等文体活动，是一个阳光向上的男生。

　　知乐勤奋刻苦，自主学习能力强，遇到疑难问题，总是锲而不舍。我对所带本科生，都会要求阅读《资治通鉴》，知乐由于对隋唐史感兴趣，阅读《唐纪》部分时十分细致，在书中做了多处标记，并经常找我讨论相关问题，后来他就阅读中感兴趣的问题，写成《唐朝代宪时期剑南道军乱研究》一文。

　　除了隋唐史，他对中国古代史的其他断代也有比较广泛的阅读和思考。他在本科期间，撰写了多篇不错的学术论文，包括《"水德之瑞"与秦王朝正统性的构建》《西汉五德终始说的演变与其德制的变化》《朝堂上下——试论唐代国史修撰制度的变迁》《明宗藩政治文化的图像表达与传播》等。这些文章学术规范严谨，对前人研究有较好的分析，自己的观点论述也比较完整准确。其中《"水德之瑞"与秦王朝正统性的构建》发表于《碑林集刊》第 26 辑，《明代秦藩永寿王〈瑞莲诗图〉碑考》也被《文博》期刊录用，这对一个本科生来说，是十分难得的。

　　知乐学业成绩很好，班级排名第一，即将大四的暑期，他积极参与各个高校的夏令营活动。作为他本科时期的学业导师，我衷心希望他能被心仪的名校和导师录取，未来在自己喜爱的专业学习上取得更大的成绩。

学业导师：闫建飞

"哲学是诗的桂冠"：从《裴洞篇》
苏格拉底临终转向谈起

2019级　王可欣

摘　要：作为西方诗与哲学论争史上的重要人物，柏拉图从其早期著作《申辩篇》《伊安篇》到晚期《法律篇》，都明显表露出对诗和诗人的敌意。而在《裴洞篇》中，出现了苏格拉底"梦谕作诗"的情节与对诗人荷马的褒扬。这两处证据似乎显示，柏拉图笔下的苏格拉底对诗的态度出现了缓和的迹象。所谓苏格拉底对诗的态度的临终转向，实则表明了柏拉图对诗并非一味持批判与排斥的态度。柏拉图不同作品中对"诗"和"诗人"的定义具有多重含义；《斐德若篇》提供了一条把诗等其他所有种类的语言转化为哲学话语的"相似物"的途径。结合柏拉图其他著作篇目，或许能够证明，柏拉图本身就是个"诗人"，他的哲学作品是一种"诗"；诗与哲学在柏拉图处同时呈现出了纷争与融合的倾向。

关键词：诗与哲学；柏拉图；《裴洞篇》

在西方诗与哲学的论争中，柏拉图无疑是最为重要的人物，也是立场最为鲜明的一位人物。他从早期的《申辩篇》《伊安篇》，到晚年的《法律篇》，都表露出对诗和诗人的严厉批评。在《理想国》中，柏拉图借助苏格拉底之口，告诉人们"哲学和诗歌的争吵古已有之"（607b）[①]，这一争论不仅起源古老，而且意义重大。学术界对其讨论余波至今。

引人注意的是，不同于柏拉图一贯对诗的批评与抵斥，在《裴洞篇》中，柏拉图笔下的苏格拉底对诗和诗人的态度似乎出现了缓和的迹象。苏格拉底所受"诗的梦谕"与对诗人荷马的褒扬，是否表明柏拉图的立场出现自相矛盾？这种行为和意图如何与柏拉图对诗的批评圆寰一致？诗与哲学可能同时呈现出纷争与融合吗？本文将从分析《裴洞篇》文本出发，联系柏拉图其他作品，探求其对诗和诗人的真正态度。

---

① ［古希腊］柏拉图. 理想国［M］. 郭斌和，张竹明，译. 北京：商务印书馆，2017：410。按：斯特方编本页码（如文中607b），是学界引用柏拉图著作的标准编码。以下引文将随文标注斯特方编码，以方便对照希腊语原文及各种版本。

一、《裴洞篇》的两条证据

在《裴洞篇》篇中，关于诗和诗人的相关论述有两条。一为"梦谕作诗"。此前，苏格拉底"从未作过诗"；而在监狱的这段时间，他却"通过把艾索波的寓言故事写成了诗，还写了献给阿波隆的赞美诗"（60d）[①]。格贝问苏格拉底为什么，苏格拉底回答说：

> 那你就跟他说老实话吧，格贝。你跟他说，我编这些诗并不是想跟他和他的诗比试，因为我知道那很不容易。我这样做是为了试图证实我的一些梦的意义，是为了提防自己失职。因为我多次梦见应当从事音乐活动。事情是这样的：我一生中有很多次做同样的梦，做梦的方式和时间虽然各异，却都是梦见一句话，即"苏格拉底啊，制作和演奏音乐吧"。过去我以为这是鞭策我、勉励我去做自己已经在做的事情，正像人们给赛跑的选手喝彩打气一样，这梦是在鼓励我做我正在做的工作，即制作音乐，因为哲学就是最伟大的一种音乐，我正在做这种工作。但是现在我在判决之后、神圣的节日缓刑期间，想到那些接二连三的梦也许实际上是让我从事通常意义的音乐，我应该照办，不能违抗。我想自己最好在辞世之前做应当做的事，即听从梦的命令，制作诗句。于是我首先编了一首这个节日歌唱神恩的颂歌。编完颂歌之后，我想到一个诗人只要真是诗人就该语涉玄远，不能平铺直叙，而我素来不善于作玄远之谈，于是就把那随手可得而且自己很熟的艾索波寓言拿来，编成韵语。格贝啊，你把这些告诉欧维诺吧，请代我向他道别，告诉他，如果他明智的话，就尽快地跟着我来吧。我看来今天就要走了，因为这是雅典人的命令。（60e-61c）

另一处证据是在论证"灵魂是非和谐的"时，我们注意到，此处苏格拉底对诗人荷马的评价用了"神圣的"一词：

> 由此可见我们绝没有理由说灵魂是和谐的，因为那是违背神圣的诗人荷马的，也是违背我们自己的（95a）。

《裴洞篇》叙述的是苏格拉底在狱中临刑服毒前和学生们的最后一次对话。这两处对于诗的相关表述似乎都显示出，柏拉图笔下的苏格拉底对诗与诗人并不排斥。相比起柏拉图在《理想国》及其他对话篇目中借苏格拉底之口对诗的批判，这里的反差不得不引人关注与思考——置于临终这一特殊时间点上，《裴洞篇》中对诗与诗人的缓和态度，是否具有特殊的内涵和意义？是否可以说明，苏格拉底在生命的末尾回望一生时，也曾对诗歌的价值重新进行审视，对自己曾经对诗持有的批评态度产生了犹豫与反思？

---

① ［古希腊］柏拉图. 柏拉图对话集［M］. 王太庆，译. 北京：商务印书馆，2019：214。注：下文引用《柏拉图对话集》皆引自此本，不再注明。

二、苏格拉底抑或柏拉图？

《裴洞篇》是柏拉图的中期作品。柏拉图借苏格拉底之口所发种种议论，又在何等程度上贴近历史上真实的苏格拉底形象？是忠于事实的转述，还是柏拉图之文艺创造？我们借助特里·彭纳在《苏格拉底和早期对话》一文中的分析，综合亚里士多德对苏格拉底和柏拉图进行比较的证据以及近现代学者对柏拉图的对话进行断代的文风学研究证据①，基本可以得出以下共识：《裴洞篇》及柏拉图其他中期对话录作品，都是属于柏拉图的对话，而不是苏格拉底的对话；这些作品中的主要人物"苏格拉底"，实际上是柏拉图观点的发言人。②

既然柏拉图借苏格拉底之口阐述的是自己的思想，《裴洞篇》中苏格拉底临终对"诗的申辩"也就不能认定为历史上苏格拉底的真实言论。那么，柏拉图安排苏格拉底在此出现的"临终转向"，到底有何喻意？

（一）梦谕作诗

我们逐一分析两条证据。首先，《裴洞篇》中的梦谕涉及哲学与诗的关系。在序幕中，格贝想起最近听到的传言：苏格拉底最近正在作诗。格贝解释说，诗人欧维诺曾经问他，苏格拉底突然转而作诗是什么意思。在苏格拉底的生命末期，为什么会写起诗来？

在这之前，苏格拉底对诗的态度无非是攻击与批评，因为诗诉诸灵魂中低下的情感部分，换言之，诗远离真理与真正的知识。在柏拉图看来，诗人的行为破坏了对理性的信念，迎合灵魂的情感维度。诗标志着对灵魂与国家的统治的败坏。③

苏格拉底承认，他转向诗，是由于怀疑自己忽略了履行某些梦对他发出的命令。苏格拉底解释说，自己必须在生命的最后几天验证这个梦。这是他一生中反复做过的一个梦，尽管形式不同，却总是梦见一句话——"苏格拉底啊，制作和演奏音乐吧"（《裴洞篇》，60e）。苏格拉底过去将这个反复出现的梦解释为鼓励自己继续从事哲学。在他看来，哲学正是"最大的乐"。而他的审判和为自己推迟死期的属神节日使他产生怀疑：自己可能犯下了罪过？他将哲学当作"最大的乐"，结果忽略了"更通常意义的乐"——也即"制作诗歌"。为了净化自身的罪恶，苏格拉底利用推迟死刑的这段时间，弥补自己可能毕生忽略了的事情。

苏格拉底临刑前所作的诗歌，一方面是献给净化之神阿波罗（也译作阿波隆）的颂诗，另一方面是经过精心构思的神话。阿波罗在净化中担当着重要角色，依据阿波罗的

---

① 参见 L. Brandwood. *"The Chronology of Plato's Dudogues"*. Cambridge：Cambridge University，1990.

② ［美］特里·彭纳. 苏格拉底和早期对话［A］//理查德·克诺特，主编. 剑桥柏拉图研究指南. 王太庆，译. 北京：北京师范大学出版社，2018：143.

③ 注：见《理想国》605b-c："……正如在某城邦，当某人让批本性邪恶的人操纵大权，出卖了城邦，毁了批更好的公民；我们会说，这同一个模仿诗人在每个人的灵魂中建立了个低劣的城邦系统，因为他推崇灵魂中这一缺乏理智的部分。"引自［古希腊］柏拉图. 理想国［M］. 王扬，译. 北京：华夏出版社，2012：372. 下文引用《理想国》皆引自此译本，不再注明。

指示，做诗可以让苏格拉底清除自身的恶。在希腊神话中，阿波罗是诗歌和艺术的总的最高的保护神。苏格拉底对阿波罗的颂诗不仅代表着对阿波罗的灵感本性、音乐本性的向往，更是对阿波罗的清醒、法制、秩序、洁净、明亮和阳光的渴望。这是苏格拉底（或者还有柏拉图）所渴望的明澈面——清醒的真实景象，这景象与幽暗朦胧的现象世界完全相反。

伯格在《〈斐多〉义疏》中认为，柏拉图的目的就是要修缮诗的音乐性、迷醉性元素与哲学的检省明智、自我意识和节制之间的分裂。柏拉图在此篇中提及此梦谕与神话绝非一种偶然，而是代表着"哲人渴望从事最大的乐，神意却命令他制作属民的乐"的张力。这对张力恰恰反映了："人渴望追求快乐、摆脱痛苦，而神的意志则要结合二者；或者说，人渴望死亡，从而令灵魂脱离于身体，但神的意志却要结合二者。"①

（二）柏拉图对诗人荷马的态度

《理想国》中，柏拉图的矛头多次指向以荷马为代表的诗人和悲剧作家。在柏拉图看来，诗是一种模仿，而"模仿术乃是低贱的父母所生的低贱的孩子"（401a）。"从荷马开始，所有的诗人都是美德以及其他被他们选为创作对象的影子的模仿者，他们没有抓住真理"（600e）。诗人也并不像人们通常认为的那样有智慧：他们对自己的诗歌都无法完全理解。在柏拉图理想的城邦中，哲学家当上了国王。哲学家受人尊重，门徒济济，人们热爱他们，弘扬他们的教诲；而诗人由于只会模仿，没有真正的知识，不能给人智慧和美德，只能从理想国中被赶出去，四处流荡。柏拉图不止一处地明确指责，作为诗人的荷马并不具有美德，也不能给人以好的教育②；对荷马的攻讦在《理想国》和其他篇目中也屡见不鲜。但同时，我们也要注意到，柏拉图攻击诗和诗人，也对荷马保留着一份尊重：

> "我必须先把这一点声明清楚，"我说，"尽管我从幼年时开始拥有的对荷马的爱戴和尊敬此刻想制止我开口。的确，依我看，他是所有这些优秀悲剧家的第一个老师和领路人。然而，任何人都不能超越真理地被人尊敬，可不，这必须说的话，我此刻正在说出。"（595b-c）

除《裴洞篇》外，柏拉图对荷马"神圣的诗人"的评价，在其他作品中也多处出现。在早期作品《伊安篇》中，柏拉图便称赞荷马"是一位最伟大、最神圣的诗人"（bc390）。在《理想国》中，他对荷马的赞扬更是有多处，如，尊其为"所有优秀悲剧家的第一个老师和领路人"（595c）"全希腊的教育者"（606e）"最富有诗意的诗人"

---

① ［美］伯格. 柏拉图式的迷宫：《斐多》义疏［M］. 戴晓光，译. 北京：华夏出版社，2015：36。

② 注：如《理想国》600c-e："如果荷马真有能力教育人们，并能使他们变得更高尚，就像这么一个人，他对这些东西不仅能进行模仿而且能有真正认识，那么，难道他不会交上许多朋友，并且受到他们的尊敬和爱戴，然而，阿布德拉的普罗塔戈拉和克奥斯岛的普洛狄科以及其他大批人士能通过私下交谈的方式向他们的同时代人展示，他们并没有能力治理好自己的家庭或城邦，除非他们管好自己的教育，这样，凭这么种智慧，这些人士如此深受欢迎，以至于他们的朋友几乎就差把他们扛在肩上到处周游；荷马，如果他真能在美德方面使人们得益，或赫西俄德，其同时代人会让他们到处游弋，朗诵诗歌，他们不会更依附这两位诗人，甚于依附自己的金钱，硬要对方住在他们中间，或，如果他们没法说服对方，他们会以学生的身份跟随他们，不管对方走到哪里，直到自己获得了足够的教育？"

"一切悲剧诗人的先驱"（607a）等等。虽然这些肯定性的赞扬往往伴随着否定性的批评。但在《理想国》第五卷中论及英雄行为与品格的时候，柏拉图再次把人们的注意视线引向荷马史诗，表现出一种肯定和推崇的积极态度：

> "这同样也是根据荷马的观点，用这样的方法向所有本质优秀的年轻人表示敬意，十分正当。因为荷马就这么说过，埃阿斯在战争中表现突出，人们赏了他"长条脊骨肉"，用这样的方法向这位风华正茂、勇猛顽强的英雄表示他们内心的敬意，这么做不仅是为了敬佩他，同时又是为了增强他的体力。"
> ……"至少在这件事上，我们将听从荷马的话。"（468d）

此外，柏拉图对荷马《奥德赛》的态度也很微妙，在其著作中不乏利用与改造。例如，在《裴洞篇》中，我们能看到明显指涉《奥德赛》与《伊利亚特》的地方。[①] 直到迈入垂暮之年时，他还多次提到荷马及《奥德赛》[②]。在《法律篇》中，柏拉图借雅典人之口说："像我们这样的老人，可能会从诵诗者对《伊利亚特》和《奥德赛》的吟诵中获得更多的快乐。"（658d）

因此，在柏拉图和荷马之间，哲学与诗的冲突或许没有我们想象的不可回寰。

三、"哲学的诗歌"：柏拉图笔下多重"诗"义

联系柏拉图其他对话录作品，我们还可以发现，在柏拉图笔下，"诗"和"诗人"在不同作品语境下的指向与含义也都不尽然一致。

在《会饮篇》中，喜剧作家阿里斯多芬和悲剧作家阿伽通声称，他们的诗歌创作得到了爱的激发（196e）。柏拉图也借第欧提玛之口，把诗歌放在了爱的作品之中，将爱视作是诗歌创作的动力。第欧提玛认为，爱是诸神和人类之间的媒介，是一种通过某种美的东西创造出不朽的善的欲望（206e-207a）。第欧提玛把诗人和作为发明家的工匠归为灵魂上富有创造力的人，也即孕育"明智之类的品德"的人（209a）。她举荷马、赫西俄陀和其他诗人作为例子，认为他们的诗歌作品就是灵魂结合、在爱的驱动下，孕育出的善的"后裔"。第欧提玛没有把爱与诗直接联系在一起，而是把它与被爱的人的灵魂连在了一起。只有与被爱的人的灵魂结合，诗人得以参照一个理想的美的存在体，从而能创作出一首孕育美的诗。这个意义上，"诗人"是"美"或"善"的创造者，"诗"是一种传达这种"美"或"善"的方式。而沿着第欧提玛"爱的阶梯"向上攀登，获得哲学力量的人会看到"美本身"（212a），不再产出"美的外观"，而是接近到"真正的美"，从而获得不朽。也正是这种对不朽的接近，使得第欧提玛对荷马、赫西俄陀等人的传统诗歌采取赞成的态度。

而在《理想国》中卷二、卷三、卷十的大多数论述中，"诗人"指的是模仿性的诗人。他们不能抓住真理、不能教育他人。柏拉图声称，所有模仿都"远离它们以其为创

---

① 普兰宁克. 跟随苏格拉底上升——柏拉图《会饮》对荷马史诗意象的运用 [M] // 刘小枫，陈少明，主编. 柏拉图的真伪. 北京：华夏出版社，2007：127.

② 注：见《法律篇》658b-d，680c-d，706d-707a，804a.

作对象的真理进行创作，相反，它们却乐于和我们身上同样远离理性的那一部分交往"（603a-b），"是毫无价值的，它与毫无价值的某种东西相关，并制造出毫无价值的东西"（605a-b）。

模仿性的诗人"抚育"（606b）并加强了听者灵魂中的情感的部分，同时也削弱了理性的部分，从而"在每个人的灵魂中一个一个地培植出一种坏的制度"（605a）。同时，柏拉图也在《理想国》中为这类诗人留下了逃脱被驱逐命运的空间，也即只作"赞美天神的颂歌和赞美优秀人物的颂词"（607a）。他在《法律篇》中同样强调，这是唯一能被城邦接纳的诗歌形式（801a）。在此，能够被城邦接受的"政治上正确"的诗人实际处于服务于立法者的地位。他们或是遵从自己的性情而甘于腐败，或是被用于改善其他人。他们应当摒弃过去按照人类的存在或表象来对人进行的那种模仿，按照人应该成为的样子来创造人的形象——在这点上，也就为公民创造出一种良好的道德环境。

但在《斐德若篇》中，柏拉图对诗歌和诗人的位置又重新进行了思考。在此篇中，苏格拉底宣称，没人能够成为一个好的诗人，除非受到了"神灵凭附的迷狂"的激发（245a）。诗人的着魔是"神灵凭附的迷狂"的四种类型之一，其他三种是预言、仪式和爱。在他对最好的生活的排位当中，第一是"哲学家或美的爱人"，而"诗人或者任何其他从事模仿的人"排在第六（248d），处于预言家、仪式主持人之下，而在工匠或农民、以及智者之上。这一排位又比《理想国》中的立场更显温和。

不同于《会饮篇》将诗歌放在爱的作品之中，《斐德若篇》对诗与爱进行了区分，从而降低了诗的地位。在此篇中，柏拉图推崇口传文章，而将书写文章贬斥为没有价值的东西；同时也暗示了另一种可能——作为书写者的"诗人"如果既不受到法律的羁绊，也不受到表象的蒙蔽，写下的东西只是暂时记录一时所想而不为其所局限，那么他也可以通向"哲学家"的目标。在《斐德若篇》的结尾，苏格拉底要求斐德罗传递来自缪斯女神的一个启示：给予莱什阿斯和凡是写文章的人的启示，同时也是给荷马和其他任何作诗的人，给梭伦和任何其他的立法者的，那就是"如果你们的著作是根据真理的知识写成的，到了需要审讯的时候，有能力替它们辩护，而且从你们所说的语言可以看出你们所写的著作比起它们来是渺乎其小的，你们就不应该用世人惯常称呼你们的那些名号。就应该用更高贵的名号，才符合你们的高贵的事业。"（278b-e）那么这些人也配得上"爱智者"或"哲人"的名号，而不是与他们写的东西相称的"演说家""诗人"或"立法者"这类称呼（278e）。

从柏拉图在《斐德若篇》中的观点来看，此处提供了一条把诗的、政治的、法律的等其他所有种类的语言转化成为哲学话语的"相似物"的途径。那么，从这个角度，柏拉图自己的对话作品或许就可以被看作是展示这种"描述真理"的语言的使用与尝试——我们也就可以称它为"诗"。

四、"哲学是诗的桂冠"：柏拉图乃真诗人

基于以上分析，我们甚而可以断言，哲学家柏拉图本身就是一名独一无二的诗人。对此的一个有力例证，莫过于回到柏拉图在《裴洞篇》里借苏格拉底之口透露出的心声：

> 我一生中有很多次做同样的梦，做梦的方式和时间虽然各异，却都是梦见一句话，即"苏格拉底啊，制作和演奏音乐吧"。过去我以为这是鞭策我勉励我去做自己已经在做的事情，正像人们给赛跑的选手喝彩打气一样，这梦是在鼓励我做我正在做的工作，即制作音乐，因为哲学就是最伟大的一种音乐，我正在做这种工作。（60e-61a）

如柏拉图所说，"哲学就是最伟大的一种音乐"，而他"正在做这种工作"，那么我们可以这样理解：柏拉图一直在通过哲学思辨创作着一种更美、更好的诗。按照柏拉图以及亚里士多德《诗学》的理论，诗是模仿。那么如戈登（J. Gordon）所说，柏拉图的"诗"，实质是对哲学行动的一种模仿。柏拉图的哲学作品就是一种"诗"；他的哲学对话，用诗的方式展现了"行动中的哲学生活"①。

从"模仿"问题来看，模仿是诗的根本特征，《理想国》卷十对诗的批评就是从这一根本特征着手的。那么，柏拉图自己的诗如何能免于这一批评？

研读《理想国》，一方面，我们可以发现，传统诗的根本错误不在模仿本身，而在于模仿低级或坏的对象。模仿论表面关涉的是艺术技艺问题，本质上关涉的是立法与统治的政治技艺问题。作为政治的技艺，统治与立法应当模仿最好、最高尚的对象，即使是说谎也是说"高贵的谎言"。如《理想国》中，苏格拉底言辞中的城邦就不是对任何地上城邦的模仿，而是对理念城邦的模仿（592b），因此，苏格拉底的模仿就比诗人模仿的模仿要高一级；又如，《法律篇》中作为对"一种最好和最高尚的生活的模仿"（817b）的宗法制度建设，实际上是对神的模仿。传统的与真理差三级的"模仿诗"和直接模仿真理的"哲人诗"并不可等而观之。作为最高等的模仿的哲学作品，也就不必与一般的模仿一同受控诉。诗与哲学在柏拉图这里其实得到了融合。

另一方面，在《理想国》卷十中，我们可以总结出柏拉图对能进入城邦的诗歌提出的几个审查条件：首先，是要符合道德与宗教原则。从诗歌艺术的形式上讲，理想国只许可"歌颂神明和赞美好人的颂诗""对神的赞美诗、对好人的称颂、悼文是我们的城邦能接受的仅有的诗歌。"（607a）因为它培育灵魂中最好的理性部分，把人们的思想指向神与善。其次，柏拉图要求诗歌"不仅是令人愉快的，而且是对城邦的管理进而人们的生活有益的"（607e），兼顾了诗歌的工具价值。再次，"诗乐教育的最终目的在于培养对美的追求"（403c），诗歌需要具有教育与引导人向善的价值。

柏拉图在晚期作品《法律篇》中，也对诗作提出了类似的原则要求②。那么，真的有诗能够顺利通过这些审查，成为范本吗？柏拉图在《法律篇》的第七卷借"雅典人"之口，道：

> 在我看来，我们从一大早到现在的谈话不能说没有得益于一丝神灵启示的

---

① ［美］戈登. 作为诗人和戏剧人的柏拉图［M］//张文涛，编著. 戏剧诗人柏拉图. 上海：华东师范大学出版社，2007：33.

② 注：《法律篇》801c-d："诗人在他的诗中丝毫不得违背国家规定为合乎法律的、公正的、美的和善的东西，而且他的诗作在呈示给为此专门设立的法官和法律监护者并得到他们的批准之前，不得交到任何普通民众手里。事实上，我们已在选出的制定音乐法和监督教育的官员中任命了这样一批检审官。"

气息。如果我回顾一下这个谈话，会清楚地发现，我们谈的都是诗歌作品。看到我自己的谈话仿佛统一为一个整体的形象，我感到很高兴，也可以说这种欣喜的激动是再正常不过的了。因为，如果和我读过或听过的绝大部分诗歌作品和散文作品比起来，我觉得我的谈话对于青年教育要远远合理、合适得多。对于法律监护者和教育者来说，我只能衷心地推荐我的谈话作为典范的学习材料，此外没有更好的东西。他应该命令所有的教师将这些谈话交给孩子……（811c-e）

关于法律做出的讨论是一种类型的诗歌；实际上是最适合于孩子们听和教师们称道的诗歌和散文作品。显然，柏拉图自认为，自己的谈话是青年教育的"典范的学习材料"，并且表示，他自己的哲学著作恰好可以看作是一种新的、具有典范意义的诗的范本，"此外没有更好的东西"，所有的诗歌和散文作品都应以这类谈话为准绳。

在随后关于悲剧的一番论述中，他甚而认为自己就是一位真正的诗人、最高贵的悲剧作家：

> 就能力来说，我们自身就是能作最美和最好的悲剧的诗人。我们将城邦的整个宪法设计为对最美和最好的生活的模仿，并把这看作事实上最真实的悲剧。因此，你们诚然是诗人，但我们也是诗人。在最美丽的剧作上，我们是你们的竞争者和对抗者，而只有真正的法律才能按其本质使这部戏剧成为现实。……所以，你们这些弱不禁风的缪斯神的子孙，你们的诗歌先得交给有关部门，与我们的诗歌作一番比较。假若你们的诗歌与我们的诗歌具有同等价值，甚至更好，那么我们将允许你们将其上演，如果不是这样，那么，我的朋友，上演是不可能的。（817b-e）

在这，柏拉图把政治秩序看作"最真实的悲剧"，将真正的法律看作"最美丽的戏剧"，而将借"雅典人"之口围绕法律所作出的讨论视作一种类型的"诗歌"。也就是说，柏拉图把他自己的作品看作是最好的诗，是以它对真实存在的认识为基础，以价值规范为准则；而只有哲学家才能获得那些认识并掌握那些规范。

从这个意义上讲，柏拉图可以说是当之无愧的诗人、诗人之中最优秀的诗人，柏拉图的哲学作品是最好的诗。

结　语

当我们称柏拉图为"诗人"、将其哲学作品称为"诗"的时候，不能把他与通常意义上的诗人混淆。这里的"诗"和"诗人"，都是就柏拉图心目中的以真理、美德为行为准绳的诗和诗人而言。一方面，《斐德若篇》提供了一条把诗的、政治的、法律的等其他所有种类的语言转化成为哲学话语的"相似物"的途径。结合《法律篇》结尾，我们可以将柏拉图自己的对话作品视作是展示这种"描述真理"的语言的使用与尝试。因此，我们也就可以称它为"诗"。

如果说，柏拉图是一个诗人，《斐洞篇》是他的模仿作品，被模仿的对象就是苏格拉底——他的思想、话语以及行动。由此，苏格拉底的"诗的申辩"，实际也就是柏拉图的"诗的申辩"。那么，在《裴洞篇》中，诗与哲学的冲突得到了真正的调解与缓和。诗与哲学不仅在柏拉图处产生纷争，也同时得到了奇异的融合。

柏拉图用这种"诗"的方式来描述他老师的最后一天；正如苏格拉底在他生命的最后时期，也做起诗来。柏拉图，其实才是真正的"诗人"。

>> 老师点评

王可欣同学，来自江苏泰州，是湖南大学人文试验班 2019 级本科生，入学时选我做学业导师，转眼已是三年。这三年间虽然经历了疫情，好在长沙总体情况较缓和，只有一学期居家网课；故而，我们相处时间还是比较多的。

岳麓书院实行"四维本科生导师制"，其中学业导师——也就是我所扮演的角色——是非常重要的一环。我们负责跟进学生本科阶段的学业成长，包括但不限于学习计划制定、学术答疑、课业辅导、论文指导，以及与授课教师、班导师、辅导员之间的沟通联络。当然，我们也会适度关注与关心学生的生活状态。

王可欣同学学习热情是高涨的——至少一开始是这样——我想这也是她的论文能被选入的原因。至于后来，一方面是因为那届人文班的课业压力的确较大，另一方面学生的内卷也实在严重，外部压力取代了内在动力成为鞭策他们学习的力量。一次聊天时，我犯瞌睡，不好意思地跟可欣说，这几天科研任务重，连着三天都没睡够 6 小时。可欣告诉我，开学以后她就从没睡到过 6 小时。说实话，我是想不通的，一个 100% 保研的专业，有必要这么拼吗？可欣说，正是因为保研，大家才拼，排名靠前的接收高校会看重学生本科时的专业排名，所以每门课都很重要呀！尽管如此，我还是建议她适当躺平，担心她熬坏了身体。然而，她没有听我的，也没有让我少操心。有一阵子她常问我：老师，我的头发是不是越来越少了？为了不给她增加心理负担，我只好说没有。

可欣同学的课业是从不让人操心的，她的成绩排名一直稳居前三。我很替她高兴，因为这离她去一流高校一流专业深造的目标又近了一步。她能在这个卷出天际的班级里成绩名列前茅，这和她良好的学习习惯是分不开的。我看过她做的笔记，条分缕析，还用不同颜色加以划分，区别出重点内容、精彩内容与心得内容等，那精美程度，赶得上网上的付费攻略了。她现场记下的笔记本来就是严谨的，事后还会整理——作为复习的一部分。我相信授课老师把她的笔记拿去替换自己的课件，就能在教学比赛中获奖。

可欣同学不仅成绩好，她的学术水平也令人称许。作为中国哲学的研究者，我很高兴她对哲学感兴趣，并考虑将中国哲学作为她下一阶段的深造方向。两个月前我参与指导了她的学年论文，讨论"楚狂接舆"。此文发前人所未发，很有新意。可能是因为时间原因，未能选入此集。论文集中的这篇也很精彩，可惜并非我的专业领域，就不作点评，只抱着学习的心态阅读了。

很高兴能在这里写下这段话，为这三年的师生机缘做一个小结。有这样优秀的学生，让我觉得自己也是一名好老师。做老师的快乐与自信，的确都是学生给予的。

学业导师：杨柳岸

拾忆"情"之存在，照见"情"之美学

——论《文心雕龙》对"诗言志"与"诗缘情"的结合

2020 级　陈如意

摘　要："诗言志"在原始政教尚未完全分离的背景下诞生，承担了沟通神人的宗教之职，经历了《左传》《乐记》《毛诗序》等文本的塑造，政治意蕴进一步提升。"诗言志"并没有完全否认"诗"对"情"的表现，但由于"集体删诗"说与后世的注疏笺注对"诗"的重新塑造，使得与集体相关的"志"不断被强调，而私人化的"情"逐渐被遗忘。先秦儒家对"情"的认识包括两个重要的维度。将"情性"都看作"天"赋予人的本质。但在董仲舒后，"性善情恶"成为汉代流行的学说。先秦道家的"情性"观始终肯定"情性"的真善美，他们并没有强调要以社会规则对情性加以约束，"情性"是没有社会面向的。魏晋玄学便是延续道家的传统，让人们在本体论上重新发现了"情"，并且将"志"与"情"两者之间积极与消极的对立关系转变为修饰与未修饰的同质关系，从而在魏晋时期，"情"的地位得到了认可。然而由于文学中"情"的泛滥，情与礼的关系也亟需在文学中重建。《文心雕龙》提倡诗"顺美匡恶"的功能，以矫正当时文风浮靡的弊病，这是其对"诗言志"传统的发展。又通过揭示情志之间的相互和鸣，改变了诗言志和诗缘情的对立，升华了"情"，使得情体现出一种新的理性美、形式美内涵。

关键词：文心雕龙；诗言志；诗缘情；情志合一

"情"几乎出现在《文心雕龙》的每一篇中，是《文心雕龙》中的核心范畴。学界对《文心雕龙》中的"情"的研究大致有三种方向，第一类是着重研究"情采"的关系，第二类是深入挖掘"情"本身的内涵，第三类是着重研究"情"与"志"之间的关系。本文的研究方向属于第三类。关于此类问题，学界重在研究"情"与"志"内涵的联系与区别，基本达成了"情志合一"的观点，如范文澜、王元化、孙蓉蓉等人的研究著作都有详细论述。但是学界少有将《文心雕龙》的情志观放入先秦到南朝的文论演变中进行考察，这会导致理解《文心雕龙》情志观重要视角的缺失。本文在延续传统"情志合一"观点的基础上，基于文论史的视角讨论《文心雕龙》对"诗言志"与"诗缘情"两个重大文学传统的结合与发展。

一、诗言志："情"的遗忘与"情""志"的对立

在《诗经》时代，"诗"经历了一个由歌、诗合流之前专指讽谏怨刺之辞，到歌、诗合流之后兼指颂赞之"歌"与讽刺之"诗"的词义扩展过程。词义扩展之后的"诗"，曾长期被用为周代仪式乐歌文本的专名，并使这个专名成为春秋战国时代"诗"字最为通行的义项。随着"诗"含义的扩展，人们也展开了对"诗"的进一步的讨论。"诗言志"在这样的背景下应运而生。《尚书·尧典》中，"诗言志"仍具有宗教气息：

> 帝曰："夔，命汝典乐，教胄子，直而温，宽而栗，刚而无虐，简而无傲；诗言志，歌永言，声依永，律和声，八音克谐，无相夺伦，神人以和。"①

可以看到，"诗言志"是处于从"诗"到"律"的完整乐教序列之中的，而这种序列最终指向的是"神人以和"。"诗言志"因此也承担了沟通神人的宗教之职。在帝命夔"典乐""教胄子"、原始政教尚未完全分离的背景下，"诗言志"具有强大的政治属性。于是，此处的"志"不能仅仅是个人的，而是关乎整个集体的。因此，"志"也是一种"原始宗教观念"影响下的"集体意愿"。②

并且，"八音克谐，无相夺伦，神人以和"是古代伦理纲常井然有序、社会和谐稳定希冀的概括性表达。这也要求了"诗言志"是符合秩序的，这也决定了"志"必须是符合一定的规范的。"诗言志"便是在浓厚的政治氛围中诞生的，它的功用显然也指向政治。在《左传》中，《诗经》频频被引用为外交辞令，成为某种政治试探的工具。此时，对"诗"的引用是缺乏个人维度的，这实际上已然是"一国之志"的表达。此时，"诗言志"在实践上得到了进一步的落实，"诗言志"的政治属性也得以加固。

到战国时期，"诗言社会政治之志"不断延续发展。《乐记》中有：

> "凡音之起，由人心生也。情动于中，故形于声。"③
> "诗，言其志也；歌，咏其声也；舞，动其容也；三者本于心，然后乐器从之。是故情深而闻名，气盛而化神，和顺积中而英华发外，唯乐不可以伪。"④

《乐记》强调了"音"与"心"的重要，它认为音乐和诗歌的发源和人类的内心世界直接相关。但《乐记》中还提到：

> "人生而静，天之性也；感于物而动，性之欲也。物至知知，然后好恶形

---

① 孙星衍. 尚书今古文注疏［M］. 陈抗，盛冬铃，点校. 北京：中华书局，1986：69-70.
② 王齐洲. "诗言志"：中国古代文学观念发生的一个标本［J］. 清华大学学报（哲学社会科学版），2010（1）：38-51.
③ 戴圣. 礼记译解［M］. 王文锦，译解. 北京：中华书局，2016：525.
④ 戴圣. 礼记译解［M］. 王文锦，译解. 北京：中华书局，2016：544.

焉。好恶无节于内，知诱于外，不能反躬，天理灭矣。"①

虽然"乐"与"诗"是由人心之动产生的，但是不代表这种"动"不需要节制、规范。因此，先王定乐虽是以情性为本，但更重要的是"稽之度数，制之礼义"，是为民心的"感物而动"提供更好的规范与指引。因此，"情"只是对"诗"的产生进行诠释，但它的"感物而动"，实际上是为它需要被节制的结局进行了铺垫。它的内涵与价值还未被深入挖掘。汉代的《毛诗序》"发乎情，止乎礼义"也延续了这样的思路。其看似关注到了"情"，但实际上只是把"诗言志"传统进行了详细的阐释——"诗"起于人心之动但需要进入社会秩序，并且被社会秩序规范。其重心明显还是在社会现实、维护社会秩序一端。

但从上文的分析也能看出，"诗言志"并没有完全否认"诗"对"情"的表现。追溯礼乐文明的开端，"这套仪式把这种来自'宇宙'的自然秩序投射到'历史'的社会秩序之中，把人类社会的等级秩序在仪式上表现出来，并通过仪式赋予它与自然秩序一样的权威性和合理性……这些仪式的合理性来源是人之为人的感情与人的理性。"② 礼乐的产生正是基于人的感情和理性，而作为礼乐文明重要部分的《诗》，也定能够反映人之"情"、诞生于人之"情"。③ 正如朱自清所说："《诗经》里一半是'缘情'之作。"④《国风》中有许多表现男女情爱、个人情愫的篇章就印证了这一点。摒弃汉儒对《诗经》的过度政治化解读，采用《诗集传》的观点，便可见《诗经》中的《关雎》《蒹葭》等篇章都充满了情思。

那么，人们逐渐遗忘了"诗"中之"情"的理由何在呢？陈伯海先生认为，"'诗'在诞生之时所表达的情感是多种多样的，诗的表达功能也绝非单纯一律。但在强大的史官文化传统的制约下，通过采诗、编诗、教诗、用诗等一系列环节的加工改造，这些原属个人抒情的内容，无一例外地转化成了与政教、人伦相关联的内容，以'言志'的方式传递着其本身可能涵有和逐渐生发出来的种种信息。诗中之'志'便是这样广泛地建立起来的（礼乐文明乃其社会基础），'诗言志'因亦成为中国诗学传统中经久不灭的信条。"⑤ 在原本的"诗"中，可能有自由的情感，但在经典化的过程中，"诗"被赋予了礼乐教化、政治活动等使命，从而使得它的功能属性遮蔽了它自由的本原。

《诗经》便是关于"诗"的政教化的典例，这具体体现在"孔子删诗"的构建以及注疏和笺注对"诗"之含义的重新塑造。据司马迁《史记·孔子世家》记载，孔子将古《诗》三千篇删至305篇："古者诗三千余篇，及至孔子，去其重，取可施于礼义。"⑥ 只有符合礼仪的诗才能幸存下来，这样的做法，给后世塑造了一个作为教化的"诗"的标杆。郑玄在"孔子删诗"的基础上，又提出了"变风变雅"："故孔子录懿王、夷王时讫

① 戴圣. 礼记译解 [M]. 王文锦，译解. 北京：中华书局，2016：529.
② 葛兆光. 中国思想史：上 [M]. 上海：复旦大学出版社，2009：50-51.
③ 葛兆光. 中国思想史：上 [M]. 上海：复旦大学出版社，2009：51.
④ 朱自清. 朱自清说诗 [M]. 上海：上海古籍出版社，1998：17.
⑤ 陈伯海. 释"诗言志"——兼论中国诗学"开山的纲领" [J]. 文学遗产，2005（3）：79-91.
⑥ 司马迁. 史记：卷47·孔子世家 [M]. 裴骃，集解，司马贞，索引，张守节，正义. 北京：中华书局，2013：2345.

于陈灵公淫乱之事，谓之变风、变雅"①。这进一步树立了"诗"中的政教威严，将抒发私人情感的作品排斥至边缘。在汉代的注疏中，又进一步将"诗"与政教紧密结合。如将表现男女情爱的《关雎》解释为"后妃之德"，并且总为"诗"冠以美刺的功效。私人的感情"上不得台面"，总需要被修饰为集体意志，才能载入史书。这导致了人们对"诗"中"情"的"遗忘"。

这种强调"诗"的政治、社会功效的"诗言志"观念对后世造成了巨大的影响。在古代文论的集大成之作《文心雕龙》之中也能鲜明地体现出刘勰对诗歌政教功能的重视与强调。他注重经文"经纬区宇，弥纶彝宪，发挥事业，彪炳词义"的功用，注重诗"顺美匡恶"的价值。就连刘勰创作《文心雕龙》也是为了扭转"辞人爱奇，言贵浮诡，饰羽尚画，文绣鞶帨，离本弥甚，将遂讹滥"的局面，匡正时弊，从而"树德建言"，都与强调"文"的社会价值的"诗言志"观有紧密的联系。"诗言志"也给予了文人心系天下的社会责任。只不过，由于魏晋南北朝对"情"的重新发现，《文心雕龙》中的"志"已与"诗言志"的"志"呈现出了不同的含义。

二、道与玄："情"的发现与"情""志"的和解

先秦儒家对"情"的认识包括两个重要的维度。将"情性"都看作"天"赋予人的本质，如郭店楚简《性自命出》记载："性自命出，命自天降。道始于情，情生于性。"并且"性"与"情"的关系是："性之好恶喜怒哀乐，谓之情。"（《荀子·正名》），然而，对于"情"而言，儒家又提倡"中和"的境界："喜怒哀乐之未发，谓之中；发而皆中节，谓之和"（《中庸》）。儒家认为应当通过慎独修身的方法，来达到这样的境界，从而与"天地位焉，万物育焉"，达到人与自然的同一。先秦儒家认为，"情"与"天""道"相关，"情"生于"性"。因此，"情"的产生是具有合理性的。但是儒家认为"情"需要"发而中节"，才能够达到"和"的境界，这说明先秦儒家对"情"是有一定的规范与要求的。

在"诗言志"的发展过程中，"诗"的政教属性变得愈发重要。作为维护社会稳定与秩序的重要象征与工具——礼乐的重要组成部分，"诗"成为理想社会的重要表现，因此它对情的规范、约束的作用愈发凸显，这使得"情"产生的合理性逐渐开始遭到质疑。董仲舒便延续了后者的传统，并且将之推至极致。他主张"独尊儒术"，同时在构建人性论时糅合道、法、阴阳、五行等思想，以性阳情阴论情性。性为仁，生于阳，而情为欲，生于阴。这使得性善情恶成为汉代流行的学说。从而，"志"与"情"的对立大大加深了，"志"是延续儒家政教要求的思想，而"情"则成为应当被压制的欲望。即使在汉魏之际，有意志的天道观受到了抨击而衰微，但"圣人无情而为人伦之至"仍然是流行的学说，这仍然体现着董仲舒压抑"情"的影响。此时，被遗忘已久的"情"终于再次被人回想起，但它是以一种丑陋的姿态出现在人性的舞台上。

而先秦道家的"情性"不同于儒家，他们认为"情性"是人的真性或自然状态，但

---

① 郑玄. 毛诗传笺 [M]. 孔祥军，校注. 北京：中华书局，2018：501.

与儒家不同的是，他们并没有强调要以社会规则对情性加以约束，"情性"是没有社会面向的。张岱年说："道家所认为性者是自然的朴素的乃是所谓'德'之显见。宇宙本根是道，人物所得于道以生者是德。既生而德之表见于形体者为性。人之本性，道家亦名之曰'性命之情'。情者真实之义，性命之情即是性命之真。其中不含仁义、亦不含情欲。"可见，先秦道家认为的"情性"本就具备了真善美，是一种和谐的体现。因此，道家的"情"不再存在儒家的"致中和"问题，不再需要强调节制、规范，更重要的是维持、保养。这种与儒家不同的"性情观"，为之后对"情"的改造和对儒家之"情"的反动提供了重要的思想资源。魏晋玄学便是延续先秦道家的传统实现了对"情"的解放，这也丰富了传统"诗言志"观念的层次。

在朝不保夕、立功无途的乱世之中，魏晋名士精神有一种"蜷缩化"的倾向。他们从注重对外的功名的追寻，到注重对自我内心的挖掘与探索。在乱世中，儒家治世的理想受到冲击，士人便开始借用道家的思想，实现对儒家标准的逃避与反叛。玄学便是在对老庄思想的重新挖掘中诞生的，其在老庄思想中，重新发现了与儒家不同的"情"。玄学多涉及本体论的探讨，这使得玄学家重新关注到了"情"的本体论问题，从而对在董仲舒处被道德化的、与"性"对立的、欲望化的"情"，在本原上进行正名。王弼将"以无为本"的本体论引入人性范畴，认为人性也是一种"自然"的存在，应当顺应人性，不对其进行束缚和规定。同时，王弼将"性善情恶"中对立的"性""情"去道德化后再次统一了起来，认为"性"为"体"，"情"为用，"性"与"情"体用合一。于是，"情"通过玄学本体的讨论，在根源上重新得到了正名。

"圣人有情"，是王弼哲学中的重要命题。这是因为喜怒哀乐是人"自然之性"的一部分，而圣人自然无法去除自然之性。王弼以孔子举例："夫明足又寻极幽微，而不能去自然之性。颜子之量，孔父之所预在，然遇之不能无乐，丧之不能无哀。又常狭斯人，以为未能以情从理者也，而今乃知自然之不可革。……故知尼父之于颜子，可以无大过矣。"圣人和普通人的区别不在于有情无情，而是在于圣人能够做到"应物而不累于物"，有情但不为情所困、有情但是恰到好处而不过于泛滥。他主张人们通过"应物而不累于物"来回归自然之"无"的状态，也正是他所说的"圣人达自然之性，畅万物之情。"（《老子注》第二十九章）王弼的学说凸显了圣人的"人性"特征，并且将"情"从道德中解放了出来，成为一种审美范畴中的、无功利的"情"。

王弼对于情性的节制，在一定程度上也汲取了儒家的情性观。王弼也提出了应当对"情"加以控制与引导，在《论语释疑》中，王弼说："不性其情，焉能久行其正……利而正者必性（其）情也。"然而，这和儒家出于道德化、功利化、社会化的要求而对"情"加以规训和压制是不同的。王弼通过"性其情"，是想使得"情"的发展更合乎自然的规定、体现自然的要求，在适当的程度上将情表现出来，而不至于伤身、带来坏处。自此，文人们更重视自己的情感，并将之倾泻于笔端。在教化之外，文的抒情功能得到了重视，这也就带来了文自身的觉醒。到了阮籍、嵇康等人，他们将名教和自然对立，反抗礼教，提倡真情，从而行为怪诞任情，将"情"的觉醒发挥到极致。至郭象又通过"至人无情"学说将礼和情统一起来，对"情"加以合理的规范和约束。在魏晋时期，"情"的地位得到了认可。然而在文学中的情的泛滥后，情与礼的关系也亟需在文学中重建。《文心雕龙》给予挣脱了束缚而肆意汪洋之"情"与传统的"志"的关系，以及"情"与"礼"的关系一个新的解答。

三、文心雕龙："诗缘情"与"诗言志"的融合

魏晋时期，延续"情"的解放，文学观也随之变化。陆机在《文赋》中提出了"诗缘情而绮靡"，标志着诗歌"缘情说"的产生。诗挣脱了经学的禁锢，变得愈发奢丽了起来。"浮诡"的文风愈发流行，文坛艳俗之气愈盛，而真正为情而造之文寥寥无几。此时，对形式美的追求又逐渐导致了人们对"情"本身的遗忘。《文心雕龙》就是在浮靡之风盛行的南朝时期诞生的，"文体解散，辞人爱奇，言贵浮诡，饰羽尚画，文绣鞶帨，离本弥甚，将遂讹滥"（《序志》），刘勰看到了弊病，并且试图加以匡正。它强调"情"对于创作的根本作用，指出"故情者，文之经；辞者，理之纬。经正而后纬成，理定而后辞畅：此立文之本源也"。

《文心雕龙》将"经"放在"文"的至高位置，"经也者，恒久之至道，不刊之鸿教也。"并将"情深而不诡"放在"文能宗经"的六义之首。可见，刘勰认为"情深"是经之所以能为经的重要原因。这也揭示了礼乐实际上本乎人之性情，是人们对"情"本身的遗忘导致了外在形式成为了一种被动的束缚。刘勰还从构思的方面理解"情"，"五情发而为辞章，神理之数也"，看到了"情"作为激情、作为写作动力的一面。并且强调"情"重在真，"为情者要约而写真，为文者淫丽而烦滥"，若"心非郁陶"，写出来的文字只会空有形式而内容虚假，仅能用来"鬻声钓世"，而不能作为真正的艺术品供人品鉴、欣赏，更不会流传千世而永垂不朽了。

兼通儒道佛的刘勰将"诗言志"和"诗缘情"的传统贯通了起来，这使得刘勰的"情""志"继承又发展了过往的观点。在《文心雕龙》中，刘勰共使用了83次"志"字，150次"情"字。《明诗》一开篇便引用了《尚书》谈到"诗言志，歌永言"，这与后文的"顺美匡恶"相对应，表明诗必须具有现世的功能，这是他对"诗言志"的继承。而他又是如何发展"诗言志"的呢？他之后提到"人禀七情，应物斯感；感物吟志，莫非自然"，承认了"七情"的天然合理性，并且肯定了"情"对诗歌创作的作用，又将"情"和"志"联系在了一起。刘勰为"诗"下的定义是："诗者，持也，持其性情。"《文心雕龙义证》云："持有制义，'持人情性'就是节制人的情感。这种看法是因袭儒家观念，和下文所说诗之'顺美匡恶，其来久矣'是有密切联系的。"[①]

由此看来，"情"更偏重于感性的、未加修饰的范畴，而"志"则偏重于经过理性加工的范畴。但志源于情，而情又应当被把持，两者相互贯通，使得彼此含义交融。正如王元化所说："事实上，刘勰认为'情'和'志'这两个概念不是彼此排斥，而是互相渗透的。"[②] 而"持人性情"的要求不是对"情"本身进行道德限制和否定，而是为了更好达到"言志"的目的对"情"进行的升华。这也体现了刘勰针砭时弊的良苦用

---

① 詹锳. 文心雕龙义证：上［M］. 石家庄：河北教育出版社，2016：131.
② 王元化. 文心雕龙讲疏［M］. 广西：广西师范大学出版社，2004：203.

心。刘勰的"情"因为"自然"而区别于董仲舒需要被道德压制的"情"，也因为需要升华而区别于魏晋文人放纵的"情"。刘勰的"志"也因为和"情"紧密交融而彻底改变了传统中与"情"的对立。

《文心雕龙》中的"情"具有重要的美学价值。它因为自然而自由，也因为升华而更圆满。与过往的文学观相比，"情"的理性美是《文心雕龙》文学观的独特之处。在创作时，人虽然需要"情"作为初始的火花，但作为自然形态存在的"情"并不具有美学的价值，要具有审美形态，"情"必须经过理性的升华，即"畜愤""郁陶"，如此才能使得产生于生活的原始情感沉淀上升为艺术情感。"雕琢情性，组织辞令""情深而不诡"等句都能体现刘勰提出要对"情"加以引导和规范的要求。

同时，《文心雕龙》针对现实风气，对"情"的形式美提出了新的要求，他在《情采》篇之后进一步从声律、章句、丽辞等方面讨论了如何使文章具有形式美。而万变不离其宗，"万趣会文，不离辞情"（《熔裁》），"情"真仍然是形式美的第一要义。并且，《文心雕龙》的美学是圆融的、与世界贯通的，刘勰将"人""物""文""道"等世间的万事万物视为一个整体，"夫玄黄色杂，方圆体分，日月迭璧，以垂丽天之象；山川焕绮，以铺理地之形：此盖道之文也……惟人参之，性灵所钟，是谓三才。为五行之秀，实天地之心……"因此，他在讨论文之美的同时也是在讨论世间万物的美，以及人与自然的关系、人与自然如何交往的艺术。

结　语

《文心雕龙》通过对过往"诗言志"及"诗缘情"文学观念的改造，让"情""志"融为一体，使得"情"不仅是自由且自然的情，更是需要理性升华的情，从而针砭时弊，并且拓宽了"情"的美学内涵。"登山则情满于山，观海则意溢于海"，《文心雕龙》提醒我们以自然之心体察万物，用"情"照见世间万物真正的"存在"。之后，通过人的理性升华将此种"情"化作拥有审美内涵的艺术之情。这样的情通过文字记录下来后，便得以超越人物交接中原始之"情"诞生的刹那光辉，从而贯通时空，永垂不朽。在这个过程，包含了创作之美、人生之美。《文心雕龙》为人们"诗意地栖居在大地上"指明了一条道路。

>> 老师点评

根据陈如意同学与我在微信上的沟通，她在 4 月初就确定了期末论文的研究主题，最初定下的题目是《一个玄学命题向美学命题的转化——论《文心雕龙》中的'道''情'关系》。她之所以选择这个主题，是因为以往论文大多论述"道""情"的矛盾，而在"道""情"的统一关系上论述较少，也甚少有论述能够说服她。我当时跟她沟通，认为将"道""情"放在一起讨论，可能难度有点大，建议她从玄学角度单论《文心雕龙》中的"情"这个问题。

通过精读《文心雕龙》，并且广泛阅读相关文献之后，陈如意同学最终将论题定为如今大家所见的这个题目，论题更为集中。而且，她很快就拿出了论文初稿，并且发给我，请我看看是否有问题。

我仔细读完文章之后，给了她几个建议。第一，从体例上，正文前可以加一个"引言"，以说明以往有过什么研究，以及你做这篇文章的由来，等等；第二，建议她有些地方可进一步深入阐发，如"情""志"语义变迁，建议更明晰地梳理；第三，注意论证时的逻辑性，如论述"情"与"志"关系时，建议她首先论述它们之间的类同关系，然后再论述它们之间是否对立，再如具体论述时，建议她注意相关概念出现的时间先后，建议她尽可能按时序来论述以增强文章整体的逻辑性；第四，提醒她行文时注意论文的规范，一是所有引用的观点和文字都要注明出处，二是注意论文中注释的规范；最后，我认为她的文章写得挺有意思，但是第一、二节如能更多结合《文心雕龙》来谈的话，那么文章的主题就会更突出，文章也会更紧凑，逻辑也会更为严密。

陈如意同学收到我发给她的这些意见之后，马上就对文章进行完善。通读她的论文终稿，感觉她是认认真真地理解了我的意见，并不断地完善论文。

可以说，我对陈如意同学的这篇论文是满意的。之所以满意，是基于如下几点原因：首先，她学习非常主动、认真，治学态度非常严谨；其次，她能够在这么短的时间里认真研读《文心雕龙》，并且通过阅读相关文献，确定好这一颇有价值的研究主题；最后，她能够与老师进行及时而有效的交流与沟通，从而将论文尽可能地进行完善。

陈如意同学的这篇文章当然还有一些瑕疵，例如语句还可以进一步锤炼；另外，文章写得还稍显稚嫩，但是瑕不掩瑜，作为一篇学期论文，是优秀的，对后来者是有一定借鉴意义的。

论文指导老师：李伟荣

14

"神"的隐退与"人"的两种回归

——《楚辞》《庄子》的神人关系比较

2020 级　陈如意

摘　要：《楚辞》与《庄子》是南方文学的代表作，并且与巫文化有着密切的关系。两者都诞生于人类理性日益觉醒的战国时代，对传统的巫文化有着明显的延续与改造。在对神人关系的理解上，两部作品呈现出明显的同源性，却又存在着显著差异。《楚辞》中的神基本为自然神，但它们往往变成了抒情的工具与手段，而其本身不再具有独立性。《庄子》中的神则往往失去了自然神的原初特征和明确身份，趋于同质化，成为得道的象征。《楚辞》中的"人神合一"仍处于一种较为原始的、祭祀的状态，它是感性的、迷狂的，也更具有文学色彩。《庄子》则对传统巫术进行了改造，使得理性化、内向化的"人神合一"，从感性的、恍惚的状态到一种理性的、得道的状态。在两部作品中，"神"的隐退与"人"的回归均沿着不同的道路行进。《楚辞》中的"神"从宗教的高点跌落为"诗"的意象，《庄子》中"神"则被洗去宗教的实质成为"道"的象征。屈原与庄子对神的不同改造，也折射出两种不同的人生态度。沿着巫文化的两个分流，即神的诗化和神的哲学化两条道路，出现了"骚"与"道"这两个对后世影响极大的传统。

关键词：楚辞；庄子；神人关系

一、比较起点：南方文学《庄子》《楚辞》的文化渊源

王国维曾将中国文学分为北方文学与南方文学，并将《庄子》《楚辞》都纳入南方文学。[①] 他认为南人的想象力远胜北人，南人"言大则有若北溟之鱼。语小则有若蜗角之国，语久则大椿冥灵，语短则蟪蛄朝菌……此种想象，决不能于北方文学中发见之"。

[①]　王国维. 屈子文学之精神［M］//周锡山，编校. 王国维文学美学论著集. 上海：上海三联书店，2018：82-86.

王国维此处的划分不是基于地域，更似基于阅读文本后对产生的直观感觉的归类，即对文学特点风格的归类。从《庄子》的文学特征来看，其大量瑰丽的想象，对神的描写，语言风格，都证明《庄子》属于南方文学。陈子龙曾在《谭子庄骚二学序》中认为，屈原与庄子本身就具有相似处，他们都是"才高而善怨"之人，这从屈原选择自尽、庄子选择遁于无何有之乡便能看出。同时，陈子龙也指出，《楚辞》与《庄子》的文本也有相似性。他认为，两书"用心恢奇，逞辞荒诞，其宕逸变幻，亦有相类"①。由此观之，早就有学者发现了两者形式上的相似性，并试图挖掘两者思想上的相似性。《庄子》《楚辞》形式上的相似性应如何溯源，对两书又应基于何种相似性进行对比，便涉及两书的文化渊源问题。

考察两书的文化渊源，首先要对它们诞生的时代与地域进行考证。在庄子和屈原生活的年代问题上，学界基本达成共识。顾颉刚根据庄子和惠施的好友关系，依据《战国策·魏策》的记载确定了惠施是战国时代的人，从而推测出庄子也是战国时代的人。②关于屈原的生卒年月有较多说法，但基本能够确定屈原为战国时代的人。对于两书诞生的地域，《楚辞》为楚地文学的代表是学界的共识，争议较多的是庄学的地域文化脉络。对此，学界有三种主流观点：楚文化说、齐文化说和商宋文化说。其中，楚文化说影响最广。《朱子语类》中提到，"庄子自是楚人"（《朱子语类》卷一百二十五）。梁启超在《论中国学术思想变迁之大势》中认为，庄子和老子都属于"南派正宗"。③刘师培在《南北学派不同论》中通过老子的思想特点认为，老子学派起源于荆楚，而庄子、列子都承接了这样的学术风气。④冯友兰认为庄子是宋人，但根据《楚辞》《庄子》文风的相似性判断，其思想和楚人较为相近。⑤冯友兰的学生涂又光从楚人的生产关系、世界观等方面进一步论证了庄子与楚国文化的关联。⑥杨义推测庄子的先祖是楚庄王的苗裔，并且从庄子文本内部寻找楚俗记忆。⑦但是这些论证多从思想的接近方面入手，并无法完全证实庄子与楚文化有密切的关系。关于齐文化说，蔡德贵根据《庄子》与《管子》以及与齐国神话在内容上的相似性提出，庄子可能与齐文化有关，⑧但同类的研究实际上也多是在思想上做文章。关于商宋文化说，《史记·庄子列传》司马贞《索隐》中曾提到，庄子是"宋之蒙人"，但无法据此确定其思想渊源。邓联合在《庄子精神的渊源与酿生》中详细论证了庄子和殷商巫文化之间的关系，⑨并指出，庄子与楚齐文化的相似性，实则和楚文化与齐文化受到殷商文化的影响有关。同时，他还重点讨论了庄子与巫文化的相关性。

关于《庄子》的文化渊源众说纷纭，并且楚、齐、宋文化都是动态的，我们很难对

① 陈子龙. 谭子庄骚二学序 [M]. 上海：华东师范大学出版社，1988：76-77.
② 顾颉刚.《庄子》和《楚辞》中昆仑和蓬莱两个神话系统的融合 [J]. 中华文史论丛，1979（2）：35.
③ 梁启超. 论中国学术思想思想变迁之大势 [M]. 上海：上海古籍出版社，2001：25-27.
④ 刘师培. 清儒得失论 [M]. 长春：吉林出版社，2017：203.
⑤ 冯友兰. 中国哲学史：上册 [M]. 北京：中华书局，1961：216-218，277-278.
⑥ 涂又光. 楚国哲学史 [M]. 武汉：湖北教育出版社，1995：14，16-20.
⑦ 杨义. 庄子还原 [M]. 北京：中华书局，2011：9，12-17，24-31，47-49.
⑧ 蔡德贵. 庄子与齐文化 [J]. 文史哲，1996（5）：10-15.
⑨ 邓联合. 庄子哲学精神的渊源与酿生 [M]. 北京：光明日报出版社，2011：22-39.

《庄子》思想的源头进行一个明确的归类。但是我们从各家的讨论中能够得出《庄子》体现出的文化风格与当时的主流文化不同，并且与巫魅的楚、齐、宋文化都有相似性。邓联合指出，《庄子》文本与莫斯在《巫术的一般理论》中描写的巫文化的常见特征有很多吻合之处。比如文章的样式和风格多含神秘和想象的成分，巫师的形象与《庄子》中真人的形象类似等等。[①]《庄子》和巫文化的相似性基本能够涵盖庄子与楚、齐、宋文化的风格相似性，由此能够判断《庄子》哲学与巫文化之间有密切的关联。但是通过《庄子》中的许多故事，可以看出《庄子》脱胎于巫文化，又超越了巫文化。

前文已经提到，《庄子》与巫文化有密切关联。而对于《楚辞》与巫文化的关系，学界也颇有研究，这尤其体现在对《天问》《九歌》《离骚》《招魂》等篇章的研究上。对此，《巫系文学论》《楚辞与原始宗教》等书都有系统性的论述。李泽厚在《美的历程》中提到："正由于屈原的作品集（包括归于他名下的作品）中代表了一种根柢深沉的文化体系。这就是上面讲的充满浪漫激情、保留着远古传统的南方神话—巫术的文化体系。儒家在北中国把远古传统和神话、巫术逐一理性化。把神人化，把奇异传说化为君臣父子的世间秩序。……在被孔子删定的《诗经》中再也看不见这种'怪力乱神'的踪迹。然而，这种踪迹却非常活泼地保存在以屈原为代表的南国文化中。"[②] "而日后楚代表之南国文化，亦仍保有此种重神权及巫权之特色"。[③]《楚辞》与巫文化有密切关联基本已成为学界共识，此处不再赘述。由此看来，以南方文学为共性的起点，从巫文化的角度对《庄子》与《楚辞》进行对比是可行的。

二、神人关系：巫文化视野下的考察

在对巫文化演变的考察中，神与人的关系是核心问题。本文所重点研究的"神"，是与人不同的存在，是巫文化语境下的祭祀对象：神灵。"神"与原始的宗教信仰紧密相关。在《楚辞》中，"神"指的是《离骚》《九歌》等篇章中频繁出现的，与神话有关的"自然神"，如"东皇太一""山鬼"等等。而在《庄子》中，"神"具有原始神话的特点，与人类似，却又在哲学化的过程中与人趋于同质化、成为一种象征的"神"。《庄子》中与"神"伴随的云、气、飞龙暗示着《庄子》与神话有密切的关系。但其着重强调了"神"摆脱世间危险的能力，使得"神"趋于同质化，而都以一种得道之人的形象呈现。这显然是经过哲学化改造的神。《庄子》中的"神明""鬼神"等概念，都脱胎于原始的神灵概念，却又超越了原始的神灵概念。本文以两部作品中原始的"神灵"观念即"神人关系"作为比较的起点，重点考察神人关系中神人地位的消长变化，以求清晰展现两部作品的不同思想倾向与发展脉络，即"神"的隐退与"人"的两种回归。

与西方不同，古代中国的"神"对"人"本来就有很大的依赖性，因此也更容易实现对其祛魅。劳思光在《新编中国哲学史》中对中国的"神"的特点作了如下归纳，中国的"人格天"，即古代文献中的"帝"或"天"，是原始信仰中的"神"，也是人间

---

① 邓联合. 庄子哲学精神的渊源与酿生 ［M］. 北京：光明日报出版社，2011：38-39.
② 李泽厚. 美的历程 ［M］. 桂林：广西师范大学出版社，2001：93.
③ 劳思光. 新编中国哲学史：一卷 ［M］. 桂林：广西师范大学出版社，2005：53.

最高主宰，虽属于"一神"的范畴，但也只是主宰者，而不是创世者。① 而商周之人也有四方之神、山川之神的观念，这些神属于"多神"的范畴。殷人也有人死后能称"神"的观念，并且之后周人更常用这一意义说"神"。② 中国的"神"范围很广，他们或是人死后形成的，或是人诞生后形成的，或直接是人世间的一部分。神对人类活动的强依赖性，使得中国的神一开始的特点就是：神无法脱离巫术而现身，它需要通过人的活动才能出现。"神"并非独立的，而是依赖于人的存在。

考察神人关系，不得不重点关注"巫"这一角色。沟通神与人的是巫师，"王并不是自己完成祭祀仪式的，祭祀中需要有祝有巫……"，并且"主持祭祀的是那个时代最具有知识、技术和最具有文化意义的象征性人物"③，他能够沟通鬼、神、人，能够沟通天界与人界，是掌握对天的解释权的重要人物。在祭祀中，以"巫"为核心诞生了一系列仪式、习俗等文化内容，对后世产生了深远的影响。巫文化看似充满了神秘主义色彩，然而实际上孕育着理性的萌芽。李泽厚认为，巫术礼仪对人们塑造出不同于动物心理的"人性"起着重要作用。即使是恐怖、残忍的自虐形态（烧身、割肉、火烤等），也包含着想象、情感、认知的因素。④ 动物本性不会让人选择繁琐的仪式甚至是违逆本性的自残行为，让人沉浸其中的是迷狂的情感。而这种迷狂便与直觉、想象有着紧密的联系，人们已经开始为自然之物与各种行为赋予意义。这说明巫文化是文明的一个转折点，其中酝酿着丰富的新元素。

《庄子》和《楚辞》诞生于思想动荡激烈的战国时代。西周覆灭后，东周只能维持表面的"天下共主"形象。群雄逐鹿之际，天下和谐整齐的秩序终于崩塌。社会的动乱带来了思想的动乱，"'神话时代与其心灵的平尊和自明的真理终结了'……过去那些天地有序的观念倾斜之后，人们不得不在观察中重新修复宇宙的格局，在这一思想分裂的时代，人类才真的开始不完全依赖幻想的神明和自在的真理，而运用自己的理性。"⑤理性精神在巫文化中酝酿许久终于独立了，在个体理性精神的觉醒中，神与巫的重要性逐渐降低。虽然"直到秦汉时代，人的禁忌还是很多，常常要求助于占卜者以'定嫌疑，决是非'，因为他们自己一时还无法用理性来判断前途和命运。"⑥ 但从诸子百家的兴起已然可看出理性的活跃，以及人欲求越过"巫"直接与天沟通、通过自我思考而非依靠他人、通过清醒而非癫狂以直接认识"天"的决心。本文便在这样的背景下比较《楚辞》与《庄子》的神人关系。

（一）神从作为目的跌落至作为两种手段

《楚辞》中含有丰富的巫文化意蕴，这从《离骚》中的"灵氛""巫咸"，《九歌》中

---

① 劳思光. 新编中国哲学史：一卷 [M]. 桂林：广西师范大学出版社，2005：68.
② 劳思光. 新编中国哲学史：一卷 [M]. 桂林：广西师范大学出版社，2005：70.
③ 葛兆光. 七世纪前中国的知识、思想与信仰世界 [M] // 中国思想史：第 1 卷. 上海：复旦大学出版社，2013：27.
④ 李泽厚. 美的历程 [M]. 桂林：广西师范大学出版社，2001：13.
⑤ 葛兆光. 中国思想史：第 1 卷. 七世纪前中国的知识、思想与信仰世界 [M]. 上海：复旦大学出版社，2013：66.
⑥ 葛兆光. 中国思想史：第 1 卷. 七世纪前中国的知识、思想与信仰世界 [M]. 上海：复旦大学出版社，2013：70.

的许多鬼神中便可看出。位于边陲的楚地，"信巫鬼、重淫祀"（《汉书》）的巫风仍然盛行。徐文武先生认为，楚国的体制政教合一，因此存在许多同时承担着行政事务与宗教职能的官员，如屈原所担任的"左徒"便属于此类[①]。当时的巫往往是有相当政治权力的贵族，因此屈原在《离骚》的篇头点名自己高贵的身份，"帝高阳之苗裔兮，朕皇考曰伯庸"，很可能与巫风祭祀也有关系。"《离骚》中，灵均是一个典型的脱魂型萨满，他上下于天地之间，往来无阻，飘忽不定。"[②] 徐文武先生指出，楚地的巫师或国家神职人员从事通神活动时，需要借助某些"灵物"作为承载灵魂的工具。

张光直先生指出，古代青铜器上的龙、蛇图案可能与沟通天人的使命相关，《楚辞》《山海经》等材料进一步体现了"龙蛇能助巫师升天"[③]。《离骚》中反复提到了"龙"，如"为余驾飞龙兮""麾蛟龙使梁津兮"等，其很可能便是帮助巫师沟通天人的工具。《楚辞》中的巫也体现了神人距离之近。据《楚辞补注》记载，《九歌》是屈原"出见俗人祭祀之礼，歌舞之乐"[④]，将其词改写而作。《九歌》中记载的娱神、祭神的欢乐场面充分体现了楚人"敬鬼神而近之"的特点，这也使得《楚辞》中的神充满了世俗化的人情气息，如"怨公子兮怅忘归，君思我兮不得闲"，这是等待心上人缠绵悱恻的山鬼。此外，还有彼此思念哀伤的湘夫人与湘君……这些都是在周朝正统文化中难以见到的，也是最原始、最活泼的。这些都证明了《楚辞》与巫有着密切的联系。

《楚辞》中的神体现了古人的原始思维。朱熹曾将鬼神分为三类："在天之鬼神，阴阳造化是也；在人之鬼神，人死为鬼是也；祭祀之鬼神，神示、祖考是也。"[⑤]《九歌》中清晰记载了楚人祭祀之神，如东皇太一、云中君、湘君、河伯等等。虽然历代学者对这些神的真实身份与来源还没有定论，但是可以确定，他们多为"在天之鬼神"，即多为山川神灵，因而是自然之神。这是与周王朝功利性的、以祭祀先祖为主的国家祭祀不同的。这种自然神的产生是因古人认识能力有限，还无法用理性、科学的思维方式对自然问题加以说明。

于是，他们通过对自己直观的认识，用类比的方式理解自然，从而对自然实现了幻想化的理解。如此，他们便得到了掌握自然秩序的安全感。神话便是如此产生的："任何神话都是用想象和借助想象以征服自然力，支配自然力，把自然力加以形象化……神话是已经通过人民的幻想用一种不自觉的艺术方式加工过的自然和社会形式本身。"[⑥] 也正因为这种思维，古时之人普遍具有泛灵论的观念，这也使得古代的神和人具有高度的相似性。古希腊神话中与人"同形同性"的神也是这类思维的重要体现。

然而，仔细阅读便可以发现，《楚辞》对神的形象作了改造。关于山鬼的身份，学界争论已久。马茂元、闻一多等人认为山鬼是巫山神女，蒋南华等人认为山鬼是沅湘女

① 徐文武. 楚国宗教概论 ［M］. 武汉：武汉出版社，2001：29，30.

② 徐文武. 楚国宗教概论 ［M］. 武汉：武汉出版社，2001：101.

③ 张光直. 美术、神话与祭祀 ［M］. 沈阳：辽宁教育出版社，2002：52.

④ 洪兴祖. 楚辞补注 ［M］. 北京：中华书局，2017：55.

⑤ 黎靖德. 朱子语类 ［M］. 王星贤，点校. 北京：中华书局，2020：28.

⑥ ［德］马克思. 马克思恩格斯文集：第八卷：导言 ［M］. 中央编译局，编译. 北京：人民出版社，2009：35.

山神。① 然而，关于山鬼的形象与屈原本人的形象有很强一致性，学界对此基本能够达成共识。朱熹《楚辞集注·山鬼序》将山鬼和屈原的心境结合，认为应当以"君臣之义"来解《山鬼》：

> 今既章解而句释之矣，又以其托意君臣之间者而言之，则言其被服之芳者，自明其志行之洁也。言其容色之美者，自见其才能之高也。子慕予之善窈窕者，言怀王之始珍己也。折芳馨而遗所思者，言持善道而劝之君也。处幽篁而不见天，路险艰又昼晦者，言见弃远而遭障蔽也。欲留灵修而卒不至者，言未有以致君之寤而俗之改也。知公子之思我而然疑作者，又知君之初未忘我，而卒困于谗也。至于思公子而徒离忧，则穷极仇怨，而终不能忘君臣之义也。②

对读《山鬼》与《离骚》，能够更清晰地看出两篇文章的主人公在心境上的一致。如"表独立兮山之上，云容容兮而在下"与屈原当时"鸷鸟之不群兮"的独傲心境相似。如"留灵修兮憺忘归，岁既晏兮孰华予"与"惟草木之零落兮，恐美人之迟暮"共同体现了对时间易逝的感慨。如"余处幽篁兮终不见天，路险难兮独后来"与"步余马于兰皋兮，驰椒丘且焉止息"，都体现了追寻理想的路途的艰辛。山鬼路途的艰险，与屈原的仕途坎坷何其相似。如"山中人兮芳杜若，饮石泉兮荫松柏"与"制芰荷以为衣兮，集芙蓉以为裳"共同用香草体现了守洁的志向。

山鬼辗转婉回的思念、求而不得之焦急、内心的不屈不服及独立与屈原坚定在乱世之中独守其身的心态也出奇的吻合。在《湘君》《湘夫人》等篇目中，也能发现屈原形象的时隐时现。"求贤"与"求爱"具有心理上的相似性，都是一种知己的寻觅。在《楚辞》中，男女与君臣结构的一致已经成为共识，山鬼与等不到的心上人已然成为一种世俗关系的象征。无论是有意还是无意为之，这实际上都是屈原对神的改造。山鬼从自然神变成了屈原的知己，神此时变成了抒情的工具与手段，其本身不再具有独立性。这是由神学向诗学的转变。

《庄子》中也有许多关于原始神灵的痕迹，能够明显看出，它与《楚辞》同样受到了古代鬼神传说的影响。《庄子》中的神脱胎于《楚辞》中这种原始思维的神。从《庄子》中直接与神或神的特质相关的神秘主义描写，便能看出其与神话传说的关联性。如："藐姑射之山，有神人居焉。肌肤若冰雪，绰约若处子；不食五谷，吸风饮露；乘云气，御飞龙，而游乎四海之外；其神凝，使物不疵疠而年谷熟。"（《逍遥游》）"至人神矣！大泽焚而不能热，河汉冱而不能寒，疾雷破山、飘风振海而不能惊。若然者，乘云气，骑日月，而游乎四海之外，死生无变于己，而况利害之端乎！"（《齐物论》）"。李炳海先生认为，《逍遥游》篇中的藐姑射之神是"融会山神、祖先神而生成的，兼有二者的品格"。并且"云气""飞龙"等描绘神人的标志物，也与《楚辞》有着相似之处，都象征着人与天的互通，这暗示着两者文化渊源的暗合。

然而《庄子》对原始的神也有改造。相比于《楚辞》，《庄子》中的神往往失去了原

---

① 郑承志. 魂兮归来　六十二问话屈原 [M]. 武汉：华中科技大学出版社，2019：220.
② 吴广平. 楚辞全解 [M]. 长沙：岳麓书社，2008：99-100.

初自然神的特征和明确的身份，而趋于同质化。《庄子》中的"神"是相似的，其最经典的形象便是不畏洪水、"泥石流"等自然灾害，并且能"乘云气，骑日月"，游荡于四海之外。他们神秘且被抽空了人性。崔大华先生将《庄子》中至人的形象归纳为："超脱与神异"①。超脱是能够排除生死祸福的干扰，神异便包括了不受自然灾害侵损和进入神境的奇异方式。在先秦诸子的著作中，这些神异之人的形象仅在《庄子》中出现。并且在《庄子》中，"神"与"人"字往往紧密结合，如"神人无功""有神人居焉""嗟呼神人，以此不材""此乃神人之所以大为祥也"等等。

"神"失去了"神"的独立性，而往往作为人的一种表现出现。但人与神又有清晰的界限，因为"神"虽然有人形"肌肤若冰雪，绰约若处子"，但却"不食五谷，吸风饮露"，没有人性。如前文所说，生活得"超脱与神异"。冯友兰指出，这种状态实际上是对最高理想境界，即"得道"的状态的浪漫主义想象②。此时，"道"成为人和神之间的界限。并且，沟通人和神的不再是巫，人能够通过自己的努力掌握道，从而成为"神人"。庄子用"道"填充了"神"神秘的一面。由此可见，在《楚辞》中，神成为抒情的工具，代言作者内在的心境，它已经不再是独立的存在体，而是依附于作者的发挥。在《庄子》中，神的权威则被抽空，神的神秘只是美好道境的装饰，"神"已然成为象征"道"的手段。

（二）人神合一的文学化与哲学化分野

在古代，人神合一是通过巫术来实现的。"在与天交通仪式的最终阶段，神祇会降临巫师。"③《楚辞》中的《九歌》对此有清晰的记载。藤野岩友认为，《九歌》便是在祭祀中，神附身在巫师身上后所作，"以巫师在怀王宫中表演为目的，是富有戏剧表演要素的作品。"④"浴兰汤兮沐芳"（《云中君》），是巫师在用香草浸过的水清洗身体，祛除身上的凡俗之气来迎接神。"瑶席兮玉瑱，盍将把兮琼芳。蕙肴蒸兮兰藉，奠桂酒兮椒浆"（《东皇太一》），是在用精美的祭品和玉器来取悦神，表达对神的崇拜，祈求神的降临。徐文武先生指出，在巫文化发达的楚国，升天能够被理解为巫师通神活动中的脱魂现象，而这种现象往往需要借助一些灵物作为承载工具。⑤《楚辞》中那些借助云气、龙、日月等灵物以飞升登天的意象，实质上便是与神合一的另一种表述。"在巫术礼仪中，内外、主客、人神浑然一体，不可区辨。"⑥ 在《楚辞》中，人和神通过巫术实现了合一。

《庄子》的"人神合一"境界，和楚辞是有相似之处的。因为在古代，"神"就是自然的拟人化，而"人神合一"，其实就是浪漫化的"物我合一"。以下主要以《庄子》中两个重要概念——"物化"与"得道"来谈《庄子》中的"物我合一"。首先是"物化"，在《庄子》中多次出现万物生灭相互变化的状态，如《至乐篇》：

① 崔大华. 庄学研究［M］. 北京：人民出版社，1992：150.

② 冯友兰. 中国哲学史［M］. 上海：华东师范大学出版社，2000：101-102、185-186.

③ 余英时. 论天人之际［M］. 北京：中华书局，2014：129.

④ ［日］藤野岩友. 巫系文学论［M］. 韩基国，编译. 重庆：重庆出版社，2005：132.

⑤ 徐文武. 楚国宗教概论［M］. 武汉：武汉出版社，2001：106.

⑥ 李泽厚. 由巫到礼 释礼归仁［M］. 上海：生活·读书·新知三联书店，2015：12.

种有几，得水则为继，得水土之际则为蛙蚍之衣，生于陵屯则为陵舄，陵舄得郁栖则为乌足，乌足之根为蛴螬，其叶为胡蝶。胡蝶胥也化而为虫，生于灶下，其状若脱，其名为鸲掇。鸲掇千日为鸟，其名为干余骨。干余骨之沫为斯弥，斯弥为食醯。颐辂生乎食醯，黄軦生乎九猷，瞀芮生乎腐蠸，羊奚比乎不笋，久竹生青宁，青宁生程，程生马，马生人，人又反入于机。万物皆出于机，皆入于机。①

张亨先生指出，《至乐》篇描述的异类转化流程源自古老神话的变形信念，其要义是：万物一体相通，生命不会终止，而只会从一种形态转换为另一形态。② 同时，《庄子》梦境中的物化也与巫文化有相通之处："巫者普遍相信，人在睡梦中灵魂可以脱离躯体独立活动，并可迁移、进入其他的生命样式中，获得另一种外在形态。"③ 庄周梦蝶的故事便是两者通过梦境实现了灵魂的换位。通过梦境实现了"游"，这是对尘世中时空的一种摆脱，对尘世的超越与忘我。《庄子》中常提到的作为世界普遍材质的"气"的概念也与巫文化有紧密的关联，"通天下一气耳"（《庄子·知北游》），是"物化"得以实现的前提。"气同样也被认为是万物间'极有力量的媒介物'和'巫术行为的原动力'"④。

《庄子》中的"物我合一"精神还体现在"得道"的境界上，这与《楚辞》的"人神合一"境界依然是同源的。"得道"较"物化"更强调精神上的"物我合一"。如"吾尝济乎觞深之渊，津人操舟若神"（《庄子·达生》），《庄子》用"神"来描绘技艺熟练的境界。技人与巧匠的"得道"境界与《楚辞》类似，体现了浓厚的巫文化特征。李约瑟认为，从《庄子》中"这些巧人身上看出了一种与自然极端接近的、忘我的境界，……这种忘我的态度，对早期中国工艺技术的发展有很大的贡献"⑤，这种忘我的境界便脱胎于巫文化。莫斯从人类学角度指出技术和巫术存在着谱系关联，匠人群体便是逐步从巫师中分化出来，⑥ 这能够证明《庄子》中技艺高超的匠人与巫者也存在关联。

从工匠和巫的同源性，我们便更能理解庖丁解牛时"以神遇而不以目视"（《庄子·养生主》）的状态和巫者神灵附体的迷狂状态的一致。《庄子》将庖丁解牛时一气呵成的流畅动作描写为"奏刀騞然，莫不中音。合于《桑林》之舞，乃中《经首》之会"。《桑林》是大型祭祀活动中的舞曲，《庄子》便是在此处提示，庖丁的"忘我"与巫术祭祀仪式中音乐与舞蹈带给人的"忘我"也有所暗合。这也体现了以"合一"境界为出发点的《庄子》不是用一种"知"的方式去体悟道："吾生也有涯，而知也无涯。以有涯随无涯，殆已！"（《庄子·养生主》）。而是一种凝心专注的体悟："汝齐戒，疏瀹而心，澡雪而精神。"（《庄子·知北游》）这也是《庄子》中频繁出现"以技通道"寓言的

① 陈鼓应. 庄子今注今译［M］. 北京：中华书局，2007：533-534.
② 邓联合. 庄子哲学精神的渊源与酿生［M］. 北京：光明日报出版社，2011：53.
③ 邓联合. 庄子哲学精神的渊源与酿生［M］. 北京：光明日报出版社，2011：55.
④ 梁钊韬. 中国古代巫术　宗教的起源和发展［M］. 广州：中山大学出版社，1999：37-41.
⑤ ［英］李约瑟：中国古代科学思想史［M］. 陈立夫，等，译. 南昌：江西人民出版社，1999：140.
⑥ ［法］马塞尔·莫斯：巫术的一般理论［M］. 杨渝东，译. 桂林：广西师范大学出版社，2007：165-167.

原因。

并且，《庄子》中的神也与当时通了神的巫有相似之处。澳大利亚学者文青云指出藐姑射山控制自然要素的能力，实际上这在古代中国被认为是仅属于"巫"者的。[①] 因此，无论是"得道"后脱离危险的形象，还是"得道"时凝神专注的心境，都能看出《庄子》与巫文化之间的紧密关联。然而，《庄子》显然也对传统巫术进行了改造。例如《庄子》中有很多关于"洗心"的表述，"汝斋戒，疏瀹而心，澡雪而精神"，而这种观念实际脱胎于祭祀传统。古代的巫为了迎接神，会先将自己的身体洗得十分干净，并且在洗身的同时收敛精神，凝聚对神的召唤。以身与心的干净，来表现对神的敬意和仪式的神圣感，以便"神"在巫的身体上暂住。这样的传统在《楚辞·云中君》中便有提到："浴兰汤兮沐芳，华采衣兮若英。"[②] 而这种凝聚精神等待神灵降临的状态，被《庄子》改造成了"虚者，心斋也"（《人间世》）。这种摒除杂念与"成心"而主动"与道合一"的状态。

《庄子》中的"游"也明显受到了巫文化的影响，但是又实现了对其的转化。"游"在《庄子》中是一种如"气"一般在事物与事物之间、在天与地之间游荡的状态，即"游乎天地之一气"（《庄子·大宗师》），成玄英疏："达阴阳之变化，与造物之为人体，万物之混同，游二仪之一气也。"这种状态可能"有萨满文化的影响，说'游'这个动词应该是指萨满进入'出神'状态以后的神游。我不排除这一联系的可能，但我坚信庄子赋予了这一词汇一种哲学的意蕴"[③]。而这种"游"对于世俗中的人们而言，则是一种"游心"理想境界。

《庄子》中多处提到了"游心"，如："且夫乘物以游心"（《庄子·人间世》）。成玄英疏："夫独化之士，混迹人间，乘有物以遨游，运虚心以顺世，则何殆之有哉！""游心于德之和"（《德充符》）。成玄英疏："既而混同万物，不知耳目之宜，故能游道德之乡，放任乎至道之境者也。"可见，"游心"是以在"不知耳目之宜"，忘记杂念后，以"虚心"为基础而顺应万物。也是能够圆滑地应世，而不被世俗的情感、欲望所滞留而受到伤害，是一种"应物而无累于物"的状态，这同时也是"与道合一"的状态。从"洗心""虚心"到"游心"，"心"取代了"巫"，冲破了"巫"对"神"与"天"的解释权的垄断。人通过对"心"的修炼，便能成为"神"，从而"与天合一""与道合一"。

《楚辞》中的"人神合一"仍然是一种较为原始的、祭祀的状态，它是感性的、迷狂的，也更具有文学色彩。然而，《庄子》对传统巫术进行了改造，使得理性化、内向化的"人神合一"，从感性的、恍惚的状态到一种理性的、得道的状态。从身体上的清洁，到心灵上的清除杂念，这体现了个体心灵能够摒除包围自身的身外之物的干扰，突破生存中的种种束缚，实现与道共游，达到一种高伟的生命精神。通过这样的改造，庄子赋予了每个个体摆脱俗世，飞升登天、在低微中达到高伟的可能。可见，庄子向往的生命境界是"得道之人"而非"神"，他的"帝乡""圹埌之野"或"无何有之乡"也不是仙国，而是"道境"。由此可知，庄子深受神话的影响，并且借助神话的意象表达自

① ［澳］文青去. 岩穴之士：中国早期隐逸传统［M］. 济南：山东画报出版社，2009：48.

② 范明华. 生命之镜［M］. 武汉：武汉大学出版社，2019：47.

③ ［瑞士］毕来德. 庄子四讲［M］. 北京：中华书局，2009：57.

已超越俗世的志向，但是他在运用意象的同时，对神话本身进行了理性的改造，使得神话只剩下了形式，其内核则是一套完整的哲学。

（三）神的跌落与两种态度

在《楚辞》中，神与巫的地位有明显下降的迹象。在神人关系中，主导权更向人靠拢，而巫的存在感也逐渐减弱。如《卜居》中，屈原一连串的发问实际上有明显的偏向性："吾宁悃悃款款，朴以忠乎，将送往劳来，斯无穷乎？宁诛锄草茅以力耕乎，将游大人以成名乎？……""我宁可诚恳朴实、忠心耿耿呢，还是迎来送往、巧于逢迎以摆脱困境？宁可垦荒锄草勤劳耕作呢，还是交游权贵而沽名钓誉？"[①] "宁"所带有的强烈反问语气表现出屈原的发问并不是一种疑问，而更像是一种带着愤懑情感的宣誓。在一连串的"宁……"中，他实际上已经给出了自己回答。惠琴加认为，《卜居》中体现了古时祭祀中，作为祭礼重要组成部分的向神发问的遗风，但也和这有本质上的不同："这为饱经政治忧思的诗人，却被一连串完全属于另一个世界的发问弄得感慨万端。对他来说，那些问题已经不再是祭祀仪式上争辩的艺术，而是在他沉痛的内心中发生的偏向怀疑的骤变。"[②] 向神发问已然成为一种形式，屈原不再相信自己能够从神那里获得答案，他只是借此形式抒发自己的怀疑和感慨。

虽然屈原的发问行为本身仍然带着一种犹疑，但巫者最后的回答："龟策诚不能知此事"已经表现了神与巫的地位逐渐变得无足轻重。"他所处理的神话中的'怎么回事'和'为什么'已经把这些痛苦的发问与他自身的命运直接联系在一起了。"[③] 在《卜居》中，神从答案的给予者变成了倾听者，甚至变成了被质疑的对象，因为屈原只相信自己的选择，他掌握了他的命运的主动权。在《天问》中，屈原直接对神本身进行质疑："女岐无合，夫焉取九子？伯强何处？惠气安在？"，大有直接撼动神之地位的气势。正如涂又光先生所说："至于《天问》一篇，则更对于一切人神之传说，皆加质问；对于宇宙之所以发生，日月之所以运行，亦提出问题。或者一般人过于'信巫鬼，重淫祀'，故激起有思想之人之反动也。"[④]

在《庄子》中，神的地位直接跌落，神的至高性直接被取缔。对此观点最明显的例证之一便是"东皇太一"。《楚辞》中的"东皇太一"，有朱熹注："太一，神名，天之尊神，祠在楚东，以配东帝，故云东皇。"《汉书》中有："天神贵者太一，太一佐日五帝。中宫天极星，其一明者，太一常居也。"在先秦，楚人认为"皇"代表神圣高贵，称天为皇，因此东皇太一有着至高无上的地位。而在道家学派中，"太一"却不再是天神的指称，而是世界本源、可以衍生万物的"道"的别称。正如《庄子·天地》中所说，老子之学"主之以太一"。至高的"太一"从神变成了"大道"，折射出了道家世界观的颠覆性转变。并且，因为"神"成为掌握"道"的化身，在逻辑上，"道"也成为最高的

---

① 启晟，译. 楚辞新解全译本 [M]. 北京：东方出版社，2019：160.

② 卫德明.《天问》浅论 [M] //尹锡康，周发祥，主编. 楚辞资料海外编. 武汉：湖北人民出版社，1986：222.

③ 卫德明.《天问》浅论 [M] //尹锡康，周发祥，主编. 楚辞资料海外编. 武汉：湖北人民出版社，1986：222.

④ 涂又光. 楚国哲学史 [M]. 武汉：湖北教育出版社，1995：1.

存在，"神"反而成为一种表现"道"的工具。神成为"至人"的一种化身，人通过得"道"也能够成为"至人"。于是神和凡人的边界模糊了，神的权威性与神秘性都进一步被瓦解。

《庄子》中神的权威性被取缔，也直接撼动了"巫"存在的合法性。《庄子·天运》：巫咸祒曰："来，吾语女。天有六极五常，帝王顺之则治，逆之则凶。九洛之事，治成德备，临照下土，天下戴之，此谓上皇。"此时，"巫"的作用是传达"道"的真理，在此种意义上，他是天的代言人。只是他的神秘性隐退了很多，因为他作为"巫"的特质已然隐退，他是作为一位得道智者的形象出现。《应帝王》则更为激进，其神巫为壶子看相的故事深刻讽刺了"巫"是无法理解天命与"道"的境界的，要真正掌握"道"必须靠自身的努力，如最后所说的列子"于事无与亲，雕琢复朴，块然独以其形立"。

此故事表现了道取代了神成为真理的授予者，从而深刻讽刺了巫术的虚伪与无用。这折射出诸子对巫文化垄断天人解释权的反抗。① 巫的地位的没落，反映的是直接的天与人之间沟通的兴起——一种不需要借助他物或他人的天人合一的形态。"庄子希望他的读者了解，道家宗师通过养气所获得的智慧，实在远胜于巫师与天神和人鬼交通中所修炼出来的法力。"② 壶子这种与天合一的精神修养，已经将神巫的魔力完全压倒，这提倡人们通过精神修炼将自身从时空局限中解放出来，进入无限直接达到与天合一、与无限合一。这暗含着人们对人生境界和存在拓展的渴望。在《庄子》中，神在天人交接时已然隐退，反而成为了天人交接之后人的形象。"独与天地精神往来"（《庄子·天下》），天人之交不仅撇开巫，还否认了任何"有所待"，"独"成为《庄子》的最高境界。

《楚辞》和《庄子》神的地位的降低与东周的时代环境有直接的关系。在东周之前，"这时的巫，好比后世科举功名，外国参加政党，是踏上仕途的第一步。"③ 巫享有很高的地位，并且与政治紧密挂钩。春秋时期大体上巫师还在政治上有一定的权力，周厉王曾以"卫巫"暗中观望议论是非之人，之后杀害了非议他的人的事例便能证明这一点。然而到了礼崩乐坏的东周时期，由于周王朝统治能力的迅速下降，原有的政治制度也松动瓦解。士阶层的兴起动摇了贵族阶层对知识的垄断，"私学"冲击着"官学"的权威。到了春秋战国时期，各国君主、贵族开始逐步向掌握知识的士人求救。巫师对天的解释垄断权从此一去不复返。诸子百家也正是这种思想垄断衰败后，在思想自由的社会中产生。虽然之后巫文化仍会有回光返照，但是地位已经明显下降，并且往往会得到遏制，如汉代的谶纬之风。

也正是随着秩序的崩塌，"'天命'从以君主为代表的集体王朝转移到精神觉醒的个人，……从此以后，个人便取得了与'天'直接沟通的自由。"④ 这种精神觉醒体现为：

---

① 余英时. 中国文化史通释［M］. 上海：生活·读书·新知三联书店，2012：9.
② 余英时. 论天人之际［M］. 北京：中华书局，2014：127.
③ 涂又光. 楚国哲学史［M］. 武汉：湖北教育出版社，1995：7.
④ 余英时. 论天人之际［M］. 北京：中华书局，2014：113.

"诸子不论属于哪一派，都不承认'巫'有独霸天人交流或神人交流的权威。"① 大体说来，当时的诸子百家有这样的共同点。"第一是将'道'——一种精神实体——代替了巫所信奉的'神'；第二是用'心'的神明变化代替了'巫'沟通天人或神人的神秘功能。"② 孔子也曾说过"知我者，其天乎"（《论语·宪问》），这说明"作为个人，孔子有能力直接与'天'交通③。在楚地文化中，祭神淫祀的风气仍然较重，原始神灵的身影较多，但地位已经显然降低。在《楚辞》中，人和神的关系方面更是突出了人的主动权。而在《庄子》中则更体现出理性对神的改造，神已然被道取代。而这种天人直接合一的观念，是对巫文化的取代与发展。

沿着这两条不同的路径，《楚辞》与《庄子》对神与理想境界的关系也有不同的看法。神女"宓妃"在《离骚》中是以"信美而无礼"的形象出现的，"神"在此时作为美政的对立面，反衬屈原的坚守。并且，能够通神的灵氛与巫咸象征着远游他乡的道路："灵氛既告余以吉占兮，历吉日乎吾将行。"然而，远游他方的路途却悲壮地在"仆夫悲余马怀兮，蜷局顾而不行"中戛然而止。这说明如《卜居》一般，屈原实际上只相信自己，也早已做出了自己的选择。《离骚》中贯穿了大量的自我陈词，他早已在自我论证中揭示了一条清晰的、他所认为正确的道路："伏清白以死直兮，固前圣之所厚。"而无论是归隐独善还是混同世俗，又或远行他方，都是通过他无法选择这样的道路来暗示他的不得不死。"神"的身影在后两种道路中频频出现，作为其理想的对立面，突出屈原命运的悲剧性。"《离骚》中，屈原远游，驱使鬼神，其对于鬼神之态度，为诗的而非宗教的。"④ 神成为了理想境界的干扰，从宗教的高点跌落为诗的意象，而人的行为本身和内心良知直接与理想境界相关。

《庄子》中反复出现了"神明"一词："今彼神明至精，与彼百化。"（《庄子·知北游》）其时常代表一种特殊的智慧，内涵已迥异于原始神话中人格化的"神"。从原始的"神"到作为精神状态的"神明"，经历了"神"的退隐的过程。这种精神状态产生于原始的祭祀与巫术之中，与"降神"的体验有关，即与"神"实现内在意识和精神层面的感通。⑤ 然而，在召唤神明状态时，"洗心"以至"虔诚"的内在经验，实际上才是祭祀中最重要的部分，也是"神圣感"的来源。在《庄子》中，这种内心的专一与虔诚逐渐从祭祀中独立了出来，它不再以通神为目的，而成为与"形"相对的"精神"，成为一种特殊智慧的象征。

此时，"神明"与原始的"神"也脱钩了。一种宗教体验，在原始"神"的退隐之后，转化为了一种人文精神。人不再通过虔诚被动地等待神的降临，而是通过虔诚主动地与道合一，成为"神人"。并且，结合《庄子》中的神表现出的各种不畏滔天大水、

---

① 余英时. 综述中国思想史上的四次突破［M］//何俊，主编. 余英时学术思想文选. 上海：上海古籍出版社，2010：565.

② 余英时. 综述中国思想史上的四次突破［M］//何俊，主编. 余英时学术思想文选. 上海：上海古籍出版社，2010：565.

③ 余英时. 论天人之际［M］. 北京：中华书局，2014：113.

④ 涂又光. 楚国哲学史［M］. 武汉：湖北教育出版社，1995：1.

⑤ 郑开. 祭与神圣感［J］. 世界宗教研究，2019（1）：1-13.

不畏高温干燥的超自然状态总归都是掌握了道的体现，认为人通过"离形去知"等手段也能够掌握道，能够发现：《庄子》中"神"是理想境界的象征，"道"才与理想境界相关。并且，人人都有追寻"道"的主动权，也都有达到理想境界的可能。

在《楚辞》中，"神"从宗教的高点跌落"诗"的意象。在《庄子》中，"神"则被洗去宗教的实质成为"道"的象征。这两者仍具有明显的共同点，它们都没有对神本身进行肯定，神成为追求理想境界之路中的过客。然而，屈原在追求理想的过程中如此地相信他自己，以至于不仅是神，而近乎全世界都站在了他理想世界的对立面。屈原"与神为敌"的态度，预示了他无论在现实还是超现实中都终将走向失败，最终只能落得"不得不死"的悲惨命运。而庄子却看到了人的渺小，他认为人也只不过是如"朝菌""蟪蛄"一般渺小的存在。因此，《庄子》提倡的理想境界不是通过一味地努力达到的，而是强调在内心清除杂念与欲望，从而实现"与道合一"。这实际上是一种在俗世中超越俗世的哲学。因此，后世为屈原追求理想"虽九死其犹未悔"的精神所打动，庄子的思想亦成为一套完整的人生哲学而为后世所推崇。

结　语

沿着巫文化的两个分流，即神的诗化和神的哲学化两条道路，出现了对后世影响极大的"骚"与"道"① 两个传统。《楚辞》中有原始的"神人合一"，其体现在招神的祭祀之中。这体现了对迷狂情感、物我合一的肯定。然而在《楚辞》中出现了巫的地位的下降、人的地位上升的趋势，它体现了人理性精神的逐步发展，使人与真理日益紧密地结合起来。西汉的辞赋丢失了屈原"与神为敌"的悲壮精神与理想主义态度，但延续了神的人性化的传统，从而开辟了华美的、世俗化的"赋"。《庄子》中的"物我合一"观念蜕变于原始的"神人合一"观念，但《庄子》是在"道"的角度中强调"神人合一"。在同样的理性化趋势下，庄子摒弃了神的人性化，它更强调人应当学习神的超脱现世以把握"道"。"道"超越"神"成为更高的存在，而人能够通过自身的修炼把握"道"，便拉近了"神"与"人"的距离。庄子的哲学是在俗世中超越俗世，其作为一个理想的高点为后人所景仰。其成为乱世中人们的精神寄托，给予人们在心灵中挣脱苦难、向上走的力量，这为道家的"道"赋予了超越时代的精神光辉。

>> 老师点评

2022 年春季学期，我负责教授 2020 级人文试验班的《庄子》研读课，这篇文章就是该门课程的期末论文。陈如意同学很早就确定了论文选题，大约课程进行到一半的时候，就来征求我的意见。当时正好有硕士生在做《庄子》神仙思想方面的研究，我做过一些指导工作，对此问题有一点思考，觉得此问题很有学术价值，便鼓励她深入研究。结课时，她已经写完了初稿，我提了一些修改意见，并就其中的一些细节进行了详细的

---

① 张正明. 张正明学术文集 [M]. 武汉：湖北人民出版社，2007：581.

讨论。

作为楚文化的代表，学界已有大量有关《楚辞》和《庄子》的比较研究，但从神人关系这一维度展开的研究还较为少见。众所周知，《楚辞》和《庄子》中有非常多的神灵意象，这些意象不仅仅是楚人瑰丽想象力的表现，也是作者表达思想的重要载体，在其思想体系中占据着重要的地位。陈如意同学正是抓住了这一点，以两个文本中所表现出来的神人关系为线索，通过巫文化这一视角，由神从作为目的跌落至作为两种手段、人神合一的文学化与哲学化分野及神的跌落与两种态度三个方面，进行了详细的考察。最终，她认为此两种不同的神人关系，导致了后世"骚"与"道"两大风格迥异的传统。总体而言，该文观点明确，材料丰富，条理清楚，语言流畅，是一篇比较优秀的课程论文。

文中的一些观点也值得商榷。比如作者主要以《楚辞》中的"自然神"和《庄子》中象征意义上的"神"为研究对象。事实上，《庄子》一书中的神灵意象非常丰富。除了作者所探讨的象征意义上的神之外，《庄子》中也有大量的自然神，比如《人间世》中的栎社树、《秋水》中的河伯等。此外，庄子还创造了数量众多的神灵意象，如无为谓、狂屈、象罔等。而且，《楚辞》和《庄子》中都同时出现了"真人"，但是含义很不相同。这些方面，作者都没有做充分的考察。又如，此文的核心在神人关系，但作者花了大部分笔墨在"神"方面，对人这方面着力甚少。这恰恰是本文的重点所在。两者都非常重视个体价值，屈原所提倡的"苏世独立，横而不流"同庄子的"独与天地精神相往来"有异曲同工之妙。

陈如意是人文试验班的第二届学生。之前他们已经学习过中国哲学源流、中国通史及中国文学史，并专门上过《楚辞》研读的课程，这学期学习了《庄子》。正是有了前面的这些基础，才能在不同的学科和文本之间发现新的问题。这也是书院当时设立人文试验班的初衷，力图打破文史哲之间的学科壁垒，培养新文科时代的复合型人才。相信陈如意同学在将来的学术道路上会越走越远。

论文指导老师：陈之斌

>> 老师点评

我清楚地记得，2020 年 9 月 14 日，陈如意第一次通过微信联系我，说自己对文学和哲学感兴趣，一年后分流应该会选择汉语言文学专业，愿意跟随我学习。我为她的坦诚所动，表示愿意共同学习。第一年的学习，如意非常关心如何将每一门功课学好，不时向高年级师兄师姐打听课程的学习方法。在课程论文非常多的情况下，她的方法和策略是首先向任课老师请教选题，然后自己大量查找资料，撰成初稿，再请老师和师兄师姐提意见。我印象很深的是，如意很乐意跟大家分享交流自己的课程论文。有一回她写了两篇西方史学的读书报告，在正式提交前，她申请在我主持的读书会上分享其中一篇，她一气呵成、热情洋溢地讲了 50 分钟还不想停下来，我不得不提醒她控制时间，让大家多提批评意见。这样第一年下来，如意的课程综合评分名列前茅，顺利获得国家奖学金。

另外，我也注意到，如意的阅读量大、阅读面广，对文史哲都有着很高的热情，还经常在网上分享书评和习作。我也常常关注她的阅读书目，受益良多。听同学们说，她也十分勤奋，基本上每天都在自习室学习到晚上 10 点至 10 点半。她也热心公共事务，做班级的心理辅导员，参加学校的新闻传播稿撰写，有一篇《20 岁，我在岳麓书院》脍炙人口，传播广泛。

如意在第一年分流选择专业时，比较坚定地选择了留在人文班，让我颇感意外；现在她笃志于哲学的学习，这也是我颇为欣慰的。选入此辑《岳麓史学——湖南大学岳麓书院本科生优秀论文集（第三辑）》的两篇文章，主要得益于李伟荣老师和陈之斌老师在课上的指导。如意曾在读书会上讨论过，我提醒她注意中国思想史方法的运用，并推荐过几篇参考文献，让她参考。我希望在书院良好的教学氛围熏染下，她能够一如既往地好学深思、切磋琢磨、深造自得，成为书院的"如意弟子"。

学业导师：殷　慧

《史记·货殖列传》"果隋赢蛤"新解

2020 级 吴冕

一、历代诸家对"果隋"的不同解释

《史记·货殖列传》总结楚越之地的经济特征时提到：楚越之地"果隋赢蛤，不待贾而自足"①。其中的"果隋"一词，从字面上看来，颇为费解。历代学者对这个词语的解释，也众说纷纭。如班固《汉书·地理志下》引《货殖列传》作"果蓏赢蛤"②。张守节《史记正义》解释说："隋，今为穤，音同，上古少字也。果穤犹穤叠包裹也，今楚越之俗犹有裹穤之语。楚越水乡，足螺鱼鳖，民多采捕积聚，穤叠包裹，煮而食之。"③，张守节指出，"果隋"是楚越地区的方言，含义是"包裹"。张守节还对班固在《汉书·地理志》中将"果隋"改写为"果蓏"的做法提出批评，认为"班固不晓裹穤之方言，修《太史公书》述《地志》，乃改云"果蓏赢蛤"，非太史公意，班固失之也"④。而现在一般流行的说法，是把《史记·货殖列传》中的"果隋"根据《汉书·地理志》中的"果蓏"的字面意思，解释为"瓜果"（《说文》云："在木曰果，在地曰蓏"。⑤

其实，"隋"和"蓏"都是歌部字⑥，"果隋"与"果蓏"在当时的读音是十分接近的，可能只是同一个词的两种写法而已。班固在《地理志》中把《货殖列传》的"果隋"写作"果蓏"，很有可能是因为班固当时所依据的《史记》（《太史公书》）的版本

① 司马迁. 史记：卷 129 · 货殖列传 [M]. 裴骃，集解，司马贞，索隐，张守节，正义. 北京：中华书局，1959：3270.

② 王先谦. 汉书补注：卷 4 · 食货志 [M]. 上海：上海古籍出版社，2008：2851.

③ 司马迁. 史记：卷 129 · 货殖列传 [M]. 裴骃，集解，司马贞，索隐，张守节，正义. 北京：中华书局，1959：3270.

④ 司马迁. 史记：卷 129 · 货殖列传 [M]. 裴骃，集解，司马贞，索隐，张守节，正义. 北京：中华书局，1959：3270.

⑤ 朱骏声. 说文通训定声 [M]. 北京：中华书局，1984：493.

⑥ 注：根据的是王力的古音分部系统。

中此处就是写作"果蓏赢蛤"，而非如张守节所见的版本及今天的通行本那样写作"果隋赢蛤"。又或者当时班固所作的《汉书》中的"果蓏赢蛤"正与今本《史记》一样写作"果隋赢蛤"，只不过在传抄过程中讹写为"果蓏"罢了。而"果隋"与"果蓏"通用，这样的例子确实存在，如今本《周易·说卦传》曰："艮为果蓏"①，而陆德明《经典释文·周易音义》在此指出："蓏，《京氏易》作果堕之字"②，说明今天所见的韩康伯本《说卦传》中的"果蓏"一词，在京房本中恰恰写作"果堕"，京房作"果堕"，"堕"与"隋"通，则"果隋"即"果蓏"。由此观之，如果把今本《汉书·地理志》引用的《史记·货殖列传》和《货殖列传》本身之间的这处异文简单地解释为《地理志》把《货殖列传》中的"果隋"理解为瓜果，大概是不合乎班固本意的。由此观之，张守节对班固的批评，也许有失妥当。今人将此处的"果隋"直接按《地理志》中"果蓏"的字面意思理解为瓜果，这样得出的结论当然也有待商榷。

而"果隋赢蛤"这类的说法，并不只见于《史记·货殖列传》和《汉书·地理志》。在时代更早的《韩非子·五蠹》中，就有"上古之世，人民少而禽兽众……民食果蓏蚌蛤，腥臊恶臭而伤害腹胃，民多疾病，有圣人作，钻燧取火，以化腥臊，而民说之"③之语，其中"果蓏蚌蛤"，与《货殖列传》中的"果隋赢蛤"，措辞十分接近，可见这是战国秦汉时期的习语。而《韩非子·五蠹》中将"果蓏蚌蛤"并称，而用"腥臊恶臭"形容之。以往将此处的"果蓏"径直解释为"瓜果"，可能不当，因为瓜果并不"腥臊恶臭"。何况《韩非子·五蠹》下文又说道"钻燧取火，以化腥臊"，这当然更不是就瓜果而言的了。所以这里的"果蓏"究竟应该如何释义，还有待重新考虑。

二、论"果隋"应当解释为贝类

其实，不论是《货殖列传》中的"果隋"，还是《五蠹》中的"果蓏"，都应该当做"赢蛤""蚌蛤"的同义词来看待，即都应该解释为贝类。《尔雅·释鱼》曰："蚹赢，螔蝓。"郭璞注云："即蜗牛也。"④ 而此处"蜗牛"，其实比现在所谓蜗牛所指宽泛，也就是既指陆地上的蜗牛，又指水中的螺贝。《礼记·内则》曰："食，蜗醢。"《周礼·天官·鳖人》曰："祭祀共蠯赢、蚳，以授醢人。"⑤《仪礼·既夕礼》曰："蜱醢。"⑥ 郑玄注云："蜱，蚌也。"可见先秦有食用贝类做成的肉酱的习俗。《礼记·内则》所谓"蜗

---

① 王弼，孔颖达. 周易正义：卷9·说卦 [M] //阮元，校刻. 十三经注疏. 上海：上海古籍出版社，1997：95.

② 陆德明. 周易音义 [M] //阮元，校刻. 十三经注疏. 上海：上海古籍出版社，1997：105.

③ 王先慎. 韩非子集解：卷19·五蠹 [M]. 北京：中华书局，2013：483.

④ 郭璞，邢昺. 尔雅注疏：卷9·释鱼 [M] //阮元，校刻. 十三经注疏. 上海：上海古籍出版社，1997：2641.

⑤ 郑玄，贾公彦. 周礼注疏：卷4·鳖人 [M] //阮元，校刻. 十三经注疏. 上海：上海古籍出版社，1997：664.

⑥ 郑玄，贾公彦. 仪礼注疏：卷39·内则 [M] //阮元，校刻. 十三经注疏. 上海：上海古籍出版社，1997：1153.

醢"①，也是指的这种贝类的肉酱，则"蜗"亦指贝类。蚹是侯部字，蠃、果、隋、蔬都是歌部字，古音接近，"果隋""果蔬"应该都是"蚹蠃"的转语，都指贝类。又《释鱼》有"魁陆"（郭璞注云："状如海蛤，圆而厚"）、"蜌，魿""蠃，小者蜬"② 等条目，与前举"蚹蠃"条类同，不再赘述。

我们认为，"果隋"应该是一个叠韵联绵词。所谓联绵词，即必须连读，方能见义的词语。组成联绵词的单个的字，其实是只用其音，不用其义，即联绵词的词义与组成联绵词的单字的字义没有关系，如果将联绵词拆开解释，就会造成误会，误解词义。联绵词既然只用其音，不用其义，而音近字有很多，则在历史中必然产生许多不同的写法。《大戴礼记·夏小正》曰："蜃者，蒲卢也。"③ "蜃"，就是河蚌。《国语·吴语》曰："其民必移就蒲蠃于东海之滨。"④ 蒲、卢，都是鱼部字（在段玉裁《六书音均表》中归入第五部），与歌部（《六书音均表》归入第十七部）字古音接近。蒲卢、蒲蠃应当都是"果隋"这一类联绵词的不同写法。段玉裁《六书音均表》指出："弟五部之字，汉晋宋人入于弟十七部合用，皆读为歌、戈韵之音。"⑤ 除此之外，战国时期的《楚辞·九章》中有"彼日月之照明兮，尚黭黮而有瑕。何况一国之事兮，亦多端而胶加"⑥ 的语句，其中押韵的是瑕、加二字。瑕为鱼部字，加为歌部字，这说明最晚到战国时期，鱼歌合韵的语言现象已经出现了，这与我们前面得出的"蒲卢""蒲蠃""蚹蠃""果蔬""果隋"互为转语的结论相印证。

事实上，历史上出现的这类联绵词的数量远比我们以上所分析的要多得多。王念孙在《广雅疏证》"蜌、蛤，蒲卢也"条下所列举出的各类古籍中的这类联绵词就有"魿蠃""复累""魁蛤""魁陆""仆累""蒲蠃""蒲卢""果蠃"等⑦，翻检其他古籍，又有"薄蠃""附蠃""蜗蠃""陵蠡""蠃蠡""薄蠡""蜗离"等等，可谓数不胜数。如果从字面上来理解这些词，那都是怪异不可通的。同样，《货殖列传》中的"果隋"也不应该简单作字面理解，而应当从字音上将其与这许多词语联系起来，疑难方涣然冰释，含义才变得明朗。

这些表示贝类的联绵词，在今天的汉语中仍然有迹可循。如我们今天所说的"牡蛎"、"蛤蜊"等，都是这一系列词语的遗留。今天的胶辽官话犹将"蛤蜊"呼如"嘎啦"；将"海螺"呼作"波螺"，这正与"果隋"古音略合。而今东南沿海方言大多不像普通话那样对"螺"（腹足纲动物）、"贝"（双壳纲动物）有所区分，而是径呼"贝"为

---

① 郑玄，孔颖达. 礼记注疏：卷 27·内则 [M] //阮元，校刻. 十三经注疏. 上海：上海古籍出版社，1997：1464.

② 郭璞，邢昺. 尔雅注疏：卷 9·释鱼 [M] //阮元，校刻. 十三经注疏. 上海：上海古籍出版社，1997：2640-2641.

③ 王聘珍. 大戴礼记解诂：卷 2·夏小正 [M]. 北京：中华书局，1983：46.

④ 国语：卷 19·吴语 [M] //四部丛刊本. 上海：商务印书馆，13A.

⑤ 段玉裁. 说文解字注：六书音均表 [M]. 北京：中华书局，2013：855.

⑥ 王逸，洪兴祖. 楚辞补注 [M]. 北京：中华书局，1983：193-194.

⑦ 王念孙. 广雅疏证. 北京：中华书局，1983：371.

"螺"，此"螺"正是《尔雅》中"蠃，小者蜬"①之"蠃"，也即"果蓏"之省语。（而"蜬"字我们今天则通作"蚶"）。甚至在其他民族的语言中，我们也发现了类似的词语，如裕固语称螺蛳为"gala"，日语训读"贝壳"之"壳"为"から（kara）"，藏语称中海螺为"dongga"。这些现象均值得我们加以关注。

三、"果蓏蠃蛤"中的文化内涵

不论是《史记·货殖列传》中对采取"火耕水耨"的楚越地区丰足的"果蓏蠃蛤"的描写，还是《韩非子·五蠹》对于所谓"上古之世"的人民以"果蓏蚌蛤"为食的描写，甚至是《国语》中文种对于战胜吴国、使吴国人民"移就蒲蠃于东海之滨"的谋划，都似乎将对于贝类的采集和食用与一种更为古老的、原始的生产方式和经济形态联系在一起。我们似乎可以认为，采集和食用贝类，是司马迁、韩非、文种，以及其他先秦以至秦汉的人们对于离他们更加久远的那个原始时代、那个"上古之世"的文化记忆中很重要的一部分。

贝类与上古之世之间有着千丝万缕的联系，这不免让我们想到广泛分布在世界各地的贝丘遗址。贝丘遗址是指以贝类的文化堆积为主的一类考古遗址，我国北起辽宁、南抵海南、东到台湾、西达云南的广大范围内已发现了数以千计的贝丘遗址。它们广泛分布在沿海地区以及内陆河流和湖泊的沿岸。贝丘文化的时间跨度非常大，它的兴起可以追溯到晚更新世晚期至全新世早期，这正是人类文化转型的关键时期。而贝丘遗址年代的下限，又已经到达了青铜时代。例如著名的福建闽侯的昙石山文化就留下了巨量的贝壳堆积，这正是当时南方族群长期大量采集贝类用于果腹的生动写照。对于上古时代的人类来说，采集和食用贝类并不是简单的动物性搜寻，而是一种富有挑战性的谋生活动。人们在这样的采集食物的过程中，要面对多变的气候与潮水，可能还会面临天敌的攻击，可能遇到食物的匮乏，可能由于食物生冷不洁而感染疫病。人们在这样的过程中需要与同伴更密切地配合与协作，需要更精细地制作和使用工具，需要探索更多的谋生手段，需要更好地协调群体的行为与不同成员之间的关系，从而一步步走向更加文明和开化的历史阶段。华夏先民这样漫长的以贝类为重要食物来源的历史，成为这片土地上的人们走入更高级的文明阶段后长久挥之不去的深刻记忆。

总之，通过对《史记·货殖列传》中"果蓏蠃蛤"之语的考辨，我们感受到的是太史公笔下文字的厚重，感受到的是历史书写中的温情。

>> 老师点评

吴冕同学《〈史记·货殖列传〉"果蓏蠃蛤"新解》一文，是其在《〈史记〉导读》

---

① 郭璞，邢昺. 尔雅注疏：卷 17·释鱼［M］//阮元，校刻. 十三经注疏. 上海：上海古籍出版社，1997：2641.

课后作业基础上修改完成的。总体而言，该文属于典型的考证类文章，考证较为翔实，文笔较为凝练，结构较为合理，引证较为丰富，结论和逻辑自洽，可谓一篇优秀的本科生论文。尤其难能可贵的是，该文为吴冕同学大一时所作，表明其拥有了一定的学术积累，实属可造之才。

具体就文本内容而言，该文从学界素有争议的"果隋"一词入手，首先对历代诸家的注解进行了辨析与批驳，从而确立自己的论述的基础。接着参考相关字书、传世文献，并辅之以音韵学、文字学、民族学等"多重证据"，提出了《史记·货殖列传》中的"果隋"与《韩非子·五蠹》中的"果蓏"，都应该当做"嬴蛤""蚌蛤"的同义词来看待，即都应该解释为贝类的新见解。最后作者在文化史的视野下，将"果隋嬴蛤"与古老的、原始的生产方式和经济形态联系起来，认为采集和食用贝类是司马迁、韩非、文种，以及其他先秦以至秦汉的人们心中对于离他们更加久远的那个原始时代、那个"上古之世"的文化记忆中很重要的一部分，并以考古发现的滨海地区分布的贝丘遗址作为其论点的重要支撑材料。

当然，囿于作者的知识结构与学术积累，该文还有进一步提升的空间，比如第三部分将"果隋嬴蛤"与贝丘遗址联系，虽有一定的新意，但也有比附的嫌疑，缺乏坚实的证据。尤其是缺乏对司马迁《史记·货殖列传》讲述"果隋嬴蛤"时所涉及的楚越地域文化的考察。

以上是我读完吴冕同学《〈史记·货殖列传〉"果隋嬴蛤"新解》一文后的一些感想！

论文指导老师：邓国军

>> 老师点评

吴冕同学从入学起即从我学习，到现在已经有两年了。在最初的交流中，我得知她对文字、文献的兴趣比较大，希望此后在这些方面能有更深入的学习。开学后不久，她请求我给她推荐一些简帛古文字方面的参考书。在这之前她已经尝试读过《文字学概要》和《说文解字注》等基础书籍，因为只是泛泛读过，也缺乏足够的专业知识积累，所以收获有限。我告诉她古文字学既难也有趣味，如果要学习，先得有一些系统的、基础的知识打底，培养兴趣，此后再深入。国庆假期过后，她便告诉我已经从图书馆把我列的书单里的书借出了。我们之后又作了一些交流，知道她有继续学习的意愿，我建议她先从传世文献入手，尝试读读《尚书》，熟悉当时的语言。这是在她入学后第二个学期的事。

和吴冕同学刚开始互动的时候，我感到她是个学习比较主动，求知欲比较强的学生。我经常鼓励她不但要认真学习专业课，也要把我的建议落到实处。在多次学业汇报中，我发现了她存在着明显的缺陷，就是急于求成，学习的深度不够，起先给自己定的计划太高，之后也很难达成。我及时给她指出了这个问题，她虚心接受，表示以后努力克服。总之，在我门下学习的这段时间里，她不管是在学问本身还是做学问的态度上，都是有所长进，是值得充分肯定的。

　　吴冕同学的性格比较内向，最初交流的时候她总是很害羞，不好意思表达自己的观点。在她和我以及我门下的其他学生接触得更多之后，也渐渐有了改变，更加勇于表达，和大家的相处也融洽起来。一直到她大二开学前几天，她忽然告诉我打算休学一学年。得知她休学的缘由，我是十分吃惊的，这也大大出乎我的意料。但是从我们一年以来的互动中，我相信她是深思熟虑之后才作出这个决定的。在我们到目前为止的不多的相处时间里，虽然有些不尽如人意的地方，但是就在这不多的时间里，我所看到的吴冕同学是一个勤奋上进的人，也是一个有自己独立思想的人，她不失为一个优秀的学生。希望在接下来的学习、生活中，她能再接再厉，脚踏实地，走得更稳、更远、更好。

学业导师：许道胜